KB274484

방카슈랑스

Bancassurance
How to Success

제 1 권

최종욱 지음

한국경제신문

방카슈랑스(Bancassurance)가 등장한 것은 30년 전의 일이다.

'Allfinanz(독일어로 광범위한 금융 슈퍼마켓)' 또는 'Assurfinance(프랑스어로 은행을 소유하는 보험회사를 의미)' 로도 알려져 있고, U.K에서 시작되었다는 이론과 프랑스나 미국에서 시작되었다고 주장하는 이론도 있다. 유럽의 방카슈랑스, 특히 프랑스의 그것은 독특한 조세제도에 의해 그 발전이 촉발되었으나 이제는 범유럽의 금융권을 휩쓰는 중요한 제도로서, 서유럽은 물론 아시아 태평양 지역에서도 그 비중이 점차 커지고 있다.

또한 방카슈랑스는 2000년대 한국 금융서비스 산업에 있어서 가장 중요한 변화의 계기가 될 것으로 예측된다. 은행이라고 하는 하나의 조직을 통해 은행 서비스와 함께 보험 서비스를 제공하는 전략으로서, 이는 Banking · 신용카드 업무 · 증권 · 유통 · 부동산 등의 상품과 논리적으로 결합된 보험상품에 '추가 서비스', 'One Stop Service' 를 제공한다는 점에서 접근되어야 함을 잊지 말아야 한다(Brandassurance). 그러나 이를 성공적으로 수행하기 위한 전략과 전술을 수립하고, 이를 차질 없이 추진해가는 것은 무척 어려운 일이다.

유럽에서조차 상당히 많은 분야별 인력이 방카슈랑스 전략의 수
립과 운영에 투입돼왔지만 유명무실하게 결실을 맺지 못한 사례도
많다. 반면에 잘 계획되고 빈틈없이 집행된 방카슈랑스 프로젝트는
확실히 효과적이고 기대 이상의 성과를 가져올 수 있을 뿐만 아니
라, 한국 금융산업의 패러다임을 바꿀 수 있는 계기가 될 것임을 확
신한다.

이 책에서는 좀더 효과적인 방카슈랑스 전략을 추진해가는 데 있어
충족되어야 하는 주요 성공요소에 대한 확실한 아웃라인(outline)을
설정하고자 노력했다. 방카슈랑스에 관련된 많은 자료 중 보험사의
입장에서 가장 바람직한 전략적인 선택과 실용적인 방안을 제시하
고자 노력한 바, 은행 등에서 근무하는 독자는 이 점을 양해하고
'역지사지(易地思之)'의 입장에서 이해·응용하면 착오가 없으리라
사료된다.

2002년 11월

최 종 욱

제 1 장

방카슈랑스 추진전략

은행의 방카슈랑스 도입 배경 | 유럽의 생명보험 방카슈랑스
방카슈랑스 도입 형태의 분석 | 우리나라의 방카슈랑스 추진현황
Recommendation

은행의 방카슈랑스 도입 배경

1. 사업 환경의 변화

은행과 보험사는 그 동안 각각의 안정된 경영환경에서 운영해왔으며, 종전의 은행과 보험사는 자신의 '상품'에 주력하는 사업 정의를 가지고 있었다. 그러나 은행의 전통적인 사업 환경은 급격히 변화하고 있다.

1) 은행의 사업 환경 변화

	안정적인 환경	변화하는 환경
중점 전략	"어떻게 하면 업무를 더 잘 할 수 있는가?" 생존과 수익성에 있어서 **효율성**에 중점을 두는 것으로 충분하다.	"어떻게 사업목표를 달성할 것인가?"가 더욱 중요함. **효과성**이 성공의 초석이다. 효율성은 효과성이 달성된 후에 생존을 위한 필요조건이다.
만약 은행의 중점 전략이	**효율성**에 있다면 다음과 같은 노력이 이루어진다. 1. 자원활용의 극대화 2. 올바른 업무의 수행 3. 내부적인 관찰 4. 현 업무의 개선	**효과성**에 있다면 다음과 같은 노력이 이루어진다. 1. 성과—새 목표의 달성 2. 올바른 사업의 수행 3. 외향적인 시야 4. 변화하는 환경에 잘 부합 (분명한 전략 소유)

2) 은행 사업 환경 변화의 주요 요소

❏ 시장의 자율화

많은 금융기관은 고객에게 좀더 다양한 선택의 폭을 제공함으로써 더 많은 구매 시장을 창출해내는 데 총력을 기울였다. 이러한 시장의 자율화는 은행이 보험상품, 보험관련 상품을 고객에게 판매하도록 만들었다.

❏ '편리 위주'의 소비자 욕구

더 많은 정보를 가지고 더 많은 것을 요구하는 소비자의 욕구는 '편리 위주'로 강화되었고, 이익과 시간 절약이 보장되는 'One-Stop' 금융서비스 회사를 만족스럽게 생각하기 시작했다.

❏ 기술 발달(Database Marketing의 등장)

데이터베이스 마케팅(Database Marketing), Lead Generation(관심 유도, 가망고객 선정)의 실행을 위해 고객의 데이터베이스를 활용함으로써 적극적인 판매를 촉진하게 되었다.

❏ 법률(규제의 완화)

은행이 특정 보험상품을 마케팅하는 데 장애가 되었던 법률적인 장벽을 허물었다.

3) 변화된 은행 사업의 정의

금융시장의 자율화는 조직 생존에 있어 취약한 부문에 대한 인식을 심화시켜 은행의 사업 정의 개선을 촉진했으며, 결국 사업 정의를 재정의하도록 하는 역할을 했다.

이러한 사업 정의는 다음의 세 부문에서 요구되는 내용을 재정의하는 것을 의미한다.

❑ 사업의 정의를 결정하는 세 부문
- 제공할 이익
- 이익을 제공하는 고객 부류
- 사용할 방법과 과정

❑ 조직 성과의 결정적인 부문

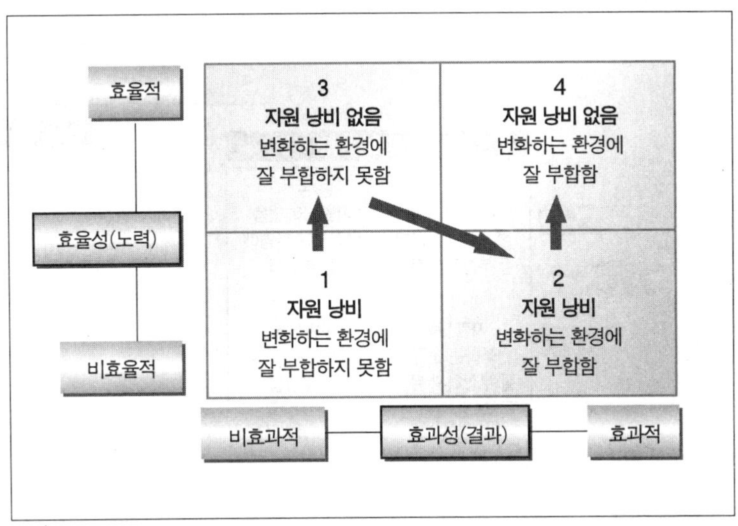

〈그림 1-1〉 은행 사업 정의의 변화

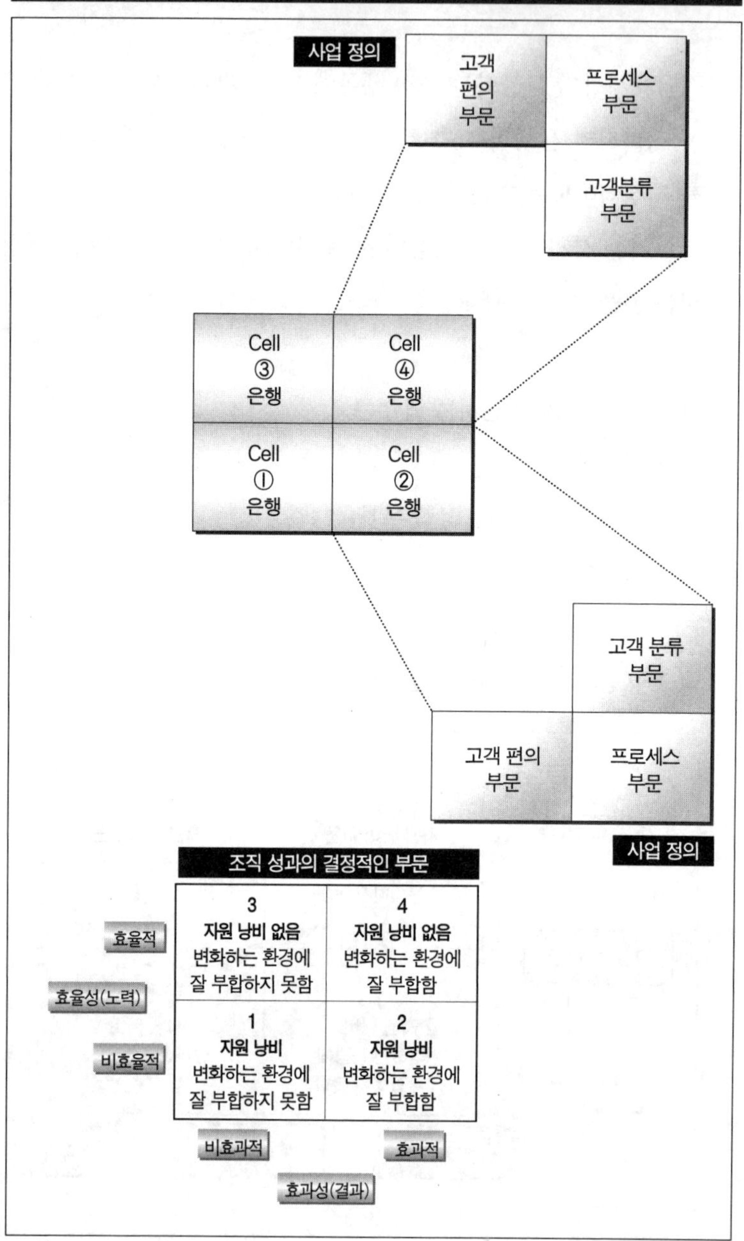
사업 정의
고객
편의
부문
프로세스
부문
고객분류
부문
Cell
③
은행
Cell
④
은행
Cell
①
은행
Cell
②
은행
고객 분류
부문
고객 편의
부문
프로세스
부문
사업 정의
조직 성과의 결정적인 부문
효율적
효율성(노력)
비효율적
3
자원 낭비 없음
변화하는 환경에
잘 부합하지 못함
4
자원 낭비 없음
변화하는 환경에
잘 부합함
1
자원 낭비
변화하는 환경에
잘 부합하지 못함
2
자원 낭비
변화하는 환경에
잘 부합함
비효과적
효과적
효과성(결과)

업 종	주요 상품	사업 초점	사업 정의
은 행	통화(금전) 관리	시장	소매금융 서비스
보험사	리스크 관리	시장	소매금융 서비스

만일 은행이 Cell 3에 있는 은행 구조와 같이 자율화 이전의 은행으로 자신을 인식할 경우 Cell 2를 중간목표로 해 Cell 4로 옮겨가고자 할 것이다(상세 내용은 〈그림 1-1〉 참조).

은행은 보험상품을 상품 포트폴리오에 부가함으로써 '상품에 초점을 두는 조직'에서 **시장과 서비스**에 초점을 두는 조직으로 전환된 것이다(〈그림 1-2〉 참조).

이제까지 은행과 보험사는 상품 위주의 경영이었다. 종전의 사업 정의는 예금, 대출, 이자, 보험금액, 보험, 보험금, 수수료, 업적에 집중되어 있었다. 은행과 보험사는 이제 시장 중심으로 사업 초점을 옮김과 동시에 같은 시장에서 서로 경쟁한다고 여긴다. 여기에서 말하는 시장이란 **소매금융 서비스 시장**을 말한다.

최종적인 분석의 목적에서 본다면 협소한 상품 위주의 사업 정의가 은행의 입장에서는 기회라기보다 위협적인 것으로 보일 가능성이 높다.

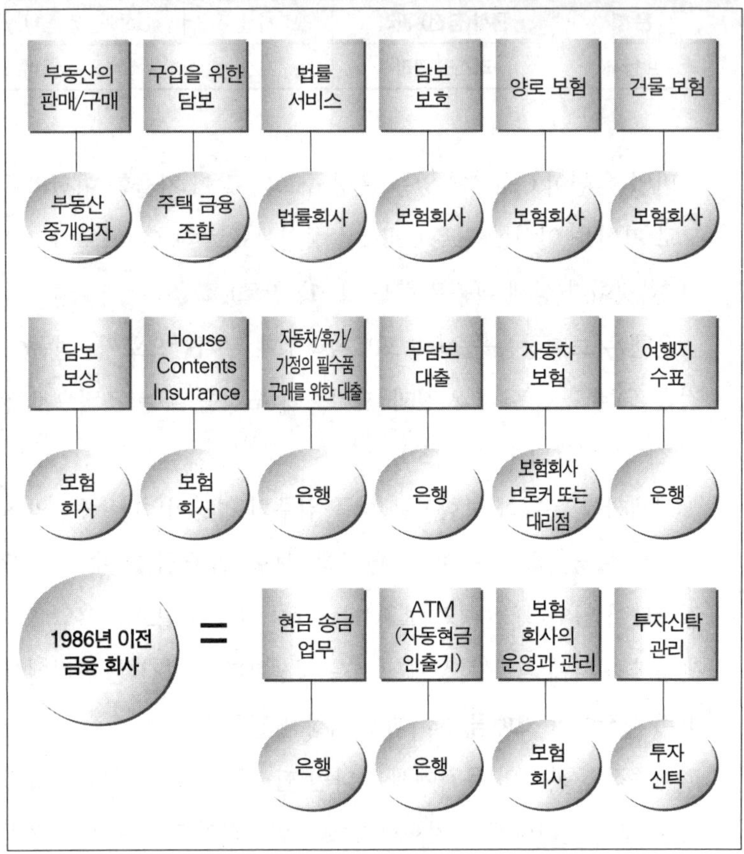

2. 목표와 전략

자율화가 방카슈랑스(Bancassurance)라는 개념을 촉진하기 이전에 이미 은행의 전통적인 영역이라 할 수 있는 송금, 예금 관리, 그리고 대출 부문은 많은 신규 금융 회사들에 의해 그 영역을 빼앗기고 있었다.

1) 은행의 경쟁자

은행의 주요 기능을 살펴봄으로써 주요 경쟁자가 누구인지 파악할 수 있다. 금융 서비스 중에서도 보편적인 서비스 분야에 있어서 큰 은행들과 경쟁적인 위치에 있는 회사들은 대략 다음과 같다.

은행 업무	경 쟁 자
송 금	• 우체국 • 농 · 수 · 축협 등 • 상호저축은행, 신용협동조합, 새마을금고 등 기타 금융회사 • 증권회사
예금 확보	• 우체국 • 농 · 수 · 축협 등 • 증권회사와 투자신탁회사 • 생명 · 손해보험회사 • 외국 은행 • 상호저축은행, 신용협동조합, 새마을금고 등 제2금융권 회사 • 파이낸스, 캐피털 등 비인가 금융 유사회사
대 출	• 외국 은행 • 농 · 수 · 축협 등 • 보험회사 • 상호저축은행, 신용협동조합, 새마을금고 등 제2금융권 회사 • 증권회사 • 카드회사
안전 관리	• 법무사 · 변호사 • 외국 은행 • 농 · 수 · 축협 등
공증 서비스	• 법무사 · 변호사 (* Trustee Service : 수탁 서비스) • 공인 수탁기관
외환 서비스	• 외국 은행 • 우체국 • 농 · 수 · 축협 등 • 여행사 (은행과 연합되어 있는 여행사)

2) 강화된 은행의 전략

이러한 경쟁관계의 심화로 은행은 고객 유지 및 신규고객 확보가 점점 어려워졌고, 이로 인해 새로운 전략이 필요해졌다. 금융시장의 경쟁이 심화될수록 은행의 가장 중요한 재산이라고 할 수 있는 것은 역시 고객관계다. 고객관계의 유지, 그리고 확장은 은행이 방카슈랑

〈표 1-1〉 은행의 고객관계 유지 전략

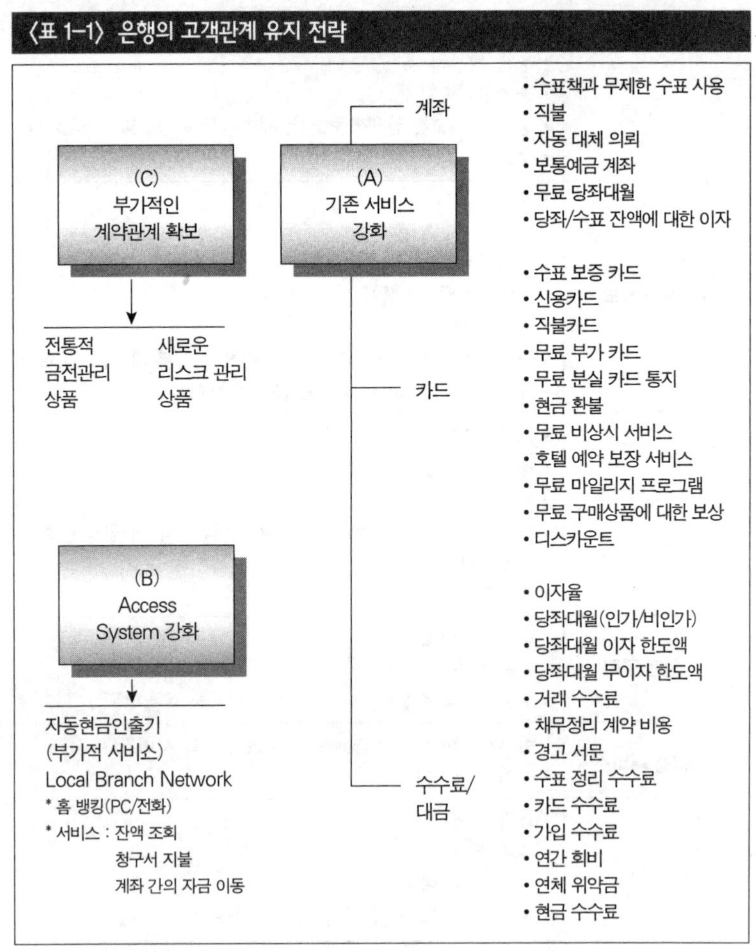

스를 중요한 전략적 옵션으로 선택한 이유다. 대부분 방카슈랑스가 실행되는 초기의 전략은 고객관계 유지 전략이다. 이 전략은 다음과 같은 3개의 부수적인 전략을 적절히 혼합해 시행한다.

3) 고객 관계(Customer Base) 유지 전략

어떤 고객유지 전략을 막론하고 궁극적인 목표는 1차적 관계를 확고히 하는 데 있다. 한 은행의 고객은 그 은행만의 고객이 아닐 수도 있다. 고객의 충성심은 그 고객이 1차적 관계를 맺고 있는 기관에 대해 가장 강하다. 다중계약관계(Multi-Contractual Relationship) 고객은 이미 그 고객이 특정 기관과 맺고 있는 관계를 전환하는 데 있어서 발생하는 행정상의 복잡함이라는 인식으로 인해, 그 기관에

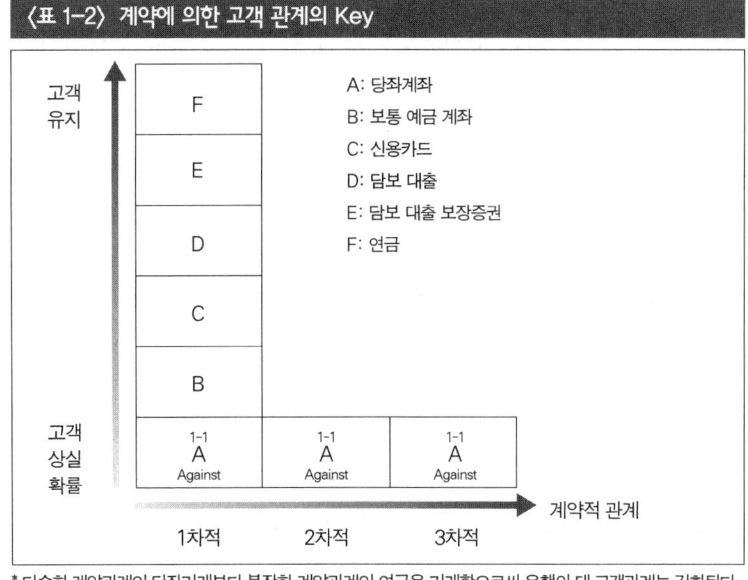

〈표 1-2〉 계약에 의한 고객 관계의 Key

* 단순한 계약관계인 당좌거래보다 복잡한 계약관계인 연금을 거래함으로써 은행의 대 고객관계는 강화된다

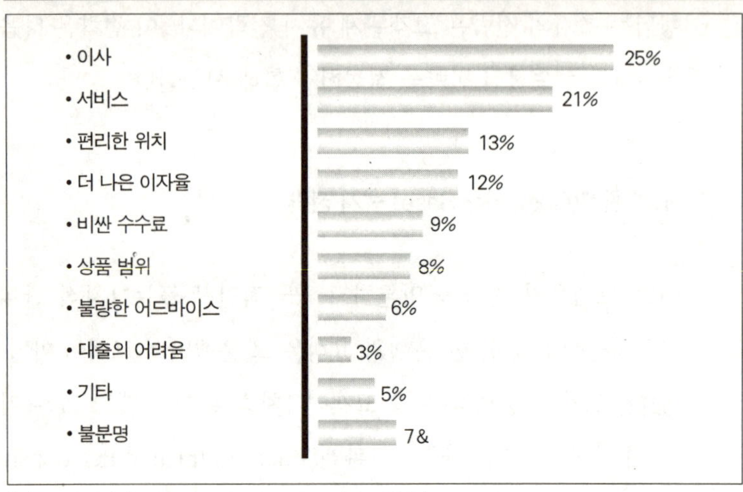

* 자료 : M. Pezullo, American Bankers Association(1997)

머무는 관성을 가지고 있는 것이다(〈표 1-2〉 참조).

그러므로 은행은 방카슈랑스의 전략적 활용으로 부가적인 계약 관계를 확보해 고객관계를 강력히 유지하고자 하는 것이다. 이는 American Bankers Association이 실시한 두 가지 연구결과를 통해 간접적으로 확인할 수 있다(〈표 1-3〉 참조).

은행이 막대한 네트워크를 가지고 있지 않은 이상 은행은 첫번째 이유에 대해서는 어떻게 할 수 없다. 그러나 이 이유 말고는, 고객이 은행을 바꾸는 다른 이유, 서비스, 상품 범위, 그리고 불량한 어드바이스 같은 분야에서는 방카슈랑스가 많은 것을 기여할 수 있다.

방카슈랑스는 고객관리(Customer Base)를 확고히하는, 또는 확장하기 위한 부가적인 계약 관계의 Source로서 리스크 관리 및 상품과 시장의 기회를 함께 제공한다.

3. 은행의 수입향상 기회 및 변화의 추이

1) 수입향상 기회의 범위

수입 향상에 있어서 6개의 주요 기회 분야가 있다.

(1) Float와 현금관리 수입 증가 기회

- Bond Coupon 처리
- 이자지급 방법
  - 이자지급 빈도
  - 이자지급 날짜 기준
- 국고, 세금, 그리고 대출계좌
- 금고와 은행 현금 보유량
- 정식 수표 처리
- 매입회계 처리
- 여행자 수표 송금 처리과정
- 상업 신용카드 예금 처리

(2) 상품 가격 정책과 수익성

전체적인 수익성의 산정은 다음과 같은 상품에 있어서 요구되는 최소잔액, 최소한의 잔액 수수료, 그리고 건당 대금(손익 분기점과 더불어)의 할당에 기초를 둔다.

- 보통저축 계좌
- 보통수표 계좌

□ 클럽 계좌

□ NOW 계좌(Instant Access)

□ 금융시장 계좌

(3) 비이자(Non-Interest) 수입 증가 테크닉

□ 다른 서비스 대금, 커미션, 그리고 수수료

- 당좌대월/불충분한 자금

- Stop Payments

- Official Checks

- Telephone Transfers

- Wire Transfers

- 휴면계좌

- 잔액 조회

- Checking Account Charges

- ATM 사용료

- Safe Deposit 사용료

- 기타(Tax Planning*-Executor Trustee Services*)

*=보험기회

□ 다른 수입

- 신용카드

- 신용장 개설

- 카드 정보 처리

- 보험커미션

(4) 생산성 향상과 Staffing

업무처리 지침의 개발, 관리·경영 보고서, BPR장(Business Process Reengineering)

(5) 비이자(Non-Interest) 지출 축소 기술

  □ 인건비

  □ 고정비

  □ 장소 임대료

  □ 컴퓨터 관련비용

  □ 기타

  □ 비이자 지출관리 방법

    • 책임 회계

    • Unit/Product Costing

    • 상품, 지점, 고객 수익성

(6) 대출 리스크 절감 기술

  □ C·A·M·P·A·R·I 대출 사정 공식

• Character	성격·특성
• Ability	능력
• Margin	마진
• Purpose	목적
• Amount	액수
• Rate(of interest)	이자율
• Insurance(Security)	보험(안정성)

따라서 수입향상의 측면에서 볼 때 보험이 비이자 수입향상 테크닉이나 대출 리스크 절감 부문에 포함되어 있듯이 그 역할이 크다는 것을 알 수 있다.

2) 주요 유럽 은행의 변화 추이

업 체	1987년	1990년	1995년
Barclays Bank	방카슈어러	방카슈어러	방카슈어러
Nat West	은행	은행	방카슈어러
Midland Bank	은행	방카슈어러	방카슈어러
Lloyds	방카슈어러	방카슈어러	방카슈어러
TSB	방카슈어러	방카슈어러	방카슈어러
Royal Bank of Scotland	은행	전속 대리점	방카슈어러
Abbey National	은행	전속 대리점	방카슈어러
Halifax	은행	전속 대리점	방카슈어러
Nationwide	은행	전속 대리점	방카슈어러
Woolwich	은행	전속 대리점	방카슈어러
Alliance & Leicester	은행	전속 대리점	방카슈어러
Leeds Permanent	은행	전속 대리점	방카슈어러
Cheltenham & Glos.	은행	전속 대리점	
Bradford & Bingley	은행	은행	
National & Procincial	은행	전속 대리점	방카슈어러
Britannia	은행	방카슈어러	방카슈어러
Bristol &West	은행	전속 대리점	전속 대리점

유럽의 생명보험 방카슈랑스

1. 방카슈랑스 판매 구성비(1997년)

판매 채널	프랑스	영 국	비 고
은 행	59%	12%	
일반대리점	10%	31%	
설계사	17%	–	
브로커	8%	55%	
다이렉트 마케팅 기 타	6%	2%	DM, TM 등

* 은행 내에는 별도의 다이렉트 마케팅이 활용되고 있음에 유의

2. 유럽의 방카슈랑스 특징

□ 범유럽적인 현실로 나타나고 있음

□ 시장 수요에 부응

□ 금융기관 수익성 제고에 기여

　• 고객유지와 새로운 수입원천 창출

□ 생명보험 분야에서 주로 성과를 거두고 있음

□ 은행 소유의 보험사가 주도

3. 유럽의 방카슈랑스 진출 형태

1) 프랑스 · 영국의 방카슈랑스 진출 형태

방카슈랑스 형태	프랑스	영국	비고
은행의 보험자회사 설립	▲	▲	
보험의 은행자회사 설립	■	○	
은행 · 보험 간 상호 지분 참여	■	○	
합작 보험자회사 설립	○	○	조인트 벤처
금융 서비스 그룹 설립	○	○	
판매 제휴	▲	▲	
보험사의 은행상품 취급	○	○	

▲ : 주요 참여 형태   ■ : 일반적 참여 형태   ○ : 제한적 참여 형태
* The European Union Chamber of Commerce

2) 유럽 은행의 도입 형태별 비율

도입형태	점유율	비고
보험 자회사 설립	46%	–
조인트 벤처	25%	–
기타	29%	은행 · 보험 간 상호 지분참여

3) 방카슈랑스 주요 형태와 사례

형 태	주요 사례
은행의 생명보험 자회사 설립	• 독일 도이치방크 • 프랑스 크레디 아그리콜 • 영국 TSB • 스위스 크레디트 스위스
은행의 기존 생보사 인수	• 네덜란드 라보뱅크의 인터폴리스 인수 • 미국 씨티그룹의 Travelers 인수 • 영국 로이드은행의 어베이 라이프 지배권 획득 • 호주 ANZ의 크레이트 퍼시픽 라이프 인수
은행과 보험사 합병	• 네덜란드 내셔널 네덜란드와 NMB 포스트뱅크 • 네덜란드 AMEV와 VSB • 스위스의 크레디트 스위스은행과 윈터투르
은행과 보험사 공동 출자로 생보사 설립	• 호주의 크레디탄스탈트와 제너랄리 • 영국의 미들랜드은행과 커머셜유니언 • 영국의 스코틀랜드 로열뱅크와 스코티시 이퀴터블
보험사의 은행 자회사 설립	• 미국의 USAA • Prudential U.K. • 스페인의 매프리
보험사의 은행 매수	• 독일 아허 운트 뮌헤너의 BFG 매수 • 프랑스 GNA의 CIC 매수 • 프랑스 UAP의 윕스은행 매수
보험사와 은행 간 판매제휴 (지분교환)	• 호주 Amp와 웨스트팩 • 영국 프렌즈 프로비덴트와 어베이내셔널 • 프랑스의 UAP와 BNP • 독일의 알리안츠와 드레스트너

4. 유럽의 금융 대그룹 출현

업 체	Banking	Insurance	Asset management
• Allianz		▲ ▲ ▲	▲
• Axa	▲ ▲	▲ ▲ ▲	▲
• BNP-Paribas(CARDIF)	▲ ▲ ▲	▲	▲
• CGU		▲ ▲ ▲	▲
• Credit Lyonnais	▲ ▲ ▲	▲	▲ ▲
• Credit Suisse	▲ ▲ ▲	▲ ▲	▲
• Fortis	▲ ▲	▲ ▲	▲
• Generali		▲ ▲ ▲	▲
• ING	▲ ▲	▲ ▲ ▲	▲
• KBC	▲ ▲ ▲	▲ ▲	▲
• Zurich		▲ ▲ ▲	▲

Source : SG Securities
Legend : *% earnings*

-▲ < 10%
-10 < ▲ ▲ < 50%
-50% > ▲ ▲ ▲

방카슈랑스 도입 형태의 분석

1. 보험사의 방카슈랑스 도입 형태

1) 전략적 업무제휴 형태

- 보험사와 은행 간 포괄적 업무제휴에 대한 쌍방 간 서면 동의 전제
- 은행이 보험사의 판매 대리점 형태
- 은행은 보험상품 판매만 담당
  - 보험사는 상품개발, Underwriting, 계약관리, 고객서비스, 교육 훈련 등

장 점	단 점
• 중 · 소형 보험사의 경우 초기 자본투자가 없어 도입 용이 • 은행의 신뢰도를 활용한 보험사의 인지도 제고 • 다수의 은행과 복합적 거래 가능	• 중 · 소형 보험사의 경우 제휴 파트너로서 기피 (우량은행과의 제휴 가능성 희박) • 보험사 주관의 통합적 마케팅 캠페인 실행 불가능 • 은행의 고객 DB 활용 불가 • 독자적인 판매 채널로의 정착 불가능 • 장기적 거래시 은행의 보험사 운영 노하우 습득 및 독자적 보험사 인수, 설립 시도 가능 • 시간이 지남에 따라 상호간 이해관계의 충돌

2) 지분 교환식 업무제휴 형태

□ 포괄적 업무협약의 상호 책임의식 저조의 단점 보완형태

□ 단순 지분 교환 이외에도 상호간 인사조직의 교환 가능

□ 상호간 상반된 이해관계가 적고, 비슷한 조직문화가 전제됨

장 점	단 점
• 상호 책임, 유대관계의 강화 • 상호 독점적인 업무제휴 관계 • 양사 간 통합적 상품개발 및 마케팅 캠페인 실시 가능 • 지분 소유 정도에 따라 은행의 고객 DB 공유 가능	• 지분참여를 위한 자본금의 과다 부담 (은행의 높은 자본금에 의한 최소 수천억의 비용 필요) • 보험사의 주도적 마케팅 수행을 위해서 30% 이상의 지분 보유 필요

3) 합병 또는 인수를 통한 자회사 형태

☐ 보험사가 은행을 합병, 인수해 자회사를 설립

☐ 보험사의 신규 은행 설립(New start-up)

☐ 외국의 사례

- 보험사의 은행 인수 사례

  –독일의 아허 운트 뮌헤너의 BFG 인수

  –프랑스 GNA의 CIC 인수

  –프랑스 UAP의 웜스 은행 인수

- 보험사의 은행 자회사 설립 사례

  –Prudential U.K

  –미국의 USAA

  –스페인의 매프리

장 점	단 점
• 안정적인 방카슈랑스의 운영	• 천문학적인 자본 유입 필수
• 보험사와 은행 간 상이한 문화의 신속한 융화	• 합병, 인수의 경우 과거의 업무 관행과의 마찰 가능
• 통합적, 주도적인 마케팅 캠페인 수행의 용이	• 신규 은행 설립시 업무분야의 경험 부족으로 시장 진입 지연 가능
	• 은행업무 추가에 대한 새로운 인프라 구축의 어려움

2. 은행의 방카슈랑스 도입 형태

1) 일반 대리점 협약 형태

□ 포괄적 업무 협약서를 전제로 은행은 다수의 보험사와 대리점 협약
□ 다양한 보험사의 상품을 고려해 특정 고객에게 가장 적합한 상품
   권유

장 점	단 점
• 은행은 시장에 나와 있는 최상의 상품을 고객에게 제공함으로써 폭넓은 서비스 제공	• 다양한 회사의 상품을 위한 업무처리 시스템, 직원 교육에 시간과 비용 소요가 과다함
• 상품별 판매에 드는 한계비용 관리만 된다면 장기적 수익성 보장	• 일반적 상품 이외에 고객에게 맞춤 상품 제공 불가능
• 은행에게 요구되는 기술이 판매에만 국한되어 도입 용이(언더라이팅, 보험 요율 결정, 보험 증권등 법률적인 요소는 해당 보험사가 담당함)	• 다수의 보험사와 협약시 은행에 유리한 수수료 계약이 어려움
	• 은행은 보험사에게 자사의 고객 DB를 제공하나, 미래의 비즈니스에 대한 이익 보장 불가능

2) 전속 대리점 협약 형태

□ 은행이 단 하나의 보험사와 배타적 대리점 협약을 함
□ 은행은 자사의 고객을 고려해 맞춤 상품을 고객에게 권유

장 점	단 점
• 보험사에게 유리한 수수료 조건으로 협상 가능 (은행의 고객 DB가 큰 경우 더욱 유리함)	• 해당 보험사의 서비스가 나쁘거나 상품의 경쟁력이 떨어지는 경우, 은행이 불리함
• 한 회사와 배타적 거래에 의한 행정상 과정 편의 및 상품의 이해가 용이	• 은행과 보험사 간 공동상품에 대한 잠재적 모순/갈등 내재
• 보험사로부터 특화된 서비스 및 개별화된 상품 제공 요구 가능	• 만약 보험사가 심각한 행정상의 문제 발생시 대 고객 이미지 및 판매 생산성 저조의 위험

3) 보험사 합병 또는 인수 형태

□ 은행이 보험사를 합병, 인수해 계열회사를 만들거나 신설 자회사를 설립함

장 점	단 점
• 보험상품과 은행상품의 판매가 함께 이루어지므로 효율성의 증대	• 현행 정부의 규제에 의해 은행의 보험사 인수 및 합병은 불가능(금융지주회사의 경우 예외)
• 은행과 보험회사의 고객 DB가 외부로 유출되지 않고도 통합적 마케팅 캠페인 수행 가능	• 특히 신설 보험사 설립시에는 은행의 보험업무 전문성 결여
• 강력한 경영진의 의지에 따라 조직 문화의 상이함을 극복	• 계열사인 은행이나 보험사가 제공하는 서비스가 나쁠 경우, 그룹의 다른 고객에게 끼치는 영향이 큼

4) 조인트 벤처(Joint Venture)

□ 은행과 보험사가 공동 투자해 신규 보험사를 설립함

□ 양사의 소유권 균형은 투자금액뿐 아니라 기술 관리의 전문성,

상품범위와 판매 채널, 고객 DB의 범위에 의해 결정

장 점	단 점
• 보험업무의 전문성이 없는 은행이 적은 자본으로 보험사 설립 가능	• 은행과 보험사 간 주도권 쟁탈에 의한 마찰 발생 가능
• 안정적인 수익기반의 확보와 보험사 업무 노하우 축적 가능	• 과거의 시스템과 업무관행으로 완전한 가격 우위는 어려움
• 고객 DB가 큰 경우 지분의 확보가 유리하며, 중요 판매 채널의 통제로 주도적 권한 확보	• 은행은 언더라이팅 리스크에 부분적으로만 관여하므로 언더라이팅과 관련된 수익이 낮음

3. 조인트 벤처 설립을 통한 도입

□ 은행과 보험사가 합작으로 제3의 판매법인(또는 보험사) 설립

□ 보험사는 상품개발, 언더라이팅 등을 제공하고 은행은 판매를 전담

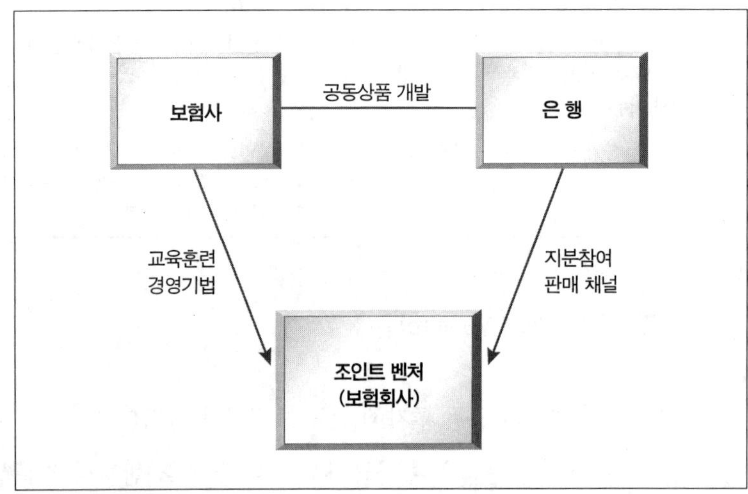

□ 조인트 벤처의 경영 주도권 행사에 대한 장기적 고려 필요

□ 영국의 Midland Life와 Commercial Union 합작투자 사례

장 점	단 점
• 기존 보험사의 업무 전문성으로 인한 빠른 창업 가능 • 초기 설립비용의 적합함 (은행의 지분 참여 및 은행 인수 비용에 비해 보험사, 보험 판매법인 설립비용의 경제성) • 공동상품 개발 및 통합적 마케팅 실시의 용이 • 은행의 고객 DB 활용 가능 • 양사 모두 방카슈랑스 운영에 대해 완전한 통제/관리 가능 • 방카슈랑스 운영의 장기적, 안정적 파트너의 선택	• 은행과 보험사 간 주도권 쟁탈에 의한 마찰 발생 가능 • 장기적으로 은행이 판매 채널을 주도적으로 조절함으로써 은행에 의한 매수 가능성 • 과거의 시스템과 업무관행으로 완전한 가격 우위는 어려움

우리나라의 방카슈랑스 추진현황

1. 방카슈랑스 추진현황

1) 은행

- □ 지점의 고비용·저생산성을 타개하기 위한 수단으로서의 방카슈랑스를 적극 검토 중임
- □ 방카슈랑스 의 도입형태에 있어서도 보험 자회사의 신설 또는 M&A가 가장 바람직하다고 생각하고 있으나 현재 정부의 규제로 인해 불가능하다고 판단하고 있음
- □ 국내은행 일부는 은행·보험 간의 상호 지분참여 방식과 조인트 벤처 방식을 차선책으로 판단하고 있음
  - ING와 국민은행
  - 알리안츠의 하나은행 지분 참여

2) 보험사

- 국내 대형 생명보험사는 방카슈랑스의 국내 활성화를 견제하고 자 노력함
- 중ㆍ소형 생명보험사 및 외국 생명보험사의 경우, 신규 판매 채 널 구축 및 시장점유율 개선의 기회로 판단하고 있음
- 포괄적 업무협약의 전략적 제휴는 보험사가 주도적으로 통합적 마케팅 프로그램을 수행하기가 어렵고, 특히 은행 데이터베이스 의 활용이 어렵다고 생각하고 있음

3) 방카슈랑스 전문회사

- 프랑스의 Cardif사는 일본, 대만, 한국에 지역본부를 설치하고 각 국의 은행과 제휴 중이며, 대만에서는 이미 6개 은행과 제휴 영 업을 하고 있음
  - 국내 생명보험사ㆍ손해보험사 설립
  - 신한은행과의 조인트 벤처
  - Cardif는 파리국립은행(BNP)ㆍPARIBAS의 자회사(생명보험 사ㆍ손해보험사)

- SCOR RE도 국내 사무소를 이미 설치하고 방카슈랑스를 추진 중
  - 외국의 방카슈랑스 전문회사는 보험사 설립 후 자사의 브랜드 이미지 및 방카슈랑스 운영 노하우를 바탕으로 Multi Channel (다수 은행과의 제휴) 전략을 구사할 것으로 예측됨

2. 우리나라의 방카슈랑스 도입

1) 도입 배경

현재 금융개혁위원회에서 보험 · 은행 · 증권의 핵심업무를 제외한 업무에 대해 경영의 범위와 상호진출의 확대허용을 검토 중이며, OECD의 가입과 '금융산업개편'을 통해 금융의 국제화 · 자율화가 진전됨에 따라 종전의 금융전업주의가 퇴조하고, 종합 금융서비스 제공을 목적으로 하는 금융기관 간의 다양한 형태의 결합으로 금융 겸업화가 예상된다.

또한 선진국의 사례를 볼 때 이러한 금융 겸업화는 은행이 중심이 되어 증권과 보험분야로의 업무 확대가 추진되었으며, 현재 우리나라의 '금융산업 개편'도 은행 위주로 추진되어 금융권 구조조정도 은행을 필두로 시행한 바 있었다.

이러한 가운데 은행의 생존을 위한 새로운 수익성 비즈니스 모델로서 은행의 생명보험 대리점 허용을 통한 생명보험상품의 은행창구 판매(협의의 방카슈랑스)를 금융감독원에 요청하고 있는 실정이다. 향후 '금융개혁'이 예정대로 추진될 경우 은행과 보험 간의 상호진출(광의의 방카슈랑스)이 본격적으로 허용될 전망이다.

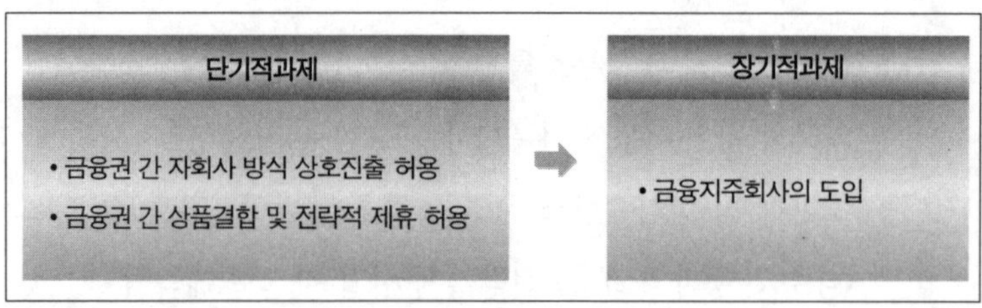

2) 방카슈랑스의 형태

표준화된 방카슈랑스 모델은 없으나 ① 은행·보험 간의 판매 제휴 ② 은행의 보험 자회사를 통한 보험판매가 주로 채택되고 있는 것이 유럽의 주요 방식임. 하지만 국내에서는 ① 은행·보험 간의 판매 제휴 ② 은행·보험 간 상호 지분참여 ③ 조인트 벤처 등 주로 외국계 생명보험사 위주의 본격적인 방카슈랑스 실시를 위한 제휴가 이루어지고 있다.

은행과 보험사 간의 방카슈랑스 형태

① 은행의 보험 자회사 설립

② 보험의 은행 자회사 설립

③ 은행·보험 간 상호지분 참여

④ 조인트 벤처(방카슈랑스)

⑤ 금융서비스 그룹 설립

⑥ 판매 제휴

위의 6가지 형태 중 ③번과 ④번이 초기에는 가장 현실적인 방카슈랑스 참여 형태가 될 것으로 보임.

방카슈랑스의 성공적 추진 이후에는 다수의 은행·금융기관과 ⑥번의 판매 제휴를 추진하는 것이 가능해질 것으로 예상됨.

3) 방카슈랑스의 판매 채널

방카슈랑스의 판매 채널로는 ① 방카슈랑스 전담회사(합작회사 형태)와 관련은행 간의 판매 제휴를 통한 판매 ② 보험사와 은행의 판매 제휴(대리점)를 통한 판매로 나누어진다.

이 경우 은행에서의 판매는 ① 통신판매(DM 발송, 전화판매 등) ② 은행창구 직판 (은행 일반직원 판매) ③ 전담직원 판매(은행의 전담직원 또는 FPC 고용 판매) ④ 협력 판매(고객 상담을 통한 제휴 보험사 소개)에 의해 이루어진다.

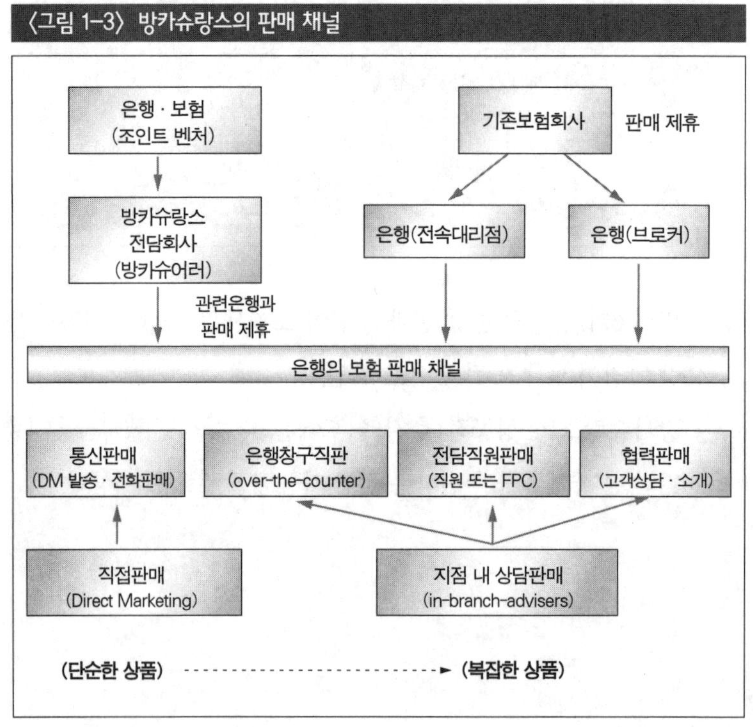

〈그림 1-3〉 방카슈랑스의 판매 채널

Recommendation

1. 방카슈랑스 주요 성공요소

방카슈랑스는 여러 가지 방법으로 설명되어왔으나, 이 책에서는 다음과 같은 정의를 사용하고자 한다.

"고객 데이터베이스를 활용한 효율적인 비용으로 은행과 보험상품의 논리적 결합 판매"

이러한 방카슈랑스의 프로세스는 은행과 보험사의 통합 '판매'를 위주로, 필요에 따라 제3자와의 제휴 판매 또는 공동 마케팅의 방법을 함께 활용해야 하며, 은행의 예금·대출·송금 등 뱅킹 업무, 신용카드 업무, 부가서비스 업무와 생명보험·손해보험의 고유 기능의 논리적 결합을 통한 시너지 효과에 주력해야 한다.

또한 은행의 보험사 소유, 보험사의 은행소유, 합작회사, 전략적 제휴의 방카슈랑스 형태에 관계없이 은행과 보험사가 시너지 효과를 창출하기 위해 통합적으로 움직여야 할 것이다.

주요 성공요소는 보는 시각과 사람에 따라 상당히 다를 수 있으며, 성공을 위한 방법도 다양하다. 그러나 우리는 새 시대 방카슈어러(Bancassurer)의 성공에 결정적인 역할을 하는 공통적인 몇 가지의 주요 성공요소에 대해 집중적으로 고려해볼 필요가 있다.

1) 고객 관계의 이해

은행은 예외없이 강한 브랜드 이미지와 상당한 고객 데이터베이스를 가지고 있다. 방카슈랑스의 첫번째 목표는 소비자에게 저렴하면서도 좋은 상품과 어드바이스를 제공하는 것이다. 방카슈랑스 상품은 기존 고객 관리에 의거, 고객들로부터 신뢰를 받고 있을 때 판매가 가능한 것이며, 방카슈랑스는 상품의 판매라기보다는 서비스의 판매라는 면에서 접근하는 것이 중요하다.

즉 다양한 접점에서 한결같은 서비스를 제공하는 것이 중요하다. 소비자의 라이프 사이클에 따라 끊임없이 서비스를 제공하고, 그들이 원하는 것이 무엇인지 이해하기 위해 소비자에 대한 자세한 정보를 수집하고 자료를 업데이트하는 작업이 필수적으로 이루어져야한다.

2) 판매 효율의 증대

방카슈랑스 성공에 가장 중요한 요소는 Lead Generation(주의 환기, 관심 유도)과 Conversion Rate(계약 성공률)이다. 대부분의 방카슈어러는 충분한 고객 서비스의 제공 및 규모의 경제를 달성하기 위해 빠른 속도로 FPC(Financial Planning Consultant) 조직을 구축했다. 물론 올바른 채용과 보수기준이 FPC의 성공 여부를 결정하는 관건이다. 방카슈어러의 FPC는 종래 보험사의 직접 판매인력 (Direct Sales Force)보다 4배의 생산성을 보일 수 있는 것으로 간주 된다.

방카슈어러는 또한 기타의 제3자 제휴 마케팅(The Third Party), 공동 마케팅, 다이렉트 마케팅을 잘 조합해 효율적인 마케팅이 되도 록 노력해야 한다.

3) 상품의 Mix

방카슈랑스가 보험사에게 본질적으로 다른 상품을 요구하지는 않는다. 그러나 방카슈어러에 있어서는 종전 상품의 범위나 틀에서 벗어나 뱅킹, 신용카드, 부가서비스 등 은행의 고유업무와의 결합이 가능하거나 기존 고객에 대한 서비스가 강화될 수 있는 상품개발에 주력해야 한다.

즉 고객과 은행이 가치가 있다고 판단하면서도 까다로운 조건이 없는 간단하고 이해하기 쉬운 상품을 개발해야 하는 것을 의미한다 (KISS의 원칙 : Keep It Simple Stupidly— 제3장 '방카슈랑스 상품 전략' 참조).

이해하기 쉬운 상품은 FPC에게도, 고객에게도 큰 도움이 된다. 이에 대한 사례로는 영국 생명보험사에서 조사해본 결과 30개 이상 의 서로 다른 상품 중에서 10개가 95%의 고객 욕구를 만족시키는 것으로 나타난 것과 같이 많은 상품을 개발하려고 하기보다는 부문 별 핵심 상품전략을 구사하는 것이 FPC, 소비자에게도 이해가 쉬울 뿐 아니라, 비용 절감에도 상당한 효과를 발휘한다.

4) 조화로운 문화의 개발

전통적인 보험상품의 강매 이미지(Hard Sell Image, Push Marketing)는 고객의 반응 위주로 움직이는 은행의 문화(Reactive Order Taking Culture)와는 잘 조화가 되지 않으며, 이제까지 많은 방카슈어러에게 이에 대한 문제점을 불러일으켰다.

방카슈어러로 진입하면서는 이러한 두 가지 상이한 문화의 특성 중 가장 유익한 요소, 항목만을 선택하겠다는 목표를 갖고 하나의 조화로운 문화로 동화시켜야 한다.

여기에는 은행과 보험사 양사의 최고경영자의 책임감이 요구되는데, 조직 전체의 일상적인 업무에 적용될 사명(Mission), 비전(Vision), 가치(Value)에 대한 폭넓은 협의가 있어야 한다. 가장 민감한 분야는 은행 내에서 일하게 될 판매인력에게 적절한 동기를 부여하면서도 내부의 은행 직원과 좋은 팀워크를 이루어 일하도록 해야 하는 것이다.

5) Integration(통합)을 통한 최대의 시너지

성공적인 방카슈랑스는 은행과 보험사 직원의 서비스 연속성, 상품개발, 판매에 걸친 완전한 통합을 요구한다. 은행과 보험사의 통합적인 의사결정 지원기구가 없이는 내부적인 마찰과 판매와 처리과정에 있어 불필요한 중복을 초래한다.

모든 분야의 운영에 있어 통합은 장기적인 안목에서 보았을 때 효과적이지만 이를 달성하기란 쉽지 않다. 따라서 일부 은행과 보험사는 경영간부의 정기적인 인사를 통해 상호이해 및 관리기술을 증진시킬 뿐 아니라 방카슈랑스 사업에 대한 공통적인 관심을 증진시킨다.

아니면 통합적인 기구의 설치를 통해 상품의 개발, FPC의 선발, 교육훈련, 판매 서비스, 시스템 지원을 뒷받침하는 통합된 Marketing Program으로 운영해갈 수 있다.

6) Technology Business Process Engineering 투자

은행은 하루에도 수백만 건의 거래를 한 치의 오차도 없이 처리하는 컴퓨터 시스템으로 운영된다. 따라서 방카슈랑스에 대해서도 동일한 수준의 서비스와 업무의 편리성, 정확성이 요구된다. 물론 방카슈랑스 업무의 초기에서부터 최첨단의 시설 투자를 요구하는 것은 아니다. 보편적인 현상으로서, 방카슈어러는 최고의 기술과 프로세스의 도입을 통해 기존 생명보험사보다 최첨단의 시스템을 갖추어가게 되는 것이 일반적이다.

특히 POS Systems(Point Of Sale Systems) Technology는 전문적인 가입설계 프로그램, 전문적인 Underwriting System, Image Processing을 말하며 방카슈랑스 상품에 따라서는 보험계약의 보전관리 시스템 개발이 요구된다.

또한 유럽의 은행들은 텔레마케팅과 함께 지점 내의 비디오 키오스크(Video Kiosk) 등을 통해 보험 서비스를 제공하고 있다. 나중에 자세히 설명하겠으나 '추가 데이터베이스 확보'와 '텔레마케팅'을 효율적으로 수행하는 것은 매우 중요하다.

7) 고객 데이터베이스의 활용

대부분의 은행은 보험사보다 정보 시스템에 대해 막대한 투자를 하고 있다. 보험사의 정보 시스템이 그 동안 신계약, 보전 등 업무처리를 위한 계정계 프로그램 위주로 개발돼왔다면 적어도 은행은 계약 관리를 위주로 한 프로그램이 아닌, 고객을 위주로 하는 **정보계 시스템의 중요성**을 좀더 빠르게 인식하고 있다는 것이다. 고객정보는 지속적으로 보완·통합되어야 하는 것이 매우 중요하다. 고객 데이터베이스의 잠재력을 최대화하는 데 적합한 소프트웨어는, 특정 상품에 대한 가입성향을 분석하는 데에 응용될 고객 분류(Data Mining, Scoring) 목적을 바탕으로 데이터를 다져서 조사 분석할 수 있는 능력을 갖추어야 하고, 나아가 Cost Effective한 Lead Generation을 만들 수 있어야 한다.

모든 은행은 자신의 고객 데이터베이스를 최대한 보호하려는 자세를 보인다. 그러나 방카슈랑스의 성공에 있어 중요한 수단 중 하나는 텔레마케팅을 포함하는 다이렉트 마케팅이다. 하지만 Reactive Order Taking Culture에 익숙해져 있는 은행에서 이를 독자적으로 수행하는 일은 불가능하다.

보험사의 입장에서는 비록 은행과의 제휴상품이기는 하지만 판매하려고 하는 상품이 보험상품이고, 보험사는 그 동안 다이렉트 마케팅 및 텔레마케팅에 대한 노하우를 쌓아왔으며, Underwriting이라고 하는 고유한 보험업무와의 접점 업무임을 감안해, 은행 또는 제3의 장소에서 은행의 데이터베이스를 활용한 다이렉트 마케팅을 수행할 수 있을 것이다. 이 때 해당은행에 대해서는 데이터베이스의 활용에 따른 대가로서 ① 수수료 지급 ② 적립금 일부의 은행 운용 ③ 제휴 상품 영업활성화 등을 고려할 수 있다.

여기에서 잊지 말아야 할 것은 방카슈랑스는 은행에서 보험상품을 판매하는 것으로 이는 첫째, 은행의 신뢰도를 활용한 Endorsed Marketing이며 둘째, 은행의 데이터베이스를 활용한 마케팅으로 은행과 제휴된 상품을 다른 데이터베이스를 활용해 판매하는 것 또한 중요하다는 사실이다. 또한 유럽의 방카슈어러들은 제휴선이 은행만이 아닌 증권사, 투자신탁회사, 신용카드사, 통신사, 유통회사 등 다양하고, 은행 또는 제휴 회사와의 논리적 결합상품을 데이터베이스 마케팅을 통해 판매하며, 은행만이 아닌 각종 유명 브랜드 회사와의 제휴 상품 공동개발·판매를 하는 **Brandassurance(브랜다슈런스)**로 확산돼가고 있음에 유의해야 한다.

2. 외국사의 방카슈랑스 진입

방카슈랑스는 국내 대형 생명보험사의 견제 속에서 외국 생명보험사, 방카슈랑스 전문회사의 시장 진입 압력에 의해 조기 개방될 가능성이 점증하고 있으며, 외국의 방카슈랑스 회사는 브랜드 파워와 방카슈랑스 운영 노하우를 무기로 다수의 국내 은행, 보험사와 다양한 형태의 제휴를 추진할 것이다.

그리고 방카슈랑스 상품은 주로 은행 상품 구조의 약점을 보완·강화해주는 단순한 상품으로 출발한 뒤 복잡한 설계가 요구되는 상품으로 이행하는 것이 관례다.

3. 방카슈랑스 프로젝트의 관리

1) 주요 사업계획의 내용

□ 사업계획 및 마케팅 계획
- 방카슈어러 옵션별 계약 체결

  합작투자, 인수, 합병, New Start Up의 경우 새로운 경영진
  의 선정이 요구되듯이 전략적 제휴의 경우에도 은행과 보험
  회사 간 통합 기구의 관리자 선임이 필요
□ 상품개발 계획에 따른 개발 후 마케팅 · 관리 부서로 이관
□ 통합 마케팅 전략
□ 시스템 개발 계획
□ 판매 · 교육 훈련
□ Underwriting 지침, Point Of Sale Systems
□ Staff 커뮤니케이션 방법의 실행
□ 운영 과정의 테스트
□ 피드백
- 마케팅 계획, 시스템, 판매 · 교육 훈련, Underwriting, POS

2) 인력

방카슈어러가 되는 기업은 최고경영자 선발에 있어 신중해야 한
다. 보통 생명보험 업계에 상당한 경험을 가지고 있고 계리인, 회계
사 자격증을 가지고 있거나, 생명보험 업계의 경험과 함께 일반 기

업의 경영 경험을 가지고 있는 사람을 선발하는 경우가 많다.

은행문화와 보험문화를 통합해야 하는 필요성과 재무관리에 능통해야 하는 필요성을 가지고 있으며, 마케팅 경험과 능력을 가지고 있는 인물이 가장 적합하다.

3) Information Technology

정보 시스템 관리 프로세스의 구축도 경영진의 중요한 역할로서, 시스템적으로는 은행의 많은 지점망과 보험사의 지점망을 연결할 수 있어야 하며, 특히 상품의 판매를 위한 POS(Point Of Sale) Systems에 의한 상품가입 설계, Underwriting, Image Processing(화상처리), 보유계약의 보전관리, 영업관리 시스템의 공유가 필요하다.

□ IT 관리에 있어 고려해야 할 부문은 다음과 같다.
- 기존의 은행 시스템을 사용할 수 있는 서비스
- 운영 기능의 아웃소싱
- 비즈니스 기회에 대한 시장 분석
- 은행 고객을 대상으로 한 성향 분석

4) 상품 디자인과 가격 책정

상품의 개발 범위를 지정하고, 어떻게 하면 비용의 초과 지출을 불러올 수 있는 상품을 피하면서 은행과 대다수 고객의 필요에 맞는 합당한 상품개발의 폭을 제공할 수 있는지에 대한 결정을 내려야 한다. 가장 중요한 것은 합리적인 상품을 개발하는 전략인 것이다.

예를 들어 방카슈랑스 상품은 고객과 은행 모두에게 경제적이어야 한다든지, 상품의 소개와 설명이 용이하고 고객의 필요를 만족시킬 수 있는 적응능력을 가지고 있어야 한다는 것들이다. 이는 또한 새로운 상품의 개발을 단계적으로 실행하는 데 있어 계획 과정의 부분이 될 수 있다. 방카슈어러에게는 상품의 폭이 이미 정해져 있다고 해도 과언이 아니다. 저당양로보험(Mortgage Endowment), 체감정기 담보대출보험, 정기보험, 저축플랜, 일시납 저축, 개인연금 등이 그 예이다.

상품 디자인과 가격책정은 손이 많이 가기는 하지만 어려운 작업은 아니다. 그러나 마케팅 자료, 경영관리, 언더라이팅, POS, 투자계획, 직원의 교육훈련과 같은 요소와의 관계가 고려돼야 한다.

5) 투자 관리

은행은 훌륭한 마켓 이미지와 상표를 가지고 있기는 하나, 보험사업을 위한 우수한 투자인력은 필수적으로 요구된다. 보험사는 보험영업과 투자실적으로 경쟁을 한다. 유럽에서 은행의 생명보험 판매는 그들의 투자에 대한 접근 방식과 마찬가지로 매우 조심스러웠다. 투자관리는 그들이 잘 알고 있는 분야이면서도 그리 좋은 실적을 보이지 못하는 분야이기도 하다.

조인트 벤처(합작투자)의 경우 투자 기능을 부분적으로라도 은행에서 분리함으로써 보험사에서 운용할 수 있도록 하는 것이 바람직하다. 생명보험, 건강보험, 연금상품 어떤 것을 막론하고 상품이 경쟁력 있는 가격구조를 가지고 있을 뿐 아니라 잘 관리된 자산운용 능력이 있어야 한다. 궁극적으로 최종 이익의 가치를 결정하는 것은 투자 실적인 것이다.

투자원리는 굉장히 간단하다. 한 바구니에 모든 계란을 담는 것은 언제나 현명치 못한 일로 여겨져왔다. 자산을 유닛에 연결된 예금을 통해, 또는 제3자 투자전문가를 통해 유닛에 연결된 주식이나 부동산에 투자하는 방법으로 보유할 수 있다.

제3자 투자전문가는 특히 생명, 건강, 그리고 연금분야에 대한 그들의 자산운용 명성, 경험, 그리고 투자실적에 관한 증명된 전력을 토대로 선정된다.

6) 인쇄물과 홍보 자료

기업의 상품전략, 마케팅전략, 광고전략 기획은 그 기업이 시장에 진출하는 데 있어 초석과도 같다. 고객뿐만 아니라 직원도 이해할 수 있는 전략을 개발할 수 있는 마케팅 컨설팅 업체의 활용이 매우 중요하다. 방카슈랑스에 있어서는 PR와 홍보가 매우 중요하며, 상품, 규정 등의 전문적인 분야에 대한 이해와 함께 창조적(Creative)인 능력을 함께 가지고 있어야 한다.

특히 인쇄물의 제작은 중요한 부분인데, 그 이유는 이것이 바로 일반인들이 평가할 수 있는 유형의 증거이기 때문이다. 자사에서 이 부분을 해결하려고 하는 것은 (탄탄한 프로젝트의 관리와 신속한 의사결정, 그리고 마감시간을 지키는 의지의 부족으로) 자칫 실패하는 지름길이 될 수 있다.

또한 모든 인쇄물에는 참여한 기관(은행, 생명보험사, 제휴기관)
의 로고와 추천서 등이 함께 개발되어 있어야 고객들에게 신뢰성 있
는 메시지를 전달할 수 있다.

7) 주요 실패 원인

☛ 참여하는 모든 Staff에게 사명(Mission)과 비전(Vision)을 분명하
  게 알리지 않는 것
☛ Product Positioning을 확립하지 못하는 것
☛ 법규, 규제사항을 고려하지 않는 것
☛ 제휴업체와의 협조, 연락을 제대로 취하거나 유지하지 못하는 것

제2장

방카슈랑스 마케팅 전략

방카슈랑스 판매 문화의 형성 | 방카슈랑스 판매전략
지점 내 마케팅 전략 | 다이렉트 마케팅 전략
고객 데이터베이스 활용 전략

방카슈랑스 판매 문화의 형성

앞에서 이미 은행과 보험사의 기업문화가 다르다는 것을 살펴보았듯이, 양사의 판매전략 또한 매우 다른 형태로 고객들에게 인식돼 왔다. 고객은 흔히 은행의 상품은 필요에 의해 스스로 선택한다고 생각하는 반면, 보험사의 상품은 강요된 권유에 의해 가입되었다고 생각하는 편이다.

실제로 이러한 차이는 방카슈랑스의 실행에 있어 판매전략을 세우는 데 유념해서 살펴보아야 할 장애요인이다. 하지만 이 점에 있어서 은행과 보험사의 책임자들은 한결같이 은행의 반응중심적(Reactive) 판매전술과 보험사의 적극적(Proactive) 계약획득 전술을 새롭게 통합할 강력한 마케팅 전략이 필요하다는 것을 인정하고 있다.

여기에서 우리는 상반된 판매 문화의 결합으로 나온 방카슈랑스의 판촉 전략과 폭넓은 판매 Lead의 선정, 통합적 마케팅 캠페인 실시, 효율적 고객 데이터베이스 활용에 대한 계획을 미리 검토해볼 필요가 있다.

1. 상반된 판매 문화의 결합

은행이 제공하는 상품이란 일반 가계고객을 대상으로 한 예금 유치나 자금관리, 그리고 각종 대출 서비스로 대표될 수 있다. 그리고 이런 종류의 금융 서비스는 대개 고객이 스스로 필요성을 느껴 지점을 이용해 직접 구매하는 방식이었다.

반대로 보험상품은 미래의 위험을 대비한 목적성 상품이지만 자발적 욕구보다는 인간적 관계에 의해 강요돼온 것이 사실이었다. 공통된 것이 있다면 은행과 보험사 모두 이제까지는 **'상품'** 위주였으나 이제는 **'시장'** 과 **'서비스'** 위주로 가계금융 시장에 대응해야 한다는 것이다.

이제 우리는 시간을 충분히 가지고 양사 판매 문화 중에서 좋은 것만을 적절히 조화시켜 하나의 통합된 판매전략을 세우는 데 힘써야 한다.

1) 보험사와 은행과의 상반된 판매 문화

이와 같이 은행과 보험사는 상품, 판매 활동, 판매 인력만 살펴보더라도 상이한 판매 문화를 오랫동안 유지하고 있었다.

하지만 양사의 판매전략은 모두 '상품 중심' 에서 '시장 중심', '서비스 중심' 으로 변화하는 상황이 왔고, 방카슈랑스의 성공적 판매전략도 이 상이한 판매 문화를 어떻게 통합하느냐에 달려 있다.

구 분	보험사	은행
Product	상해보험 질병보험 사망보험 목적자금	예금 송금 대출 서비스
	(리스크 관리)	(자금 관리)
Promotion	Proactive 계약 획득 Hard Selling Push 전략	Reactive 주문 접수 Soft Selling Pull 전략
Sales Person	외향적 · 활동적 · 사교적 인간관리 기술	조직적 · 안정적 · 관료적 고도의 기술 보유
고객 이미지	회사에 대한 신뢰가 적고 지나치게 상품을 강요해 부담스럽다	회사에 대한 신뢰가 있고 그들의 조언은 공정하다

2) 은행 내 직원의 저항

이러한 상반된 판매 문화의 결합에서 가장 큰 장애요인으로는 정작 보험상품을 구매하는 고객의 이미지보다 은행원들이 갖는 보험에 대한 부정적 이미지다. 물론 은행직원은 시장 환경의 급격한 변화와 자신들의 고유 서비스가 점차적으로 타 금융기관에 의해 잠식당하고 있다는 사실에 부담을 느끼고 있기는 하다. 그렇기 때문에 이제는 고객 유지와 이익 보전을 위해 부가적인 계약 관계의 확보가 반드시 필요하다는 데 의견을 함께 하고는 있다.

하지만 그들은 아직도 고유상품과 보험상품을 차별화 해 생각하고 있고, 은행 내 작은 공간을 활용해 보험 데스크를 설치한 후 최소의 이익만을 기대하는 것에 그칠 수도 있다.

왜냐하면 은행원 스스로가 보험에 대해 부정적 이미지를 가지고 있으며, 그 예로 아직도 은행의 예금이나 대출상품에 보험사의 상품을 끼워팔기식으로 권유하는 것은 고객에게 부담이 될 것이라 생각한다는 것이다. 이는 약한 상황의 고객을 이용해 무리하게 구입을 권유하는 기존의 보험 판매방식에 대해 그들이 갖는 부담이기도 하다.

그러나 다행히도 고객은 아직도 은행 직원의 조언과 권유에 대해 신뢰감을 느끼고 있으므로, 우리가 은행원에게 보험상품의 이익과 가치를 먼저 설득한다면 그들의 조언은 고객에게 강력한 구매욕구를 창출할 것이다.

그렇다면 먼저 상품 판매에 있어 고려되어야 할 다음의 4가지를 고객의 입장에서 생각해본다면, 방카슈랑스 상품이 과연 은행고객에게 윤리적인지 아니면 비윤리적인지 명확하게 살펴볼 수 있다.

- 투자의 목표(**Goal**)
- 구입 방법(**Methods**)
- 구입 동기(**Motive**)
- 고객의 이익(**Benefits**)

□ 사례연구 : 은행에서 판매하는 생명보험사의 연금보험의 경우
  • 투자 목표 : 퇴직 후 노후를 위한 여유자금 준비
  • 구입 방법 : 은행원이 권하는 고객중심의 차별적 연금 계획
  • 구입 동기 : 신탁형의 경우처럼 짧은 기간만의 연금 혜택보다
      종신 또는 상속까지 고려한 고객의 욕구
  • 고객의 이익 : 퇴직 후 종신토록 안정된 생활자금의 보장

이 4가지 요소를 살펴 만약 은행원의 충고와 권유가 고객의 입장에서 긍정적이라면 이는 반드시 윤리적인 것이다.

만약 은행원 스스로가 은행과 보험사의 조합 상품이 합리적임을 설명할 수 있다면, 그들에게 이미 신뢰감을 가지고 있는 고객에게 이를 권유하는 것은 매우 용이한 일일 것이다. 이 때 그들의 판매방식 또한 기존의 지점 영업 중심의 'Reactive 주문접수' 방식에서 좀 더 적극적인 **Proactive 고객욕구 탐색'** 방식이 접목된 새로운 판매 문화가 필요하다.

판매인력 또한 금융상품의 기술적 우수함과 친근한 인간관리 기술을 함께 지닌 고도로 훈련된 인재 양성이 요구된다.

즉 방카슈랑스의 전략적 성공을 위해서는 반드시 은행원이 자발적으로 그들의 고객에게 충고, 권유할 수 있도록 과학적이고 논리적으로 양사의 판매 문화를 조화시키는 데 있다.

3) 은행의 보험상품 판매 적합성

은행원이 가지고 있는 보험사의 부정적 이미지에도 불구하고 은

행에서 보험상품 판매를 가능하게 하는 적합한 이유는 분명히 있다.

이러한 은행의 장점을 최대한 활용한 새로운 판매 문화를 형성한다면 앞으로 예상되는 방카슈랑스의 장애물을 극복하는 현명한 방법이 될 것이다.

- 전통적으로 은행은 고객에게 좋은 브랜드 이미지를 갖고 있다.
- 고객은 은행에서 제공된 상품과 직원에 대해 신뢰감을 가지고 있다.
- 고객은 보험사 판매원의 강제적 접촉과 달리 자신이 거래에 대한 필요를 느껴 자발적으로 은행과 접촉을 시도한다.
- 은행은 폭넓은 고객 정보를 비교적 정확하게 확보하고 있다.
- 은행은 고객과의 빈번한 우편 접촉이 가능하고 전달하는 용건에 대해(개인적 사정에 의한 접촉, 월 사용내역서에 의해 신뢰형성) 중요성이 인정되어 이 우편물은 결코 폐지로 취급되지 않는다.
- 은행이 고객에게 토털 금융서비스를 제공한다는 이미지와 보험 서비스의 제공은 매우 쉽게 부합된다.
- 보험의 판매 수수료는 은행이 고객에게 무료로 제공하는 각종 서비스 경비를 보충해주는 매력적인 상품이다.

위와 같은 장점 이외에도 은행 내 보험상품 판매는 양사가 반드시 선택해야 할 변화이므로, 이제 우리에게 남은 것은 서로를 불신하는 것보다 함께 일함으로써 서로에게 이익이 많다는 점에 인식을 같이 하는 것이다.

4) 상이한 문화의 성공적 조합

은행과 보험사의 성공적인 결합을 위해서는 그 무엇보다 지속적인 커뮤니케이션이 필요하다. 이 커뮤니케이션의 목적은 상대방이 무엇을 하고 있는지, 상호이익은 무엇인지에 대해 이해를 높이는 데 있다. 이렇게 상호 존중하는 분위기는 방카슈랑스의 성공을 위한 동기부여에 매우 큰 역할을 한다.

❏ 최고경영자의 신념
- 양사의 최고경영자는 방카슈랑스의 목적이 무엇인지, 양사의 이익과 미래의 기대치가 무엇인지 직원들에게 지속적으로 상기시켜줘야 한다. 이러한 최고경영자의 긍정적인 신념은 나머지 관리자에게 끼치는 영향이 매우 크다.

❏ 기업의 목표, 비전, 그리고 가치의 전달
- 방카슈랑스의 운영에 대해 해당 기업들이 갖는 궁극적인 목표(Mission)와 비전(Vision)을 규정하고 직원 개개인에게 줄 수 있는 가치를 전달한다는 것은, 새로운 기업의 문화를 받아들여야 하는 모든 직원에게 반드시 필요하다.

❏ 지속적 메시지의 강화
- 기업이 규정하는 목표와 비전이 아무리 훌륭하다 할지라도 날마다 관리자에 의해 지속적으로 메시지가 전달되지 않는다면, 실제의 현장에서는 무의미한 가치가 될 뿐이다. 이를 위해 은

행과 보험사는 공동으로 제작된 News Letter나 양사의 문화를
결합하기 위한 소책자 등을 이용해 지속적으로 강화된 메시지
를 전달해야 한다.

❏ 상호 존중의 관계 형성

• 처음부터 상호 존중적인 파트너십 관계를 형성하는 것은 매우
중요하다. 양사에 대한 존중은 물론, 지점 내 은행원과 판매원
과의 마찰을 방지하기 위해 상호 존중할 수 있는 인력의 구성
또한 매우 중요하다.

2. 방카슈랑스의 홍보전략

양사의 상이한 문화가 결합된 방카슈랑스는 새롭게 탄생한 기업
과 같이 광범위한 홍보전략이 필요하다.
이 때 홍보란 기업이 고객과 함께 커뮤니케이션하는 모든 과정을
의미하며, 기업의 홍보는 다음 4가지의 주요 요소로 구성되어 있다.

• 회사의 주체성(기업문화)
• 회사의 이미지
• 회사 홍보물(판촉 자료)
• 판매 활동(Promotion)

이 4가지는 한 손의 손가락과 같이 각자의 역할이 다르지만, 만약

네 손가락이 함께 모여 일을 한다면 달성할 수 있는 것은 훨씬 많아질 것이며, 방카슈랑스의 홍보는 다음의 4가지 요소가 적절하게 조합되어야 한다.

1) 홍보의 4대 주요 요소

방카슈랑스의 홍보는 새로운 회사를 알리는 것과는 달리 기존에 존재하던 은행과 보험사가 새로운 서비스를 제공하는 형태이므로, 사전에 홍보의 주요 요소를 이해함으로써 좀더 체계적인 방카슈랑스 홍보전략을 수립할 수 있다.

❏ 회사의 주체성

　조직이 수행하는 모든 것의 총체를 의미하며 기업에 속한 모든 직원의 행동이 축적되어 고정적 기업 문화로 인식

❏ 회사의 이미지

　회사의 주체성에 대한 고객의 시각적 이미지

❏ 회사의 홍보물

　회사가 판촉을 위해 발행하는 모든 홍보물

❏ 판매활동

　고객에게 흥미를 끌기 위한 모든 마케팅 활동

그렇다면 방카슈랑스의 경우 이미 형성된 양사의 주체성과 회사 이미지에 의해 쉽게 홍보를 할 수 있고 나머지 홍보물과 판매 활동만이 새롭게 개발되어야 할 홍보전략이라고 할 수 있다. 이런 점에

서 방카슈랑스의 홍보는 보험사에게 유리한 장점이 있다.

예를 들면 보험사는 이미 형성된 해당 은행의 긍정적인 기업문화와 기업 이미지를 충분히 활용해 홍보를 좀더 용이하게 할 수 있다는 것이다.

반면에 이를 수정하는 데는 많은 비용과 시간이 소요되므로, 최초 제휴은행의 선택시 이 점은 충분히 고려되어야 한다(Endorsed Marketing).

그렇다면 결과적으로 방카슈랑스의 홍보전략에서 핵심적으로 준비해야 하는 요소는 홍보물의 제작과 판매 활동에 대한 것이다.

그 중에서 판매 활동은 이 장의 뒷부분 '방카슈랑스 마케팅 전략'에서 상세하게 다룰 예정이므로, 여기에서는 방카슈랑스의 홍보물(판촉 자료) 제작에 대한 주요 성공전략에 대해서만 살펴보도록 하겠다.

2) 상품 판매의 과정과 홍보물의 활용

다음 방카슈랑스 상품의 판매 과정을 살펴봄으로써 우리는 고객이 최초 접촉부터 판매 종결까지 얼마나 많은 메시지를 접하게 되며, 그 메세지에 들어간 정보를 조정(통제)하는 것이 얼마나 중요한 일인지 알 수 있을 것이다.

하지만 이 모든 단계에서 그들은 은행의 고유한 업무(여신거래, 담보) 때문에 고객이 되었음을 잊어서는 안 되며, 제공되는 홍보자료 또한 기존의 거래에 지장을 주어서는 안 된다.

판매단계	접촉 홍보물
1. 고객의 흥미 유발단계	대중광고(TV, 신문, 라디오) 직접 마케팅(DM, TM, 전단지) 지점 내 광고(카탈로그, 포스터, 브로셔)
2. 은행원 및 FPC와의 접촉단계	상품안내에 대한 각종 인쇄물 고객 설문지(질문/탐색) 판매 보조 자료(스크린)
3. 고객 기초정보 분석단계	(고객이 주로 무엇을 읽고, 어떻게 행동하는지 분석해 추가 제공 자료 선택)
4. 고객 현재욕구 분석단계	추가적 판매 보조자료 제공 (상품 비교자료, 가입설계서, 언론 홍보자료) 상품의 주요 특장점 제공
5. 판매 종결단계	청약서의 작성 (주요 보장내용 안내)
6. 법률적 사항 고지단계	청약철회 제도 안내 주요 계약사항 고지—3대 기본 지키기(자필서명, 청약서 부본, 약관)
7. 계약 완료단계	고객 우송물 • 보험 증권 • 감사의 편지(Thank you Letter)
판매의 종결	

3) 홍보물 제작의 성공요소

무형의 제품을 포함하고 있는 금융상품은 대부분 홍보물 그 자체가 상품으로 인식되기 쉽다. 고객은 상품을 설명하는 브로셔나 카탈로그, 전단지, 포스터, 약관집까지 수많은 홍보물을 접하고, 그 속에서 자신의 이익을 확인하기 바란다. 그렇기 때문에 홍보물에 적힌 수많은 문안은 회사의 주체성 및 이미지 형성은 물론, 구매의사 결정에 기여하는 바가 절대적이다.

그렇다면 성공적인 방카슈랑스의 홍보물 제작에 우리가 기억해야 할 몇 가지의 성공요소를 점검해보도록 하자.

(1) 디자인과 카피

이제까지 보험사와 은행 모두 회사 홍보를 위한 자료를 만들 때나 상품 안내장, 약관 등을 만들 때는 자사의 담당직원이 문안작성을 했고, 디자인에 대한 부분은 전문기획사에 의뢰해왔다. 그 결과 고객이 접하는 홍보물은 시각적인 디자인과 표현된 문안이 서로 상이해 흥미를 갖기 어려운 경우가 대부분이다. 참고적으로 사람들이 인쇄 광고를 인식하는 방식을 조사해본 결과 사람들은 우선 **그림에 주목하고, 그 다음 해당하는 문안을 읽고 나서 헤드라인을 읽는다고 한다.**

홍보물 제작시 이 점을 유념한다면 인쇄 광고를 제작할 때 훨씬 성공적일 수 있을 것이다.

일반적으로 방카슈랑스의 홍보물은 보험사가 주도적으로 제작하되 디자인과 카피를 위해서는 광고기획사가 함께 일한다는 전제 하에 우수한 업체를 선정하는 것이 매우 중요하다. 그리고 모든 홍보물에는 보험사 이외에 은행이 보증한다는 문안과 디자인이 반드시 포함돼야만 은행의 주체성과 이미지를 활용한 홍보효과를 극대화할 수 있다.

(2) 합리적인 업체 선정

일반적으로 보험사에서 광고기획사를 선정할 때 주요 의사결정 요소로서 어느 회사가 가장 저렴한 비용을 제안하는가, 또는 자사와

인맥이 있는 사람이 누구인가를 고려해왔다. 그 과정 중에 어느 회사의 광고 Creative가 가장 훌륭하고, 자사의 광고 컨셉을 가장 잘 표현할 능력을 가지고 있는가는 그다지 중요하게 취급되지 않았으므로, 그 결과가 나쁘더라도 누구도 책임의 소재를 분명하게 할 수 없었다.

하지만 우리는 방카슈랑스의 가장 효과적인 홍보전략을 위해 함께 일할 파트너를 신중하게 선택해야 할 것이다. 또한 일반적인 광고기획사보다는 다이렉트 마케팅 경험이 풍부한 전문회사를 선택하되, 통합적 마케팅의 정확한 방향을 제시할 수 있는 해당 분야의 전문가 여야 한다.

(3) 철저한 제작일정 관리

통상 보험사의 홍보물 제작에 할애되는 시간은 매우 촉박한 반면, 부서 간 협력 부족으로 제작 기간이 매우 길어지는 경우도 종종 있다. 하지만 우리에게 중요한 것은 고품질의 홍보물을 제작하는 데 있고, 열악한 일정은 열악한 수준의 홍보물을 만들 수밖에 없다.

특히 신규 방카슈랑스의 상품 홍보물을 제작하는 데는 최소한 3개월의 기간이 소요되며, 사전에 홍보물 제작계획과 업체선정은 이미 마련되어 있어야 한다.

홍보물의 제작일정 관리에는 단순히 작업 공정을 관리하는 것 이외에도 신속한 의사결정과 최초 의사결정 내용의 유지가 무엇보다 중요하다.

실제로 협력부서 간 의견의 불일치나 업무 중간에 의사결정의 수정은 일정관리에 치명적 영향을 줄 수 있다.

❑ 홍보물 일정 관리의 주요 항목 및 소요일수 사례

관리항목	소요일수	주요내용
광고전략의 마련	5일	핵심 담당자 간의 미팅 필요.
수행업무의 점검	상시	분야별 해당 담당자의 일일점검
분야별 정기회의	상시	핵심 담당자 간의 미팅 필요
• 분야별 개요 합의	10일	분야별 철저한 일정관리 특이사항 발생시 긴급회의 소집
• 컨셉의 마련	10일	
• 카피의 제작	20일	
• 광고기획, 사진	20일	
• 1차시안 검토	5일	
• 수정 및 보완	5일	
인 쇄	20일	

(4) 일관성 있는 메시지의 전달

회사의 홍보물이란 당연히 회사의 주체성과 이미지와 부합하면서도 고객에게 설득력과 흥미를 줄 수 있는 메시지로 전달되어야 한다. 그 점에서 방카슈랑스의 경우 필연적으로 갖는 어려움이 있다. 주로 상품을 개발하는 보험사의 매니저와 광고와 판매를 담당하는 은행의 매니저는 서로 이원화되어 있고, 그들은 각기 다른 조직에 소속되어 있는 관계로, 이 사이에서 일관성 있는 메시지 전달을 통제한다는 것은 전략적인 거래를 전제하지 않고는 거의 불가능하다.

하지만 통상적으로 마케팅 활동을 주관하는 한 회사에서 전달하고자 하는 주요 메시지에 대한 컨셉만이라도 정확히 전달해준다면 최악의 상황은 막을 수 있을 것이다.

3. 균형적 권한과 영향력의 확보

상이한 판매문화와 차별적 상품구성을 지닌 채, 각각의 비즈니스 목표가 다른 보험사와 은행이 동일한 고객을 대상으로 판매 활동을 한다는 것은 매우 까다로운 일이다. 하지만 금융시장의 빠른 변화와 기술의 눈부신 발전, 무엇보다 강력하게 변화하는 고객취향에 의해 양사는 필연적으로 새로운 변화와 도전의 기회를 함께 갖게 되었다.

결국은 방카슈랑스도 변화에 대한 하나의 도전이고, 이를 성공시키기 위해서는 고객 중심의 서비스 강화와 과학적인 마케팅 활동이 필수적이다. 즉 통합적 마케팅 전략은 이제까지 양사에서 각각 경험한 마케팅의 노하우를 조화롭게 통합시키는 데 성공의 열쇠가 있다.

하지만 우리에게 아직도 남은 과제는 통합적 마케팅 전략이 성공적으로 실행되기 위한 보험사와 은행의 균형적인 권한 분배와 그에 따른 현실적 판매전략의 수립이다. 그렇다면 먼저 보험사와 은행의 관계에서 일반적으로 서로 영향을 미치는 권한에 대해 미리 점검해보고, 방카슈랑스의 판매전략 유형을 다양하게 연구해봄으로써 우리가 선택할 판매전략의 구체적 방법을 모색해볼 필요가 있다.

1) 방카슈랑스 상품의 Own Label(자체 브랜드화) 전략

방카슈랑스 상품 판매의 기본전략은 은행의 기존 고객을 대상으로 보험 서비스를 판매하는 것이므로, 은행의 고유한 상품 포트폴리오에 보험상품을 포함시킨다는 개념으로 고객에게 전달되는 것이 가장 안정적이다. 그렇다면 고객에게 그들이 구매하는 상품이 과연 어느 회사의 상품으로 인식되어야 하는지도 판매전략을 수립하는 데는 중요한 결정 요소가 된다.

❑ 방카슈랑스에 대한 유럽의 리서치 결과

- 고객은 그들이 주로 접촉하는 은행으로부터 보험상품을 구매하는 데 거부감을 갖지 않고, 오히려 선호하는 편이다.
- 고객은 은행이 제공하는 보험상품이 한 회사의 상품이건 자신이 자유롭게 선택할 수 있는 여러 회사의 상품이건, 관심이 없는 편이다.
- 고객은 상품이 은행의 상품인지, 직접 개발하고 Underwriting하는 보험사의 상품인지에 대해 상관하지 않는 편이다.

위의 리서치 결과에서도 참고할 수 있듯이 방카슈랑스의 상품은 판매 은행의 로고와 고유한 디자인을 사용해 고객에게 인식되고, 이를 'Own Label(자체 브랜드화) 전략' 이라고도 한다. 이 경우 은행 직원 또한 보험사의 상품을 자사의 상품 포트폴리오 중의 하나라고 인식하고 판매할 수 있어, 보험판매에 쉽게 적응할 수 있다는 장점도 있다.

2) 공통 마케팅의 성공을 위한 균형적인 권한과 영향력 확보

보험사와 은행이 상호 전략적인 업무협약을 하는 초기에 서면으로 업무협조에 대해 동의하는 것은 비교적 쉬운 일이다. 하지만 실제 실행에 있어서는 업무협약서의 내용과는 달리 양사의 공동 마케팅을 어렵게 만드는 장애 요소는 너무나 많다. 반드시 초래될 이러한 장애물을 극복해가며 업무를 수행하기 위해서는, 초기에 적합한 권한과 영향력을 서로 합의하는 것이 필요하다. 여기에서 적합한 권한과 영향력이란 한 기업이 다른 기업의 의사결정과 활동에 영향을 줄 수 있는 정도를 의미한다.

판매의 주도권과 고객 데이터베이스를 보유하고 있는 은행의 입장에서는 보험사를 자칫 하급적·종속적인 파트너로 인식하기 쉬우므로, 이는 초기 협약 내용을 서면으로 동의할 때 양사의 권한을 명확히 할 필요가 있다. 이 때만이 보험사가 은행과 쌍방 대등한 위치에서 서로의 권한과 세력 기반을 확보할 수 있는 절호의 기회이기 때문이다.

부 문	보험사	은 행
세력 기반	상품의 제조사	상품의 판매자
권한	판매자인 은행이 단기적인 생산성이 저조할 때(판매손실이 없는 초기 단계에서) 상품을 철수할 수 있는 권한	보험사와의 계약관계시 다른 판매자와의 동등한 계약조건이 아닌 경우 판매계약을 거절할 수 있는 권한
전문성	보험과 관련된 모든 분야에 대한 기술적 지원 가능	보험사의 기존 판매 채널과 차별적인 판매 지원 가능
보상	은행은 보험사에게 다양한 상품 시장과 폭넓은 판매 시장의 제공	보험사는 은행에게 부가가치 있는 상품의 제공 (포괄적 금융상품의 제공)
부가적인 이익	은행이 제공하기 어려운 서비스를 포함한 새로운 우수 상품의 설계가 가능	은행 브랜드 신뢰도에 의한 보험사의 이미지 제고
법률적 요구사항	계약상 합의된 모든 보험상품을 판매할 의무	보험상품에 대한 유지관리, 언더라이팅, 독점판매권 제공

일반적으로 보험사와 은행 사이에 부문별 주요 권한과 의무사항을 알아둔다면 실제 업무수행시에도 가능한 균형 있는 권한과 영향력을 유지하는 데 도움이 될 것이다.

여기서 보험사가 유리하게 세력을 확보할 수 있는 주요 요소는 다음의 사항으로 요약할 수 있다.

- 은행에 새롭게 이윤을 창출할 수 있는 상품을 제공함
- 은행이 제공하지 못하는 고품질 복합 금융서비스를 개발, 공급함
- 은행이 복합적 금융서비스를 제공하는 데 절대적으로 부족한 전문 지식을 전수함

방카슈랑스 판매전략

1. 광범위한 Sale Lead의 선정

방카슈랑스의 판매 활동은 은행의 지점망뿐 아니라 은행의 폭넓은 고객 데이터베이스를 바탕으로 한 까닭에 광범위한 고객의 욕구를 발견(Lead generation)하기가 매우 용이하다. 하지만 중 · 소형 은행과 보험사의 경우에는 Sale Lead의 선정이 직접 판매조직(FPC)과 은행 내 직원의 추천만으로 국한될 가능성이 높다.

이는 자신만의 독특한 상품전략, 다이렉트 마케팅 전략의 수립과 실행을 추진할 자원의 유한성 때문이다(고객 데이터 베이스, 시스템 구축, 전문인력).

물론 광범위한 Sale Lead 선정을 위해서는 양사 간의 통합적 운영전략이 전제되어야 하며, 특히 마케팅 캠페인의 경우에는 강력한 다이렉트 마케팅 책임자에 의해 진행되어야만 폭넓은 가망고객을 발견할 수 있다.

그리고 은행과 거래하는 고객의 구매행동이 점차 변화하고 있는 시장환경 속에서, 좀더 정확하고 비용 효율적인 Sale Lead 선정방법을 미리 준비한다는 것은 방카슈랑스의 성공을 위해 매우 중요한 열쇠다.

1) Sale Lead 선정의 필요성

(1) 금융상품 구매행동의 특성

일반적으로 금융상품은 자동차, 가구, 의류 등과 같은 소비재 상품을 구매할 때보다 고객이 느끼는 흥미(매력)의 요소가 매우 적으며 오히려 심리적인 부담의 요소를 내포하고 있다.

예를 들어 은행에서 대출이 필요한 고객의 경우, 심리적으로는 커다란 부담을 가지고 있으나 주택을 적합한 시기에 마련하기 위한 절대적 욕구 때문에 구매의사 결정을 한다. 또한 위험 보장을 위한 보험의 경우에도 고객은 매월 보험료를 지불해야 하는 부담과 확률에 대한 불확실성을 가지고 있으나 미래의 자신에게도 닥칠 수 있는 위험을 이성적으로 대비하기 위해 구매의사 결정을 하는 것이다. 즉 금융상품을 구매하는 고객의 주요 성향은 다음 3가지 특성으로 요약할 수 있다.

첫째, 금융상품을 구매하는 고객은 자발적으로 상품 자체에 흥미나 매력을 느끼기 어려워한다.

둘째, 금융상품을 구매결정하기 위해서는 고객 스스로가 이익에 대한 믿음이 생겨야 한다.

셋째, 인생의 단계별 변화와 욕구에 의해 구매를 결정하므로 구매 의사결정에는 타이밍이 중요하다.

위의 내용을 고려했을 때 방카슈랑스 상품도 고객에게 지나친 구매를 강요하기보다는 적절한 욕구와 흥미를 가진 가망고객을 발굴하기 위한 마케팅 전략이 필요하다는 것을 알 수 있다.

(2) 은행 고객 구매행동의 변화

오래 전부터 은행은 고객들의 짜증스런 긴 행렬과 막대한 비용 투자를 동반하는 지점 확장의 문제를 극복하기 위해 은행원이 아니라도 업무를 처리할 수 있는 대체 수단을 개발하기 시작했다. 즉 그들은 고객이 지점에 와서도 은행의 직원이 아닌 현금자동지급기, 통장정리기기 등 자동화된 기계를 통해 거래를 가능하게 했고, 간단한 거래는 Phone Banking, PC Banking, Internet Banking 등을 통해 고객이 은행까지 나오지 않고도 은행 업무를 처리할 수 있는 방법을 지속적으로 개발하고 있다.

이로써 은행을 이용하는 고객의 구매행동 또한 편익과 신속함, 여유로운 시간 활용을 지향하는 구매행동으로 변화하고 있다. 이는 전통적인 창구 접촉방식이 점차 줄어가는 것을 의미하기도 하지만, 반대로 창구 접촉 이외의 고객 접촉 채널에 대한 잠재적 가치를 부여하는 것이기도 하다.

(3) 광범위한 Sale Lead 선정의 중요성

앞에서 살펴본 금융상품 구매고객의 변화된 행동을 전제로 방카슈랑스의 가망고객 선정은 구체화되어야 한다. 가장 먼저 그들이 자발적으로 욕구를 일으키게 하는 방법과 그들이 지점에 내방하지 않는 상황에서도 그러한 욕구를 어떻게 포착할 것인지를 구체적으로 연구해야 할 것이다.

만약 은행에서 지점을 내방하는 고객만을 대상으로, 그리고 지점 내 보험전담 판매자(FPC)에 의해서만 가망고객을 발견한다는 것은 매우 소극적인 마케팅 전략이 될 것이다. 그리고 은행의 고객에게 은행상품 구매시 끼워파는 보험 이외에도 훨씬 다양해질 방카슈랑스 상품의 판매를 고려한다면 광범위한 Sale Lead 선정 전략은 매우 중요하다.

이 때 광범위한 Sale Lead의 선정을 위해 은행의 폭넓은 데이터베이스를 전제로 하는 것은 너무나 당연하다. 하지만 방카슈랑스 구조적 옵션 중 전략적 업무제휴의 형태에서라면 이 모든 활동이 은행의 주도 아래 진행될 것이다. 이러할 경우 이미 서구 유럽의 사례에서도 경험했듯이 결국 데이터베이스를 소유한 은행이 유리하게 보험 자회사를 보유하게 되는 결과로 나타났다.

그렇다면 보험사의 입장에서 방카슈랑스를 실행함에 있어 Sale Lead 선정을 위해 은행의 데이터베이스를 활용하고, 그렇게 취합된 가망고객의 데이터베이스를 보험사와 함께 공유한다는 것은 사전에 업무제휴 단계에서 결정되어야 할 중요한 전략이다.

2) 지점 내 Lead Generation 전략

지점 내에서 가망고객 발견을 위한 방법 중 가장 일반적인 것으로는 창구에 위치한 직원들로 하여금 고객과의 대화를 통해 가망고객 탐색을 위한 질문을 하거나, 고객에게 흥미를 유발할 수 있는 조언을 하도록 하는 교육을 들 수 있다. 하지만 현실적으로 은행의 직원들은 이 점에서 심각한 딜레마를 갖는다는 것이다.

예를 들면 기나긴 대기행렬 속의 고객을 보며 신속한 업무처리를 해야 하는 것과 가망고객 발견을 위해 고객에게 필요한 정보를 탐색하는 것 사이에서 때때로 갈등을 하게 되는 것이다. 특히 바쁜 지점이라면 Lead를 선정할 기회가 훨씬 많다는 것을 염두에 두고 이를 효과적으로 극복할 수 있는 방법이 연구돼야 한다.

즉 지점 내에서 Lead 선정 과정을 표준화하는 것은 직원이 겪는 딜레마를 최소화하고, 가망고객 발견을 극대화시키기 위해 매우 중요한 과제가 된다.

그렇다면 가장 먼저 선행되어야 할 것은 지점 내 모든 직원이 공유할 Lead의 정의가 필요하다. Lead란 단순히 고객의 관심을 의미하는 것이 아니라 고객이 관련상품에 대한 전문적 상담을 받기 위해 약속을 받거나, 현장에서 바로 상담을 받을 수 있도록 추천하는 것을 의미한다. 그리고 이러한 Lead Generation 과정이 효율적으로 진행되기 위해서 직원들에게는 다음 네 가지가 요구된다.

- 전문상담으로 가기 위한 고객의 기본정보를 파악할 수 있는 은행 직원(**Front line staff**)의 대화 기술
- **FPC**가 고객과 전문적 상담을 바로 할 수 있는 핵심적 고객정보 카드의 작성
- 고객과 담보대출이나 개인대출 등에 대해 심층 인터뷰를 하는 과정에서 방카슈랑스 **Sale Lead** 카드 작성의 의무화(이 때는 매우 정확한 가망고객을 선정할 수 있는 절호의 기회임)
- 지점 직원과 **FPC** 간의 **Sale Lead**의 진행 결과를 함께 공유하며, 이를 효과적으로 관리하는 **Lead Coordinator**의 활용

그 밖에도 지점 내의 광범위한 Sale Lead 선정을 위해 신중하게 고려해야 할 것은 지점의 환경이다. 현재 은행 지점의 Layout이 고객이 움직이는 동선과 혼잡을 피하기 위해 최선으로 고려된 것이라면, 여기에 방카슈랑스 상품의 가망고객 선정을 위해서 지점의 환경을 새롭게 개선한다는 것은 더욱더 직접적이고도 비용 효율적인 방법이 될 것이다.

예를 들어 보험 휴게실, 현금자동지급기 주변, 판촉자료, 지점 내 각종 부착물, Take-one 등이 대표적으로 활용될 수 있다. 그 밖에도 지점의 효율적 활용을 위해 새로운 시스템의 도입과 고객의 편익제공 시설이 좀더 많이 개발되었을 때, 고객이 지점에 머무르는 시간은 많아지고, 그러는 동안 가망고객을 충분히 발견해낼 수 있을 것이다.

또한 지점의 대기 행렬이 많은 업무 혼잡 주간에는, 지점 직원의 직접적인 조언 이외에 지점 내 비치된 각종 판촉물에 의해 고객에게 정보를 전달할 수도 있다. 그리고 매순간 자료를 검토 중인 고객을 보았다면, 이 때가 Lead 선정의 기회이므로 창구 직원 외 그 누구라도 접근해 그가 가망고객임을 확인하고 추천할 수도 있을 것이다.

3) 지점 외 Lead Generation 전략

하지만 은행의 서비스를 이용하는 고객의 구매행동이 변화하면서 은행 고객들의 지점 방문은 최소화되고, 지점의 수도 더 이상 확대되지 않고 있다. 물론 지점에 직접 찾아오는 고객을 대상으로 가망고객을 발견한다는 것도 중요한 활동이기는 하나, 더 이상 지점에 나오지 않는 고객들을 위해서는 본사 차원의 다양한 마케팅 캠페인을 통해 가망고객을 발굴할 수 있어야 한다.

그 밖에 다음의 두 가지 이유에서도 본사 차원의 Lead Generation 전략은 반드시 필요하다.

- 수동적인 방카슈랑스의 방법론은 지점 내에서 발견된 가망고객(Warm Lead로 구분됨)에만 몰두하고, 좀더 많은 잠재고객을 간과하고 있다.
- 지점 내에서만 Sale Lead를 선정한다면 결국 판매당 Lead 선정 비용이 높을 수밖에 없으나 다양한 채널 활용시 Lead 선정 비용은 줄어들 수 있다.

본 장의 뒷부분인 '다이렉트 마케팅 캠페인'에서 좀더 구체적으로 연구해보겠지만, 여기에서는 본사 차원에서 가망고객 발굴을 위해 주로 활용하는 대표적 마케팅 채널의 장단점을 간략히 비교해보기로 한다.

미디어 형태	장 점	단 점
Direct Response TV (직접반응 TV 광고)	• 시각적 이미지 전달 • 광범위한 전달력 • 성장하고 있는 은행 이미지의 확산과 다양한 고객에 접근	• 정확한 타깃 고객 선정의 어려움 • 높은 예산의 소요 • 예측하기 어려운 고객 반응과 수많은 반응에 일일이 응대하기 어려움
Direct Response Radio (직접반응 라디오 광고)	• TV에 비해 비용이 경제적이며 넓은 전달력 보장 • 확장되는 방송국 수에 의해 광고 기회 확대	• Lead 선정에 효과적 채널로 증명되지 않음 • 고객의 반응이 즉각적으로 나타나기 어려움 (주로 차 안에서 청취)
Direct Response Newspaper (직접반응 신문 광고)	• 금융상품의 경우 신문, 잡지를 이용한 직접반응 광고는 양질의 가망고객 선정에 유리한 채널로 확인됨 • 고품질의 매체를 선정한 경우 자사의 브랜드 가치를 높일 수 있음	• 미리 계획된 타깃 고객을 조정하기 어려움 (실제로 광고를 접하는 고객 통제 불가능)
Direct Mail (직접 우편물)	• 개인적 • 정확한 타깃 고객 선정 • 고객의 유형별로 탄력적으로 기획 • 강력한 테스팅 가능 • 측정된 비용의 집행	• 일반적 우편물에 대한 반응률의 저조 • 신뢰 있는 브랜드 이미지 전달이 약함 • 단일 채널로서는 수동적 반응만을 기대함
Media Inserts (전단지)	• 폭넓은 전달력 • 제휴사의 브랜드 이미지가 좋은 경우 제안의 신뢰감 확보 • 제안의 내용이 복잡한 경우 공간의 활용 가능	• 구체적인 반응분석이 가능하기 전에 많은 비용의 요구 • 절대적인 고객 반응률 저조
Tele-marketing (텔레마케팅)	• 개인적인 친밀감 형성 • 정확한 타깃 고객 선정 • 다양한 제안의 활용 • 직접적이고, 강력한 고객 흥미 유발 • 높은 고객 반응률	• 고객이 걸려오는 전화에 대한 부담을 가짐 • Cold Call에 대한 부작용으로 고객이 멀어질 수 있음

회사 차원의 Lead Generation 전략은 폭넓은 고객을 대상으로 하는 만큼 앞에서 언급한 다양한 채널의 통합적 운영에 대한 전문성이 요구된다. 이 때 미디어의 선택은 마케팅의 목표와 주어진 예산 범위에 의해 결정되는 것이 가장 바람직하며, 효과적인 매체 믹스에 의해 높은 반응률과 효율적 예산 집행을 통제할 수 있다.

이 점에서 현재 국내은행의 경우 다이렉트 마케팅을 전문적으로 구사할 수 있는 전문인력이 부족하므로, 당분간 은행 내에서 본사 차원의 Lead Generation 전략에 대해서는 다소 소극적일 수 있다. 이점이 보험사 입장에서는 좋은 기회일 수도 있다. 즉 그들과는 차별적인 다이렉트 마케팅 전략을 전문적으로 구사함으로써 방카슈랑스의 판매권 및 고객 데이터베이스를 확보할 수 있는 기회를 얻을 것이다.

4) 효과적인 Lead 관리의 중요성

대개 방카슈랑스 초기 지점에서의 Lead 관리는 매우 자연스럽고 중요하게 이루어지고 있다. 하지만 가망고객의 수가 방대해질수록 이를 판매에까지 순조롭게 연결하기란 점점 어려워진다.

- 고객의 초기 관심은 2~3일이 경과되면서 감소하는 경향이 있으므로(5일 이후에는 33%의 감소율) 지점별 · 지역별로 적절한 기간 내에 Lead 관리가 필요하다.
- Lead의 철저한 관리를 위해 중요하게 체크되어야 할 요소는 Lead의 창출자, 약속일시, FPC와의 접촉일, 상담시간, 일일 추천 수, 일일 판매량, Lead 대비 Conversion Rate(계약 체결률)이 있다.

• Lead의 관리는 지점 직원 간 공유가 되어야 하므로 담당 Lead Coordinator에 의해 중간에서 관리되어야 한다.

2. 고려 가능한 방카슈랑스의 판매전략

방카슈랑스의 판매전략은 제1장에서 살펴본 은행과 보험사의 전략적 제휴구조에 따라 다양하게 설계될 수 있다. 하지만 여기에서는 은행과 보험사가 하나의 그룹이나 계열이 아닌 상태에서 각기 다른 소속의 은행과 보험사가 일반적으로 고려해볼 수 있는 판매전략의 몇 가지를 살펴보기로 한다.

1) 판매전략 Ⅰ : 장소 임대형

❏ 전략의 기본

은행은 지점의 사무실을 보험사에게 임대하고, 보험사는 판매 데스크를 통해 보험상품을 판매한다.

❏ 이익 분배와 수수료

보험사는 은행에게 임대료(임대료는 판매량과 상관 없이 일정함)와 은행의 프리미엄과 데이터 가공에 대한 수수료를 지불한다.

❏ 주요 판매활동

• 지점 내 보험 데스크와 상품 홍보물 전시대, 전화, PC를 보유하

고 고객에게 프리젠테이션을 한다.

- 보험사는 은행의 데이터를 활용해 고객에게 DM, TM을 함으로써 가망고객을 선정한다.
- 보험 데스크의 운영시간은 은행 업무시간과 동일하나, 연장 근무를 위해 별도의 사무실을 이용하기도 한다.

2) 판매전략 Ⅱ : In House 형

❏ 전략의 기본

은행은 제휴된 보험사의 주요 상품인 정기보험, 개인연금, 의료보험 등과 같은 보험사 고유상품을 은행이 직접 판매하며, 보험사는 상품개발과 유지관리 서비스, 사무처리, 상품교육을 제공한다.

❏ 이익분배와 수수료

- 보험사는 은행에게 보험상품 판매대리점 수수료를 지급한다. 은행 내 판매직원의 수당 지급방식은 다음과 같다.
  - 은행의 일반직원 : 추천 건수에 대해 누적 점수를 적용해 인센티브 제공
  - 보험 전담판매 직원 : 기본급 외에 은행이 벌어들인 판매액의 10%를 수수료로 지급(직원은 은행의 정규직과 동일함)

❏ 주요 판매활동

- 지점 내 가망고객 추천 시스템의 활용(보험상품 판매의 95%)

- 전직원이 보험 교육을 받아 가망고객 추천을 하되, 판매 종결
  은 보험판매 자격을 취득한 전담직원에 의해 이루어진다.
- 은행의 고객 우편물에 첨부된 Insert, 지점 내 브로셔, 포스터, 고
  객 대상의 세미나 개최 등을 통해 가망고객을 발굴한다.
- 가망고객 선정을 위한 마케팅 캠페인을 은행이 직접 운영해 판
  매의 주도권을 갖는다.
- 은행의 전담 판매직원은 컴퓨터 가입 설계 프로그램을 활용하
  며, 이는 보험사가 소프트웨어를 제공한 것이며, 보험사의 제
  휴 담당자는 수시로 지점을 방문해 업무를 점검한다.

3) 판매전략 Ⅲ : Lead Generation형

❏ 전략의 기본

은행은 다수의 보험사와 제휴를 통해 은행의 고객 데이터베이스
를 활용함으로써 Response Campaign을 실시한다. 이 캠페인에
따라 은행은 자사의 고객 리스트를 제공해 가망고객만을 선정해
주며, 판매는 해당하는 보험사에서 맡는다.

❏ 은행의 보험사 선정기준
- 보험사의 재정적 안정
- 보험산업에 대한 전문성과 마케팅 수행 능력
- 고객 서비스에 대한 명성
- 상품 판매 수익성

❑ 이익분배와 수수료

일반적으로 보험사는 은행에게 상품판매 총액의 5~15%에 해당하는 수수료를 고객 데이터베이스를 사용한 대가로 은행에게 지급한다. 하지만 은행의 경우는 판매액의 Percent보다는 제공된 리스트의 숫자를 기준으로 한 일정 수수료를 원할 수 있다.

❑ 주요 판매활동

- 은행은 자사 신용카드 고객 및 은행 고객에게 보내는 우편물 안에 보험상품을 권유하는 강력한 메시지(은행이 보장하는 보험상품에 대한 최고경영자의 추천 메시지)를 포함시킨다.
- 이 때 보험사는 우편물에 삽입되는 Insert를 디자인하고, 발송에 드는 비용을 모두 부담한다.
- 은행은 마케팅 캠페인에 대한 평가와 거부권을 갖는다.
- 경우에 따라서 은행은 자사 차원의 이벤트와 캠페인을 기획하기도 한다(이 때는 단일 보험사의 상품을 공동 마케팅함).
  - 이 때 은행의 지점은 고객 리스트를 제공하고, 은행의 본사는 DM 패키지 개발, 발송, 업무처리 전반을 책임진다.

4) 판매전략 Ⅳ : 전문회사 아웃소싱(Outsourcing)형

❑ 전략의 기본

은행이 마케팅 전문회사와 계약을 맺고 보험상품을 판매하며, 보험상품은 다수의 보험사 중 선택해 판매한다. 이 때 판매의 전체 이익은 은행과 마케팅 전문회사가 50 대 50으로 공히 분배한다.

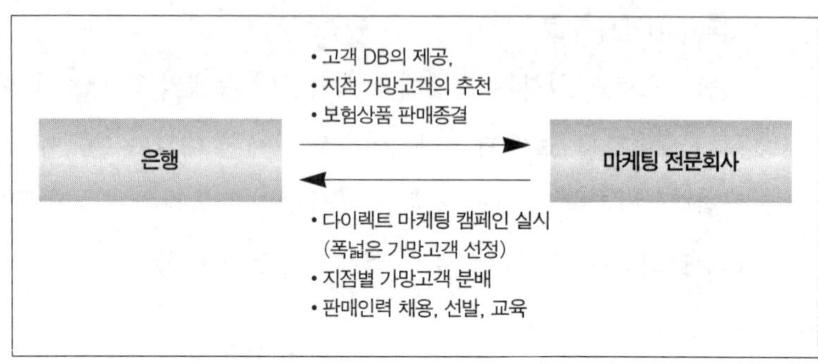

❑ 이익 분배와 수수료

- 은행의 일반직원 : Lead 건수에 대한 수수료 지급은 불가하므로 지점 Promotion을 통해 보상함

- 예금 카운셀러 : 기본급 외에 수수료와 일정한 목표 초과시 인센티브 제공

❑ 주요 판매활동

- 마케팅 전문회사에 의한 폭넓은 Sale Leads 선정을 위한 다이렉트 마케팅 캠페인 실시

  - 지점 Display, 은행 직원의 추천 Contest, DM의 활용

    다양한 홍보 자료, Insert(삽입지), 직접 광고, 세미나

- 다양한 마케팅 활동의 통합으로 고객 Response 유발. 이 때 Response는 주로 회신봉투나 전화 문의, 쿠폰의 회수, 고객 추천(Members Get Members), 직원 추천을 통해 생성

- 모든 Sale Lead는(고객 Response, 지점 추천 등) 마케팅 전문회사의 세일즈 매니저에 의해 일괄적으로 통제되며, 분리된 Sale

Lead는 지점의 예금 카운셀러에게 균등 분배됨.

- 지점의 예금 카운셀러는 상담 약속을 위해 분배된 가망고객들에게 전화를 하며, 이 때 이들은 할당된 가망고객 리스트에 대해 15%의 계약 체결률을 목표로 한다.

5) 판매전략 V : 조인트 벤처(합작투자) 형

❏ 전략의 기본

은행과 보험사가 합작투자해 보험 판매회사로서 자회사를 설립하며, 이를 조인트 벤처라고 한다.

❏ 조인트 벤처 계약사항(사례)

- 양사의 계약 기간은 5년 만기, 상호 동의 하에 재계약 가능
- 양사는 조인트 벤처의 연간 상품판매 수수료의 1.5배 비용을 받고 권한 판매 가능
- 양사는 조인트 벤처의 연간 상품판매 수수료의 1.75배의 비용을 일시불로 지불하고 권한을 살 수도 있다.

❏ 이익 분배와 수수료

- 생명보험, 적금, 상해보험상품 판매에 대한 수수료는 은행 대 보험사가 30 대 70으로 분배된다
- 담보대출 관련 보험상품 판매에 대한 수수료는 은행 대 보험사가 70 대 30으로 분배된다.

❑ 주요 판매전략

- 조인트 벤처의 보험 판매직원은 은행의 소속으로 하지 않고 자사에 소속시킴으써 비용 효율적으로 운영된다.
- 조인트 벤처는 은행이 제공하는 고객 데이터베이스를 활용해 다이렉트 마케팅 캠페인을 실시하되, 이 때는 주로 DM 발송 후 TM으로 가망고객을 Follow Up한다.
- DM, TM 또는 은행직원의 추천으로 얻어진 가망고객은 조인트 벤처의 판매전담 직원이 직접 대면함으로써 판매 종결한다.

3. 성공적인 판매전략의 선택

앞에서 살펴본 여러 가지의 판매전략 사례와 현실적인 상황을 고려해 보험사의 구체적인 판매전략을 선택해야 한다. 이 때 유념해야 할 사항을 몇 가지 살펴보도록 하자.

1) 선택 가능한 방카슈랑스의 판매전략

(1) 단순한 업무 제휴의 판매전략

- 은행이 단수 또는 다수의 보험사와 제휴하는 형태
- 은행은 직접판매를 하지 않고 사무실 임대, 고객 데이터베이스 제휴, 은행의 각종 브로셔에 제휴 보험사의 광고를 실어주는 것과 같은 단순한 판매전략으로는 은행이 판매이익을 극대화하기 어려움
- 은행이나 보험사의 입장에서 가장 쉽게 도입이 가능하기는 하

나 계약의 구속력이나 판매방법의 전문화를 기대할 수 없다.

(2) 은행의 주도적 판매전략

- 은행이 제휴된 보험상품을 은행의 직원을 활용해 직접 판매하는 형태
- 은행 방카슈랑스의 궁극적 목표가 되기는 하나 초기 방카슈랑스 경험이 전혀 없는 은행으로서는 보험 판매의 전문적 지식과 마케팅 능력 부족으로 시행착오를 겪을 가능성이 많다.

(3) 제3자와의 합작 판매전략

- 은행이 보험사와 보험 판매대리점을 설립하거나, 제3의 마케팅 전문회사와 합작해 공동 판매를 하는 형태
- 은행의 경우 자사에 부족한 보험 판매의 전문 지식과 마케팅 능력을 강화하기 위해 선택적으로 제3의 파트너와 함께 합작 판매하는 것은 많은 위험요소를 제거해준다.
- 하지만 이 때 조인트 벤처를 설립하거나, 마케팅 전문회사를 선택하는 과정에서 상호 균등한 계약관계를 형성하고 유지하기 위해서는 방카슈랑스에 대해 축적된 경험을 가지고 있는 회사가 필요하다.

2) 판매전략 결정시 핵심 요소

위의 3가지 판매전략은 법률적 허용 범위와 기업의 전략적 목표, 방카슈랑스의 옵션 형태에 따라 매우 다양하게 변형될 수 있다. 하

지만 보험회사의 입장에서 향후 판매전략을 결정할 때 확보해야 할 전략적 우위 사항은 다음과 같다.

(1) 자체적인 판매조직의 확보

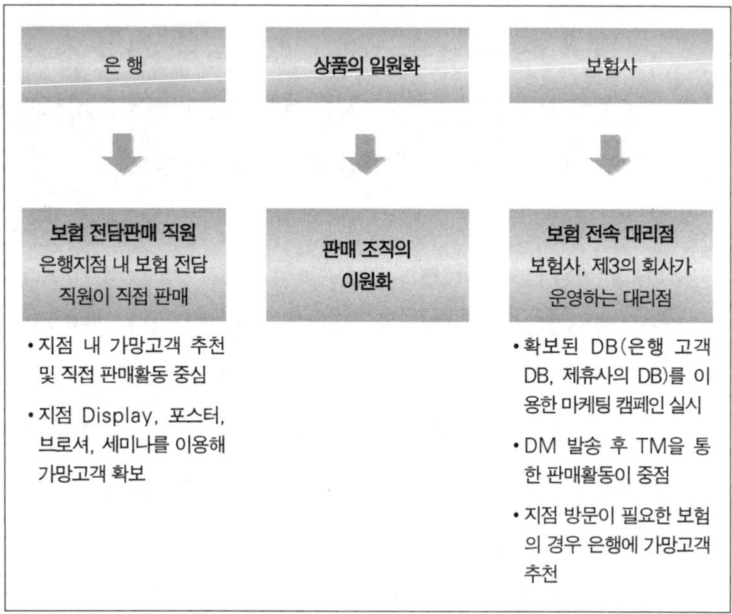

(2) 전문적 다이렉트 마케팅 운영 능력

방카슈랑스의 실행에 있어 장기적으로는 누가 주도적으로 판매조직을 관리하는지와 누가 양질의 Customer Based를 많이 확보하고 있는지가 결국 세력의 우세를 결정하게 된다.

그리고 은행의 입장에서도 보험사가 지닌 다이렉트 마케팅 능력에 대해 객관적으로 그 우수성을 인정하게 된다면, 그들의 고객 데이터베이스를 확보할 가능성도 함께 높아지므로 보험 전속 대리점

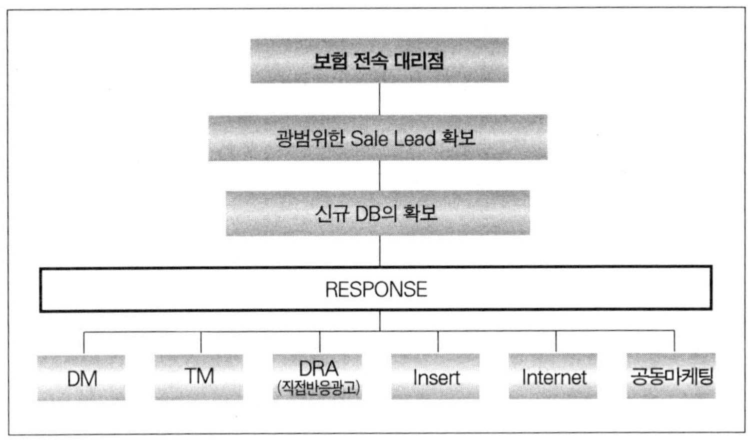

의 강력하고도 통합적인 마케팅 운영 능력의 확보는 매우 중요한 선택이다.

(3) 광범위한 데이터베이스의 확보

결국 방카슈랑스의 판매전략은 은행 고객의 데이터베이스를 활용한 데이터베이스 마케팅 전개라고 할 수도 있다. 그리고 상대적으로 은행이 보험사보다 계약 관계의 측면에서 유리할 수 있는 이유도 바로 고객 데이터베이스 때문이므로, 보험사 입장에서도 광범위한 데이터베이스 확보를 위한 준비는 매우 현명한 일이다.

❏ 은행 데이터베이스의 간접적 활용 — DM, Insert 기법

- 은행의 고객을 대상으로 다이렉트 마케팅 캠페인을 실시한다.
- 전략적 제휴 상태에서는 은행 고객 데이터베이스를 직접 공유하는 것이 불가능할 수도 있으므로, 처음에는 간접적 활용을 통해 획득된 양질의 가망고객 정보를 수집하는 전략이 필요하다.

- 은행은 고객 리스트에 대한 수수료를 받을 뿐 아니라, 은행 지점 내 보험상품 판매에 대한 강력한 홍보 효과 및 가망고객에 대한 정보를 전달받을 수 있다(보험 전담 판매회사의 지속적인 홍보 결과로 은행의 보험상품 홍보효과 및 가망고객 연결에 따른 판매증진의 이익을 가짐).

❑ 보험사 신규 데이터베이스 확보—제휴 마케팅, DRA 기법

- 제휴 마케팅 및 직접반응 광고(DRA : Direct Response Advertising)를 통해 신규 데이터베이스를 확보한다.
- 은행의 고객 데이터베이스와 경쟁할 수 있는 자사의 신규 데이터베이스를 확보함으로써 보험사는 방카슈랑스의 판매 활동에 대한 주도권을 확보할 수 있다.
- 단순한 은행의 데이터베이스보다 고객의 욕구가 걸러진 양질의 가망고객 리스트를 확보하고 이를 관리하는 것은, 향후 은행과 자사 잠재고객 데이터베이스와의 교환을 유도할 때 유리하다.

지점 내 마케팅 전략

이제까지 국내에서 방카슈랑스를 도입한 은행과 보험사가 선택한 지점 내 보험 판매전략은 그다지 고객의 흥미를 끌지 못했을뿐더러 생산성 또한 기대에 미치지 못했다.

그들은 여전히 은행의 고유한 판매 문화라 할 수 있는 '수동적인 주문접수' 방식을 취하며, 단지 보험이라는 상품을 곁들여 판매하는 형태였다.

물론 이 때 은행원들과 보험판매원 사이에도 서로에 대한 편견과 무관심이 여전하며, 양사의 상이한 판매 문화에 대해 이해하기보다는 철저히 외면해왔다.

이러한 현상은 양사가 강력한 전략적 제휴관계를 맺은 경우에도, 은행이 보험을 직접 판매할 수 있는 법적 허용상태에서도, 실질적인 방카슈랑스 판매 현장에서는 흔히 발생할 수 있는 문제다.

1. 지점의 Sale Lead 선정 방법

1) 지점 내 디스플레이(Display)

오랜 기간 동안 은행은 지점 내 기다란 대기 행렬을 줄이기 위해 과다한 비용을 투자했고, 이렇게 지점의 Layout을 새롭게 개선한 결과, 이제는 은행 내에서 복잡한 대기 행렬을 보기가 쉽지 않다. 뿐만 아니라 꾸준한 기술의 발달로 고객은 지점에 나와서도 이제는 창구직원의 도움 없이 스스로 여신거래 업무를 수행할 수 있게 되었다. 이 말은 어쩌면 고객이 지점에 머무는 시간이 적어짐으로써 가망고객을 선정할 기회도 아울러 줄어든다는 생각이 들기도 한다. 하지만 결과적으로는 그렇지 않다.

은행 내에 고객이 활용하는 많은 기계와 때때로 고객이 붐비는 시간을 활용해 가망고객을 선정하는 방법을 생각해본다면 훨씬 폭넓게 가망고객을 발견할 수도 있다.

❑ 현금자동인출기, 통장정리기의 활용
- 고객이 서비스를 받기 위해 대기하는 시간 동안 읽을 수 있는 문구를 마련한다.

- 고객의 흥미를 끌 수 있고 직접적 반응을 유도하는 카피를 컴퓨터 화면이나 기계의 여유 공간에 프린트함으로써, 고객이 서비스를 기다리는 시간을 적극 활용한다.

❏ 포스터, 플랭카드의 활용
- 고객이 대기하고 있는 장소에서, 또는 창구의 서비스를 기다리고 있는 장소에서 쉽게 볼 수 있는 포스터와 플랭카드를 활용한다
- 이 때 사용되는 문구에는 단순히 상품명만을 전달하는 기존의 방식과는 달리 고객이 직접 반응을 보일 수 있는 창의적 제안과 이벤트를 전달한다.

❏ Take-one 기법의 활용
- 고객이 지점 내에서 대기할 수 있는 모든 장소에는 카탈로그, 브로셔, 리플릿 등 다양한 판촉자료가 전시되어 고객이 직접 상품정보를 보도록 한다.
- 고객이 지점 내의 어떠한 광고 문안을 보았던지 'Take-one'을 읽고 있는 고객이 있다면, 은행 직원은 적극적으로 고객에게 접근해 고객을 탐색할 수 있는 기회를 얻는다.
- 지점 내 고객이 붐비는 시간은 가망고객을 선정할 절호의 기회

인 반면, 고객의 대기 행렬 속에서 은행 직원이 고객의 욕구를 탐색하기란 매우 어려운 일이다. 이 때 Take-one 기법은 가장 효과적으로 가망고객을 발견할 수 있는 방법이다.

2) 보험 데스크(Desk) 운영

흔히 은행 지점 내에는 보험판매를 위한 전담 창구로서 보험 데스크를 설치해 운영하고 있다. 하지만 고객의 입장에서 보험 데스크란 은행과는 별도로 보험만을 판매하기 위한 장소로서, 고객 스스로 강력한 욕구가 있지 않은 경우에는 좀처럼 접근하기 어려운 낯선 공간으로 인식되고 있다. 그렇다면 효과적인 보험 데스크의 운영을 위해서는 두 가지 역할을 수행할 수 있도록 전시되는 것이 중요하다.

❏ 정보 제공적인 보험 데스크의 활용

- 고객이 보험에 대한 흥미를 느꼈으나 강력한 판매 권유가 부담스러운 경우가 있으므로, 스스로 관련 자료를 접하고 검색할 수 있는 공간으로써 활용한다(데스크톱 활용, 주택, 건강, 교육, 재산증식에 대한 홍보자료).
- 은행을 이용하는 고객의 구매 문화는 보험과는 달리 자발적인 욕구의 개발이 중요하므로, 자연스럽게 정보를 검색하는 장소가 필요하다. 따라서 보험 데스크의 1차 접촉공간은 개방적이어야 한다(〈그림 2-1〉 참조).

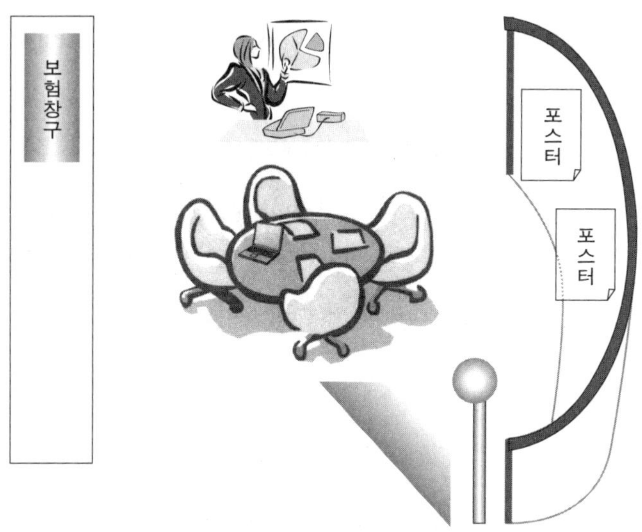

❑ 보험 휴게실(Private Banking) 설치 원칙

- 대기석 주변 배치

  −은행 이용자들이 쉽게 접근할 수 있도록 배치

- 원 테이블(Table)

  −노트북 PC로 대면이 아닌 자연스러운 대화를 유도

- 노트북 PC

- 데스크톱 PC

  −인터넷 뱅킹 등 자연스럽게 PC에 접근 유도

- 표준화된 인테리어

  −조명의 활용, 인테리어적 요소의 가미

❑ 판매 지향적 보험 데스크의 활용

- 보험에 대한 상담은 일반적인 상품을 구매할 때보다 신중한 의사 결정을 하는 만큼 심층적인 상담을 통한 판매종결이 필요하다. 이 때는 보험 데스크의 1차 접촉 공간과 달리 외부와는 분리된 조용하고 안정된 상담실이 판매 종결을 위해서는 유리하다.
- 지점 내 가망고객으로 추천된 고객이나, 전화로 약속 후 지점을 내방한 고객을 대상으로 FPC는 노트북과 POS 인쇄물을 활용해 가입설계를 직접하며 판매 종결을 유도할 수 있어야 한다.

3) 간단한 편지의 활용

은행이 본사 차원에서 DM을 활용하는 것과는 별개로 지점별 해당 지역의 고객을 대상으로 간단한 편지를 활용하는 것은 매우 보편적인 일이다. 그 편지는 일반적으로 해당 지점의 지점장의 이름으로 발송되므로 본사 차원의 우편물보다 훨씬 친근하고, 정확한 고객 정보를 담고 있기에 그 효과도 비교적 높은 편이다(〈그림 2-2〉 참조).

❑ Lead Generation 편지 작성의 비결

- 가망고객 선정을 위한 편지 내용은 최대한 간단해야 한다.
- 기존에 형성된 지점에 대한 신뢰가 더 중요하므로 전달하는 메시지는 단순한 특징이 아닌 고객의 이점을 위주로 솔직하고 명쾌하게 전달한다.
- 고객의 관심은 더 많이 돈을 버는 방법, 세금을 덜 내는 비결, 불행한 일에 대한 충분한 보상, 인생의 변화에 대해 미리 준비

하는 것 등이 고객의 관심임을 명심하라.

- 고객이 자신의 재산과 미래를 맡길 수 있도록 신뢰감을 형성하라.
- 고객이 지점의 제안을 쉽게 받아들일 수 있도록 흥미로운 제안을 하라.

_____________님께

지금부터 귀하께서 약간의 시간만 할애하신다면 저희 무료 재정 설계 서비스가 유용하다는 것을 알게 되실 겁니다.

△△ 은행의 재정 설계 서비스는 1시간 이상 걸리지 않습니다.
저희는 이 재정 설계 서비스가 귀하에게 유용할 것이라고 믿습니다. 예전에 재정 설계 서비스를 받아보신 경험이 있거나 이와 비슷한 권유를 그냥 무시한 경험이 있으시다고 해도 말입니다. 귀하께서 예전에 △△ 은행과 접촉하신 적이 없다면 왜 지금 이 서비스를 받으셔야 하는지 이유가 있습니다.

부담 없이 받을 수 있는 어드바이스

△△ 은행에서는 귀하께 어떤 부담이나 의무 없이 귀하의 재정 설계에 대해 자세하게 의논할 수 있는 기회를 드립니다. 그리고 이 모든 상담은 저희 은행의 정직원인 재정 설계 전문가와 의논할 수 있으며 그들은 귀하의 전담 상담원이 되어 도와 드릴 겁니다. 만일 귀하의 재정 설계에 아무런 문제가 없다면 그들은 귀하께 있는 그대로 그렇다고 말해줄 것입니다. 그들은 귀하가 새로운 상품에 가입하는 것보다 현재의 재정 설계를 좀더 보완하는 것이 유리하다면 그 방법에 대한 어드바이스를 할 것입니다.

맞춤식 어드바이스를 제공하는 단 하나의 은행

많은 은행은 그들 자신의 상품과 서비스를 집중적으로 판매하고 있습니다. 그러나 모든 분야의 금융 서비스를 한꺼번에 제공할 수 있는 기업은 아직 없습니다. 바로 이것이 △△ 은행에서 재정 설계 서비스를 시작한 이유이기도 합니다. △△ 은행은 시장에 나온 최고의 금융 서비스 중에서도 귀하에게 가장 적합한 상품을 조사해 권해 드릴 것을 약속 드립니다.

다음 쪽을 보아주세요.

왜냐하면 젊은 가족에게 적합한 생명보험 상품을 제공할 수 있는 회사가 50대 고객 여러분께는 최상의 상품을 제공할 수 없을지도 모릅니다. 곧 가족을 가질 계획을 하고 있는 여성에게 적합한 연금 상품을 제공할 수 있는 회사가 꼭 남성에게도 가장 적합한 상품을 제공할 수 있다고는 할 수 없기 때문입니다.

△△ 은행 재정 설계 전문가와 상담을 하시면 귀하께 가장 적합한 상품이 무엇인지 발견할 수 있을 것입니다.

재정 설계 서비스에서 귀하가 얻을 수 있는 것은 무엇일까요?

어쩌면 귀하께서는 귀하가 원하는 것이 무엇인지 누구보다도 정확하게 아실 수 있습니다. 예를 들어 더 나은 연금, 더 많은 생명보험 보장, 저축 플랜이나 상속세에 대한 정보, 비과세저축 상품이나 개방성 투자신탁, 보장성 투자증권과 같은 상품에 관해 들어는 보셨지만 과연 이러한 상품이 귀하께 적합한지는 쉽게 판단하지 못하셨을 겁니다. 이미 과거와는 많이 변화된 금융 현실에서 귀하는 최선의 투자가 무엇일지 탐색할 시간조차 갖지 못하고 있을 겁니다. 하지만 귀하가 △△ 은행을 업무차 찾아오셨을 때 재정 설계 전문가를 만나 서비스를 받는다면 시간도 절약하면서 만족한 재정설계를 받으실 겁니다.

귀하는 재정 설계 서비스뿐 아니라 펜과 3만 원에 상당하는 ○○○ 상품권을 받으실 수 있습니다.

지금 재정 설계 서비스를 받으시면, 첫 상담 후에는 캐릭터 펜을, 두번째 상담 후에는 3만 원에 상당하는 ○○○ 어느 지점에서나 사용하실 수 있는 상품권을 드립니다. 재정 설계 서비스를 신청하시기 위해 귀하께서 하실 것은 저희가 전화를 드리기에 가장 적합한 시간을 표시한 회신 우편을 작성하셔서 보내주시거나, 수신자 부담 전화 080-032-0566으로 전화주시면 됩니다.

귀하는 분명 이 재정설계 서비스를 유익하게 여기실 겁니다.

△△ 은행 금융 서비스 매니저

P.S. 귀하께서 지금 당장 이 서비스를 원하지 않으시면 이 편지를 보관하셨다가 필요하실 때 보내주십시오. 그 때에도 무료로 펜과 상품권을 드립니다.

4) 기타 활용 가능한 매체

❑ 텔레마케팅의 활용

- 본사 차원이 아닌 지점의 입장에서 텔레마케팅의 활용방법은 FPC가 가망고객과의 약속을 하거나, 사후 고객관계 관리를 위해 유용하게 활용된다.
- 특히 창구 직원들로부터 추천된 고객에 대해 신속한 상담이 지점에서 이루어지지 못할 경우 FPC는 Outbound(발신) TM 방식을 이용해 내점 유도나 방문약속을 할 수 있다.
- 또한 간단한 편지나 Take-one 자료에 의해 가망고객이 문의를 해오는 경우에도 Inbound(수신) TM을 활용할 수도 있다.
- 하지만 본사 차원의 다이렉트 마케팅 캠페인의 하나로 텔레마케팅이 전문적으로 기획되지 않은 경우, 지점에서 전화로 직접 보험상품을 판매하려는 시도는 오히려 고객에게 반감을 살 수도 있다.

❑ Video kiosk의 활용

- 기계에 의존한 서비스를 받던 고객은 이제 다시 직접 사람에 의한 서비스가 추가되기를 원했고, 그 결과 Video kiosk는 원거리의 콜센터와 연결해 상담원이 화상을 통한 직접적인 서비스를 가능하게 해주었다.
- 이러한 이점을 활용해 방카슈랑스의 경우도 한정된 FPC만 상주하므로 이미 다른 고객과 보험상담 중일 때, 또는 적은 규모의 지점에 Full-time의 FPC가 상주할 수 없을 때 Video kiosk가

가장 효과적으로 이 문제를 해결해준다.

- 은행 전체를 보았을 때, 이 경우 가망고객을 잃는다는 건 비용의 낭비이므로 Video kiosk를 통해 전사적으로 가망고객을 관리하는 방법을 선택한다.
- Video kiosk는 화상을 통해 숙련된 FPC와 언제든지 상담이 가능할 뿐 아니라 부스 안에 준비된 프린터기로 가입 설계서는 물론, 청약업무에 필요한 서비스를 지원받을 수 있으므로 매우 비용 효율적이다.
- 현재 국내에서는 아직 Video kiosk가 보편화되어 있지는 않으나 미래의 은행 지점에는 반드시 도입될 것이며, 이미 미국에서도 Video kiosk는 70%라는 판매 종결률과 비교적 큰 금액의 보험 판매라는 주목할 만한 결과를 보이고 있다.

2. 은행 업무와 판매 업무의 딜레마

지금까지 은행 지점의 판매활동은 지점의 위치가 얼마나 유리한지가 가장 중요했다. 치열하게 고객을 찾는 판매 문화보다는 고객이 지점을 찾아오는 판매 문화에 익숙했고, 은행원들은 자신들을 예의 바르고 공평한 조언자의 역할로 규정했다.

하지만 은행의 지점이 처한 현실에서는 은행계좌를 가지고 있지 않은 신규 가망고객의 수가 급감하고, 오히려 특정 은행에 대한 고객 충성심이 약화되므로, 시장 점유율 유지와 이윤 창출을 위해 은행의 변화가 요구됨을 이미 인식했다. 그러한 방편으로 지점에서는 이미 확보된 기존 고객을 대상으로 추가적 거래 계약을 성사시킴으로써 고객의 이탈을 최소화하고 새로운 상품 판매를 통한 이윤 창출 욕구가 생겨났다. 이 때 은행의 상품에 보험상품을 추가한다는 것은 가장 효율적인 방법의 선택이었다.

그럼에도 불구하고 은행직원의 오랜 습관과 인식을 바꾸는 것은 어렵고, 그들은 지금도 "나는 무언가를 판매하도록 교육받지 않았다. 나는 어디까지나 공정한 조언자로서의 역할을 한다. 수탁의 책임이 더 중요하고, 투자 서비스가 제대로 되지 않는다면 더 심한 문제가 생길 것이다"라는 생각을 하고 있다. 물론 수탁의 책임은 지점의 중요한 비즈니스 목표인 만큼 매우 중요하다. 하지만 마케팅 지향적인 지점이 되기 위해서는, 판매라는 것이 고객에게 윤리적으로 이익제공 측면에서 바람직하다는 생각을 해야 한다.

이러한 판매와 수탁자의 딜레마는 방카슈랑스의 판매에서도 주요 저해 요인으로 작용하는 만큼 지점 내의 보험 판매전략을 기획할 때는 이 점을 결코 간과해서는 안 된다. 특히 그들의 가망고객 선정 및 판매 방법이 은행의 고유 업무를 수행하는 데 부적절하거나, 방해가 된다면 그들은 판매와 수탁자의 딜레마에서 결국 수탁

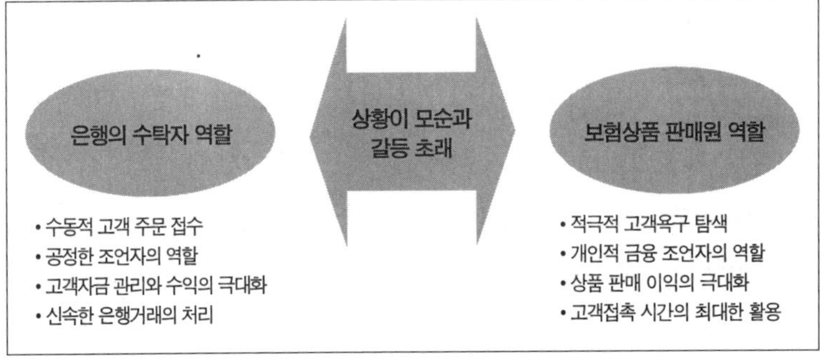

자의 익숙한 고유 역할에 안주할 뿐, 판매자로서의 역할은 쉽게 포기할 것이다.

이런 점에서 지점의 판매인력을 폭넓게 활용한다는 것은 결코 단순한 업무 구분만으로는 불가능할 것이다. 지점의 모든 은행원은 상호의존적인 업무과정에 대해 공감해야 하고, 각각의 업무 성과에 대해서는 동기부여에 바탕한 생산성 관리가 반드시 필요하다.

3. 지점의 판매인력 및 표준 조직

앞에서도 이미 살펴보았듯이 방카슈랑스의 성공은 지점이 현실적으로 방카슈랑스를 운영해가는 과정에서 은행 고유업무와 보험판매라는 업무 간 충돌과, 그에 속한 조직 간의 갈등을 얼마나 효율적으로 통합시키는가에 달려 있었다. 따라서 방카슈랑스의 실행을 위해서는 효율성을 고려한 최소한의 표준 조직 구성을 갖출 필요가 있다.

먼저 중요한 판매 인력망은 보험판매 자격증을 소유하고 직접 판매를 담당하는 FPC와 일반창구, 대출창구, 신용카드 창구에서 간접적 판매 및 소개자의 역할을 담당하는 창구 직원으로 구성될 수 있다.

그리고 판매활동을 지원 관리하는 인력망은 지점 내에서 보험판매를 총괄하는 판매 관리자와 그를 도와 Sale Lead에 대한 관리만을 전담하는 Lead Coordinator로 구성될 수 있다.

이들의 조직 구성은 전문성보다는 효율성을 전제하고 있기 때문에 FPC만을 제외하고는 모두 기존의 은행원으로서의 역할을 수행

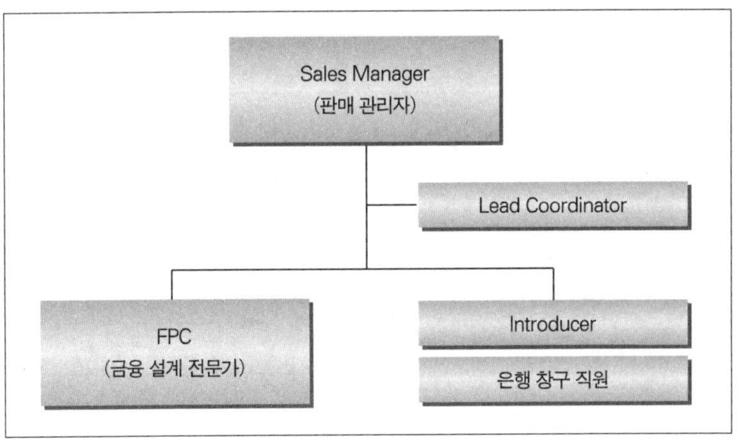

하면서 보험판매 업무의 일부를 담당하게 된다. 그러므로 정확한 역할의 분담과 상호간에 신뢰할 수 있는 정보 교환이 이루어지지 않는다면 원활한 판매활동에 오히려 방해가 될 수도 있다.

4. 소개자로서 은행원의 역할

1) 보험판매와 창구 직원(Front Line Staff)

전통적으로 지점 내에 배치된 창구 직원은 그 어떤 매체보다 강력한 Sale Lead 발견이라는 중요한 역할을 담당했다. 하지만 그들은 은행 고유의 업무를 수행하는 창구 직원의 역할과 보험을 판매하는 판매원으로서의 역할 사이에서 현실적 갈등을 경험하게 된다.

은행의 보험상품 판매에서 창구 직원은 일반적으로 다음과 같은

3가지의 역할을 하도록 교육받는다.

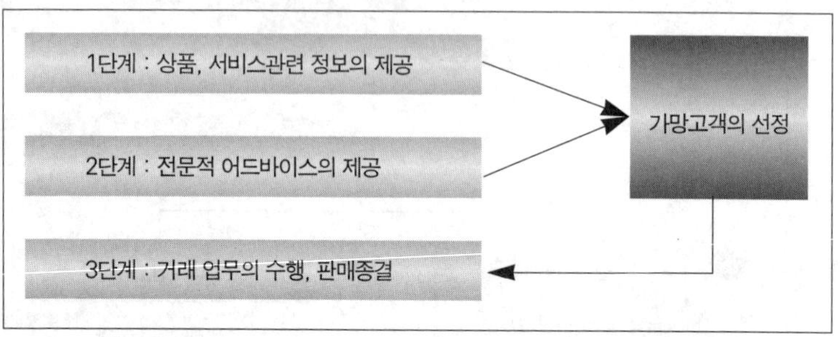

여기서 1단계의 역할은 일반적인 상품과 서비스 정보를 제공하는 것을 의미하며, 2단계의 어드바이스는 탐색과 진단을 통해 가망고객의 욕구를 구체화시키는 것을 의미한다. 3단계는 대출(담보·개인)담당 창구 직원의 경우, 그들의 통상적인 거래 업무수행 중에서 보험판매의 업무를 함께 수행하는 것을 의미한다. 하지만 창구 직원은 거래업무 서비스 제공과 새로운 상품의 권유 사이에서 심한 딜레마를 겪게 된다. 예를 들어 창구 직원은 은행 업무를 빠르고 효율적으로 처리해야 하는 긴급한 상황에서——고객이 몰리는 점심시간이나 각종 결제일이 몰린 월말——신속한 업무처리와 Sale Lead 기회의 포착이라는 혼합된 메시지 사이에서 자주 갈등하게 된다.

이 경우 창구직원은 어쩔 수 없이 자신에게 훨씬 익숙한 업무이면서 수탁자의 책임을 다하기 위한 은행거래 업무에 초점을 맞추게 된다. 그리고 그들은 보험상품 판매를 위해 고객의 은행 업무가 지연되는 것은 고객들의 불만을 불러오는 일이라고 생각하게 될 것이다. 그뿐만 아니라 반드시 Peak-time이 아니더라도 신입사원이나, 변화를 거부하는 일부 직원들의 경우에는 보험상품이 과연 고객에게 어떠한 이점을 주는지조차 설명하기 어려워진다.

그렇기 때문에 방카슈랑스의 성공적 판매를 위해 창구 직원을 활용하는 계획은 이러한 모순적인 상황을 적절히 극복할 수 있는 현실적 계획이 되어야 한다.

2) 소개자로서의 창구 직원(Introducer)

앞에서 살펴본 중요한 이유에 의해 은행 내 창구 직원은 적극적으로 판매를 주도하기보다는 보편적으로 가망고객 선정 및 소개자의 역할을 담당하게 된다. 하지만 이 간단한 업무도 상호 공감할 수 있는 역할의 규정과 표준적 활동 관리, 상호 협조적 업무지원, 성과에 대한 보상 등이 충분히 계획되지 않는다면 실패하기 쉽다.

다음에서는 소개자로서의 창구직원에게 주어질 업무 목표와 주요 역할, 표준활동 관리, 성과 보상에 대해 미리 계획해보도록 한다.

❑ 업무 목표
- 고객에게 유익한 정보와 전문적 조언을 제공함으로써 고객 지향적 종합금융 서비스를 제공한다.
- 유망한 가망고객에 대해서는 FPC와 심층 상담을 할 수 있도록 적절한 소개자(Introducer)의 역할을 한다.
- 고객과의 새로운 계약 관계를 형성함으로써 고객 유지와 새로운 이윤 창출에 기여한다.

❑ 주요 역할

- 보험상품 및 서비스에 대해 고객에게 일반적 정보제공(창구 서비스시 보험상품 관련 고객 문의에 대한 응대)
- 업무처리시 고객의 기존 정보 및 친밀감을 이용해 가망고객에 대한 접근 실시
- 가망고객에 대한 기본정보 탐색 및 1차적 상담 실시
- FPC와 고객과의 실질적 상담에 필요한 핵심적 고객 정보의 기록(Lead Generation Form의 활용)

* 지점 내 대출을 담당하는 창구 직원의 경우 그들의 상담은 일반적인 고객 탐색과정보다 심층적으로 이루어지며, 고객과의 신뢰감 형성이 용이하므로 직접 판매업무 수행까지도 가능하기는 하다. 하지만 보험판매가 설계사 자격증을 소유한 사람에게만 국한되는 현 규정에 의해 판매는 대개 FPC에게 이관된다. 그렇지만 그들이 일반적인 창구 직원보다는 업무 특성상 양질의 Sale lead를 선정하고 때로는 판매 종결까지도 할 수 있으므로, 이 경우에는 Lead 선정시 누적되는 점수를 차등 적용함으로써 동기부여를 해줄 필요가 있다.

❑ 표준활동 관리

- 창구 직원이 발견하는 Sale Lead란 고객이 상품구매와 관련해 FPC와 만날 약속시간까지 확보하는 것이다.
- Sale Lead는 작성된 Lead Generation Form과 함께 지점 내 Lead Coordinator에게 전달되어 지점 내 모든 Lead는 일괄적으로 관리한다. 이 때 Lead를 FPC에게 직접 전달할 경우 Lead에 대한 품질 관리 및 소개에 의한 판매 기여도를 정확히 측정하기 어렵다.
- Lead Coordinator는 규정된 Lead Generation의 요건을 검증해 적합한 Lead를 선별해 FPC에게 양도하되, 해당 소개자에 대해

서는 누적 포인트를 적용한다(지점 내에서는 이 과정을 통해 양
질의 Lead 관리와 활동량 관리가 가능).
- 지점은 전체 판매목표를 근거로 소개에 의한 Sale Lead 선정 계
획을 수립하되, 창구 직원에게는 개인별 달성 가능한 목표량을
할당해, 이를 주 단위로 관리한다.

❏ 성과 보상

- 현행 보험판매의 규정상 소개에 대한 수수료 지급기준을 정하
기란 불가능하므로, 이는 주로 지점단위의 판매이익에서 수수
료를 지급하는 것이 보편적이다.
- 창구 직원은 은행의 고용직으로서 급여를 받고 있으므로 추천
된 Lead의 건수나 판매 건수에 대해 매번 인센티브를 제공하는
것은 불가능하다.
- 월 단위 지점의 총 판매이익 중 FPC의 수수료와 별도로, 창구
직원에게는 Lead 건수마다 누적된 포인트를 합산해 목표 달성
도에 따른 동기부여식 인센티브를 지급한다.
- 이 경우 인센티브는 총 급여액의 10%를 넘지 않는 적절한 보너
스 금액을 정해 지나친 경쟁을 유발하지는 않는다.

* Lead에 따른 포인트의 누적은 보험상품의 종류에 따라, 또는 Lead보다 한 단계 높은 판매에
  대해 사전에 규정된 차별적 포인트의 적용을 받는다. Lead의 포인트는 지점 내 Lead Coor-
  dinator에 의해 균등하게 적용된다.

5. 금융 설계 전문가(FPC)로서의 역할

방카슈랑스의 판매전략에서 보험판매의 자격증을 소유한 전담 직원 FPC의 활용은 매우 민감한 문제를 내포하고 있다. 특히 FPC 인력을 누구의 소속으로 할 것인가? 지점당 몇 명의 인력이 적당한가? 은행 직원 출신 인력이 적합한가? 보험판매원 출신 인력이 적합한가? 어떻게 그들에게 은행의 고유업무와 판매의 업무를 조화시킬 것인가? 그들의 생산성을 높이기 위해서는 단지 급여만을 많이 주어야 하는가? 이 밖에도 은행 내 FPC와 관련해서는 우리가 신중하게 고려해야 할 많은 위험적 요소를 품고 있다.

이 중에서 FPC의 선발 및 채용, 교육훈련, 급여체계에 대해서는 제2권(제5장 '지점 내 판매인력 선발 및 고용전략')에서 상세히 다루도록 하고, 본 장에서는 지점 내 FPC의 주요한 역할에 대해 살펴보겠다.

1) 은행의 판매 인력과 보험사의 판매 인력

방카슈랑스의 초창기에는 전통적인 보험사들이 자신들의 판매 이론을 근거로, 은행 직원이 까다로운 보험상품을 직접 판매하기란 어려울 것이고, 게다가 은행의 조직이 그러한 판매원을 관리한 경험이 전혀 없다는 이유로 보험사에서 판매 인력의 소유권을 가지고자 했다.

하지만 현실에서는 은행의 주요 관리자들조차 보험사의 판매원에게 은행의 고객을 대상으로 판매를 하도록 한다는 것은 은행과 고객 관계를 망치게 하는 일이라며 우려하게 되었다. 그리고 보험사의 판매원은 오직 고객을 판매 대상으로 취급하면서 성급하게 자신의 말만 하는 사람에 지나지 않는다며 비난하기 시작했다.

물론 이 점에서는 양사의 전략적 제휴 관계가 어떤 형태인지에 따라 그 강도에는 차이가 있겠지만, 이 두 조직은 상이한 판매 문화와 업무 목표, 그리고 차별적 급여 체계 등을 이유로 서로를 경계하게 되었다.

이러한 이유에서 은행에서는 자사에서 직접판매 인력을 소유할 수 있기를 원했고, 그 방법으로 다소 판매의 전문성은 부족하지만 은행의 잉여 인력이거나, 저렴한 급여로 채용할 수 있는 퇴직 인력을 뽑아 그들에게 보험 판매를 맡기기도 했다. 하지만 이 방법 또한 전문적인 보험 지식, 판매에 대한 소신 부족 등으로 절대적인 생산성의 저하라는 결과로 이어지게 되었다.

그렇다면 우리가 취할 수 있는 최선의 방법은 FPC의 소속을 은행에 속한 계약직 직원으로 하되, 은행 업무 경험보다는 보험상품의 판매 경험을 가지고 있고, 은행 문화에 가장 자연스럽게 적응할 수 있는 유능한 인력을 선발하는 것이다.

그러나 FPC의 소속 문제가 해결되고 유능한 인력이 선발되었다 하더라도 은행 직원과 FPC와의 관계는 은행과 보험이라는 상이한 기업 문화를 상징하는 존재로서, 지점 내에서 문화적 갈등을 직접적으로 겪는 당사자들이라는 점을 유념해야 한다.

2) 은행 직원과 FPC의 조직 관리

결과적으로 FPC 소속이 은행이 된다고 할지라도 한 지점 내에서 근무하는 은행 직원과 FPC 사이에는 상호의존적인 관계보다는 서로가 자신의 업무영역에 배타적인 '울타리주의'가 만연되기가 쉽다. 지점의 보험 판매를 성공시키기 위해서는 반드시 이러한 '울타리주의'를 통제하고 원활한 업무를 수행하기 위한 은행 직원과 FPC의 관계를 관리하는 독특한 운영 시스템을 필요로 한다.

특히 판매에 관한 한 가망고객을 확보하는 소개자로서의 은행원과 실제 판매하는 FPC 사이에는 견해의 차이가 항상 있고, 이러한 조직을 효과적으로 관리하는 과정은 지점 내 판매 관리자의 중요한 책임이 되었다. 다음은 효과적 조직관리를 위해 필요한 책임자의 주요 역할이다.

❑ 방카슈랑스 가치의 전직원 공유
- 지점의 판매 관리자는 방카슈랑스의 가치를 전직원에게 공유시킴
- 주 단위로 전(前)주의 판매 경향과 금주의 판매 목표를 전직원에게 전달함

❑ 달성 가능한 Lead Generation의 목표
- 은행 직원에게 무리한 가망고객 추천의 목표가 주어졌을 경우 Lead의 질이 저하됨
- FPC는 Lead에 대한 불신을 갖게 되고, 그 결과 FPC의 판매가 저조하면 상호 책임을 회피하며 부정적 편견을 갖게 됨
- 은행 직원에게 주어지는 Lead Generation의 목표는 양적인 면

보다는 질적인 면이 고려된 성과보상이어야 함

❑ Lead Generation의 객관적 관리
- 지점 내의 Sale Lead는 판매 결과에 따라 은행원과 FPC의 사이에서 가장 많은 갈등의 원인이 됨
- 은행 직원의 Lead는 FPC에게 직접 전달되지 않고 Lead Coordi-nator에 의해 처음부터 마지막까지 관리됨
- 규정된 Form에 의해 작성된 Lead는 객관적으로 검증되어 FPC에게 전해지고, 질적인 편차에 의해 포인트 점수를 부여

❑ 판매활동 결과의 측정
- 은행 직원의 추천은 보험판매에 실제로 미치는 영향이 큰 만큼 판매활동 과정이 투명하게 관리되지 않으면 지속적 업무 협조를 받기 어려움
- 일일 평균 Lead 발견 수, Lead에서 판매 종결이 되는 확률, 개인별 Lead의 수량과 판매로 연결된 수량 등 정확한 판매 활동의 측정은 양자 간의 불필요한 갈등을 사전에 예방할 수 있음

이상에서 살펴본 내용을 지점 내의 판매 관리자가 철저히 관리해 준다면 적어도 은행 직원과 FPC 사이에 빈번하게 발생하는 업무상의 갈등은 훨씬 줄일 수 있다.

결과적으로 은행 직원과 FPC의 관계 관리에 가장 중요한 요건은 원활한 정보의 교환에 있음을 강조한 것이다.

3) 보험 판매자로서의 FPC

은행 내의 보험 판매원은 'Financial Planning Consultant' 라는 이름
으로 불리면서 은행에서 취급하는 모든 보험상품을 판매할 수 있는
권한과 책임을 갖는 전문가다.

대개 보험 판매원은 은행에 의해 직접 고용되는 편이나, 은행의
정규직원과는 달리 계약직 고용 형태를 취하기 쉽다. 그렇다 하더라
도 FPC는 은행의 풀타임 근무자이고, 은행 내 관리자에 의해 통제되
기 때문에 은행은 판매 인력에 대한 독특한 관리 방안을 이해할 필요
가 있다. 특히 은행은 보험사에 비해 판매인력 관리에 대한 경험이 부
족하므로, 사전에 협력 보험사의 전문가와 은행 내 방카슈랑스 담당
부서 간에 철저한 계획수립이 필요하다.

❏ 업무 목표
- 은행의 고객에게 여신, 대출, 신용카드 서비스 이외에 미래의
  위험보장을 위한 보험에 관한 정보를 제공함으로써 토털 금융
  서비스를 제공한다.
- 은행 내에서 폭넓게 선정된 Sale Lead에 대해 상담 및 전문적
  금융 설계를 통해 보험 판매를 하는 역할을 한다.
- 고객과의 새로운 계약 관계를 형성함으로써 고객 유지와 새로
  운 이윤 창출에 기여한다.

❏ 주요 역할
- 각종 홍보물, 문안, 간단한 편지, 포스터 등 지점 내 Sale Lead

선정 계획에 따라 유도된 가망고객 문의에 대한 정보 제공(지점

내 직접 응대, 전화문의 응대)

- 은행에서 고객에게 제공하는 모든 보험 서비스에 대해 주도적으로 판매할 수 있는 전담 판매원의 역할
- 지점 내에서 선정된 모든 가망고객 중 Lead Coordinator에게 위임받은 고객에 대한 지속적 관리 및 일별 결과 보고
- 가망고객과 상담을 위해 전화를 통해 내점 약속을 유도거나 은행 업무외 시간에는 방문 약속을 하기도 함
- 은행의 상품 및 보험상품에 대한 전문적 지식을 위해 다양한 상품 정보의 수집 및 분석
- 지점 내 은행원을 대상으로 판매되는 보험상품에 대한 수시 교육 실시
- 보험 계약과 관련된 지점 내 사무의 처리
- 보험 계약 고객에 대한 사후 서비스

❑ 표준 활동 관리

- FPC의 업무 시간은 은행의 업무 시간을 기준으로 하되, 은행 업무 시간외 고객 상담을 위한 별도의 활동도 가능함
- 지점 내에서 선정된 모든 Sale Lead에 대한 FPC의 판매활동 전과정은 철저히 관리됨
- 일별 고객상담 일지를 기초로 업무 결과를 보고하되, 일별 판매량, 일일 가망고객 수 및 가망고객의 Source, 일일 상담 건수 및 판매 종결률을 기초로 봄
- 특히 창구 직원의 소개에 의한 Lead와 기타 방법에 따른 Lead

를 구분해 Lead Coordinator에게 보고함(이는 지점 내 양질의 Lead 선정을 위해 지속적 협의가 필요하며 이에 근거된 자료는 객관적이어야 함)

- FPC는 지점의 월간 판매목표를 기준으로 달성 가능한 업무 계획을 수립하되, 가망고객 Source별 표준적인 판매 종결률을 규정해 일일 표준 활동량을 철저히 관리함

❑ 성과 보상

- 일반적으로 은행의 FPC가 보험 판매에 대해 받는 수수료는 보험사의 설계사가 받는 수수료보다는 낮지만 훨씬 풍부한 가망고객을 대상으로 독점적으로 판매할 수 있으므로 전체적인 성과급은 결코 낮은 수준이 아님
- FPC의 급여는 은행 내의 유능한 인력 흡수 및 고품질의 고객 서비스를 염두에 두고 전체 급여의 3분의 1을 고정급으로 하며, 3분의 2를 성과급으로 지급함
- 성과급의 수준은 다른 은행 직원과의 위화감이 조성되지 않으면서 적절한 동기부여가 될 수 있는 수준이 적합함
- 보통 FPC가 은행의 상품을 고객에게 판매했을 때는 특별한 인센티브가 지급되지 않으나——이는 계약 후 대부분의 서비스가 다른 은행 직원에 의해 이루어지기 때문임——예외적으로 지점 내 판매 캠페인이 있다면 은행 직원과 동일한 인센티브를 제공받음
- FPC는 전통적 보험 판매원들에게 주어지는 거창한 고가의 상품, 해외여행 등 장·단기 인센티브의 적용은 받지 않으나, 소

박하게 기획된 무료식사 쿠폰이나 초대권 등의 인센티브를 활
용함

6. 판매 관리자(Sales Manager)와 Lead Coordinator

1) 판매 지원 인력의 역할

지점마다 동일한 판매전략과 동일한 상품을 판매하면서도 차별
적인 경쟁력을 갖기 위해서는 방카슈랑스 운영 능력에서 그 해답을
찾을 수 있을 것이다. 여기에서 판매 인력의 고유한 판매 기술과 자
질적인 차이도 많은 영향을 끼친다. 하지만 그러한 판매 인력의 생
산성을 최대한 높이기 위해서 판매 관리자와 Lead Coordinator의
역할이 가장 중요하다.

이들은 모두 은행의 정규직원이므로 방카슈랑스의 판매 지원, 특
히 판매 인력의 관리에 대해서는 특별한 교육이 필요하다. 물론 이
교육의 일부는 본사의 방카슈랑스팀에서 진행하나, 판매인력 관리
에 대해서는 보험사의 전문적 교육(상품, Underwriting, 화법 등)이
요구될 것이다. 판매 관리자와 Lead Coordinator의 역할에 대해서는
이미 앞에서 조금씩 언급한 바 있지만 다시 한번 각자의 역할을 정리해
보도록 한다.

❏ 판매 관리자의 역할
  • 지점 내 판매 관리자로서 방카슈랑스 목표를 기준으로 지점의

전략적 목표를 관리

- 본사와의 업무 코디네이터 및 지점 판매활동 총괄
- 지점의 목표 설정은 가망고객 확보 목표와 판매 목표로 나누어
  지므로 각각의 목표에 따라 개인별·일별 목표의 할당
- 목표 달성을 위해 생산성과 서비스 품질의 지속적 관리
- Incentive와 Contest를 이용한 업무 동기부여
- 창구 직원과 FPC의 판매조직 간의 원활한 업무 협조를 위한 조
  직 관리
- 방카슈랑스 운영상 문제 발견시 정확한 원인 분석에 의한 대안
  제시
- 판매활동 결과보고 검토 및 결과에 대한 전직원 공유

특히 판매 관리자는 역할 수행에 있어 본래 은행 직원 출신인 만
큼 보험판매라는 생소한 판매 문화의 관리에 적응이 어려워, 의례적
이고 방관자적인 감시자만의 역할을 하게 될지도 모른다. 이러한 한
계를 극복하기 위해 판매 관리자는 실제 판매 업무를 직접 체험해보
거나, 판매의 현장을 자주 모니터링함으로써 간접적 판매 경험도 함
께 쌓아가야 한다.

❏ Lead Coordinator의 역할
- 지점 내 창구 직원이 소개한 Sale Lead 및 FPC에 의해 접수된
  Sale Lead 결과의 총체적 관리
- 특히 Lead의 시작부터 판매종결이 되는 전과정에 대한 결과보
  고 및 개선방안의 마련

- 창구 직원이 추천한 Sale Lead의 질적인 점검 및 개인별 Lead Point의 부여
- 월별 창구 직원의 누적 포인트 및 Incentive의 결산
- FPC의 Lead Follow up 과정에 대한 점검

7. 지점의 판매 목표 관리

지금까지 우리는 지점 내 성공적인 방카슈랑스의 판매전략을 위해 필요한 Sale Leads 선정 계획과 판매인력(지원인력 포함)의 활용에 대해 검토해보았다. 그렇다면 판매에 필요한 가망고객 선정과 판매 활동 전과정에 대해 목표 수립 및 목표 관리를 하는 방법은 또 하나의 핵심적 성공 요소가 될 것이다.

❑ 지점 내 보험판매 관리의 KPI(주요 생산성 지표)
- 문의 고객 수(Response)
  -채널별 문의 고객 수
- 가망고객 선정 건수 (Sale Lead)
  -직원 추천 건수
  -직원 추천 외
- 판매 상담 건수(Presentation)
- 판매 성공 건수(Sale Closing)
- 판매 종결률(Closing Rate)

앞의 내용은 방카슈랑스의 판매에서 핵심적으로 관리돼야 할 활동 지표로서 일반적인 판매 조직과 비교해 특별한 것은 전혀 아니다. 하지만 은행이 이제까지 해오지 않았던 직접판매 관리에 대한 생소함 때문에 실제로는 생산성의 저조라는 실패 또한 하기 쉽다. 특히 FPC가 단독으로 보험 판매를 하기보다는 폭넓은 가망고객 선정 과정과 판매를 지원하는 창구 직원의 역할이 확대되어 있을수록 판매 목표의 실패는 많은 험담과 책임 전가라는 실망스러운 결과를 불러올 것이다.

하지만 방카슈랑스의 판매 활동은 과학적인 다이렉트 마케팅 기법을 주로 이용하는 것이므로 모든 판매 활동은 반드시 측정이 가능하다. 즉 대중적인 이미지 광고를 완전 배제한 채 은행의 가망고객을 대상으로 한 직접 홍보와 직접 판매를 하는 만큼, 과학적인 효과 측정은 생산성을 높일 수 있는 최선의 방법이 된다.

1) Response의 관리

판매에서 Response란 폭넓게 분포되어 있는 잠재고객을 대상으로 판촉 활동, Promotion 등 외부적 자극을 이용해 개발된 고객의 자발적 반응을 의미한다. 서투른 판매 관리를 하는 매니저가 가장 많이 하는 실수는 바로 이러한 Response의 숫자와 구체적인 Response의 Source를 측정하지 않고, 판매 결과만을 측정하는 경우다.

또한 지점 내에서 Response에 대한 가치를 소홀히 함으로써 응대 직원에게 Response를 다루는 훈련이 되어 있지 않은 경우, 정확한 숫자의 집계와 가망고객으로의 전환은 저조할 수밖에 없을 것이다. 이 경우 지점 내 모든 Response를 창구 직원과 FPC에 의해 최초 접촉이 되도록 업무 과정을 규정해야만 효과적 탐색 과정을 거쳐 양질의 가망고객을 선정할 수 있다.

❏ Response의 주요 관리 사항
- 일별, 주별, 월별 Response 수
- 마케팅 활동별 Response 수
  (지점 내 판촉 활동, 편지, 직접적 접근, 기타)
- 월별 Response의 변화 추이
- 지점 내 마케팅 캠페인시 Response율
  (세미나, 간단한 편지, 이벤트 등)

2) Conversion Rate(전환율) 관리

Response의 숫자가 실제 판매의 결과와 정비례한다는 것은 오랜 다이렉트 마케팅의 결과임이 확실하다. 하지만 Response가 많다는 것이 반드시 생산성을 높게 해주는 것만은 아니듯이, 판매의 단계별로 고객을 치밀하게 걸러내는 Conversion Rate(전환율)의 관리가 필요하다.

전환율이란 각 단계별 판매 활동 및 최종 판매결과에 대해 측정된 수치로부터 산출된 결과를 바탕으로 판매의 실질적 성공 요소를 판단할 수 있게 해준다. 그러므로 지속적인 효과 측정 결과, 나타낸 표준 전환율을 기준으로 판매 활동을 관리하는 것은 매우 효과적인 방법이 될 수 있다. 즉 단순한 Response에서 가망고객으로, 가망고객에서 구매자로 만들어가는 과정 속에는 많은 비용이 소요된다. 또한 담당자의 개인적 자질에 따라 편차를 나타낼 수도 있으므로 판매 단계별·개인별 전환율을 관리해준다는 것은 생산성을 높이는 데 핵심적 영향을 끼친다.

❏ Conversion Rate의 주요 관리 사항
  • Response에서 가망고객으로의 전환율(1단계)
  • 가망고객 상담에서 판매로의 전환율(2단계)
  • Response에서 판매로의 전환율(3단계)
  • 단계별 표준 전환율
  • 판매원별 표준 전환율(업무 생산성의 핵심요소)

3) 판매관리 과정

전통적인 보험판매 조직의 경우 판매 목표 관리를 위해 판매 결과에 대해서는 집착을 하는 경향이 있는 반면에, 그들의 판매 활동 과정에 대해서는 거의 관리되지 못했다.

그 결과 보험사의 판매 인력은 고객에게 강압적 구입 권유만을 하게 되고, 그들의 판매 과정은 무시된 채 통계화되지 않기 때문에 관리자들은 어떠한 정보도 얻지 못한 채 문제를 방치할 수밖에 없었다. 다행히 방카슈랑스의 경우 은행이라는 통제된 공간에서 판매 활동이 주로 이루어지므로, 기존의 보험사에서 하기 어려웠던 판매 과정에 대한 관리가 용이하다는 이점이 있다.

성공적인 판매 활동의 관리란 먼저 전체적인 판매 목표 달성에 필요한 담당자별·판매 과정별 달성 가능한 목표를 구체적으로 부여하되, 이 목표는 가능한 짧은 시간 단위로 세분화시켜 관리되어야 한다. 만약 판매 관리자가 판매 활동과 관련해 현장의 정보를 실시간으로 제공받을 수 있다면, 이는 문제를 개선할 수 있는 최적의 기회일 것이다.

이렇게 제공된 실시간 판매활동 수치에 대해서는 성공적이든 목표 미달이든, 결과에 대한 칭찬, 업무동기 부여, 문제의 진단 및 해결방안 제시 등 적합한 피드백을 반드시 제공해주어야 한다.

❑ 피드백을 위한 기초 점검사항
- 일일 총 내점 고객 대비 Response 수
- 일일 가망고객 선정 수
- 소개자별 가망고객 추천 건수
- 일일 판매 상담 수(FPC의 판매상담)
- 일일 판매 건수 및 판매 종결률
- 일일 판매 목표 달성도

다이렉트 마케팅 전략

앞에서 우리는 은행의 입장에서 활용 가능한 판매전략의 전반적 내용을 살펴보았다. 한편 우리는 방카슈랑스의 판매전략 수립에 있어 보험사가 유리한 세력 기반을 형성하기 위해서는 반드시 자체적인 판매 조직(방카슈랑스 전담 판매회사)이 필요했다.

하지만 이 때 판매전략은 은행과의 직접적 경쟁 관계를 피하기 위해 은행의 판매전략과는 차별화된 통합적 다이렉트 마케팅 캠페인을 통한 판매전략을 활용하도록 권장한 바 있다.

그러므로 방카슈랑스 판매 전담회사가 주력적으로 활용 가능한 다이렉트 마케팅 기법에 의한 판매전략에 대해 생각해볼 필요가 있으며 다이렉트 마케팅 캠페인에서 활용 가능한 유력한 마케팅 채널과 채널별 효과적 운영 방법, 채널별 판매 목표의 관리 등 보험사 입장에서 방카슈랑스 판매전략의 성공요인을 미리 검토해보아야 할 것이다.

1. 통합적 마케팅 캠페인

앞에서 방카슈랑스의 성공은 폭넓은 Sale Lead를 선정하는 데 있음을 살펴보았다. 이 때 고객의 구매 행동이 지점 내방에서 지점 외의 접촉 방법으로 다양화됨에 따라 가망고객을 발견하기 위해 우리는 더 많은 직접 마케팅 채널을 이용해야 하는 시점에 와 있다.

물론 이제까지 보험사도 다이렉트 마케팅 활동을 다양하게 구사한 바 있고, 어떤 의미에서는 성공적이기도 했다. 하지만 지금까지는 각각의 상이한 마케팅 활동이 서로 연관성을 전혀 갖지 못했고, 데이터베이스 또한 상호 이원화되어 관리돼왔다. 이 때 다양한 마케팅 활동들이 통합적으로 운영되어야 함이 이론적으로는 매우 합리적이고 당연하다고 생각되겠지만, 실제 전통적인 마케팅 활동에서는 이 부분이 가장 어려웠던 과정이었다. 하지만 고객과의 커뮤니케이션 방법 중에는 고객의 특성에 따라 고객 접근에 훨씬 용이한 채널이 있을 수 있고, 그 결과 고객 반응으로 획득된 고객 정보를 활용하는 데는 또 다른 채널이 훨씬 유력할 수도 있다. 이는 오랜 마케팅 역사에 의해 이미 경험적으로 터득된 마케팅 채널 간의 차이점을 상호 보완적으로 활용할 때 가장 효율적이라는 결론이다. 즉 은행과는 달리 보험사는 지점이라는 판매 공간 없이도 성공적으로 방카슈랑스 상품을 판매하기 위해 이러한 통합 마케팅(Integrated Marketing) 캠페인의 이점을 최대한 활용할 수 있는 것이다.

• 역사적으로 증명된 마케팅 채널을 활용하되, 특정한 마케팅 활

동에 대한 고객 반응에 더 강력한 제안을 전달해 상호 상승
(Synergy)의 효과를 얻는다.

- 각 판매 활동별 결과를 기록해 가장 성공적인 요소와 목표 미달
의 원인을 분석하기 용이하다.
- 마케팅 활동별 모든 효과 측정이 함께 관리되므로 각각의 활동
별 충분한 생산성과 가치를 향상할 수 있다.
- 미래의 마케팅 활동에 합리적 의사결정 자료를 제공한다.

1) IMC(Integrated Marketing Communication)의 중요성

전통적인 마케팅 전략에서는 Marketing의 활동별 운영 부서와 책
임자가 서로 달라 각각의 마케팅 활동은 상호 무관한 활동으로 간주
되었다. 부서마다 협의의 마케팅 목적이 각각 달랐고 개별적인 일정
관리, 상이한 프로그램의 운영, 다양한 광고회사의 활용이 독립적으
로 진행된 결과, 마케팅의 운영 효율성은 희석 및 분열되고 있었다.

- 마케팅 활동별 목표의 차이
- 메시지의 불일치
- 상이한 광고 기획
- Timing의 불일치

이러한 현상은 고객에게 채널 간의 고유한 특성만을 강요할 뿐 서
로 다른 메시지로 고객에게 접근했다가 실패하기를 반복해 비용의
막대한 낭비를 불러오기 쉽다.

결국 방카슈랑스 전담 판매회사의 판매전략이 성공하기 위해서는 TM, DM, DRA, Insert, Internet 등 다양한 마케팅 활동에 대해 풍부한 경험을 가지고 있는 강력한 매니저에 의해 각각의 상이한 마케팅 활동들을 서로 통합하고, 일관성 있는 커뮤니케이션으로 관리, 측정하는 것이 가장 중요한 성공 요인인 것이다.

❑ 통합적 다이렉트 마케팅이란?

측정이 가능한(**Measured**) 고객 반응(**Response**) 및 거래를 달성하기 위해 하나 이상의 **마케팅 채널**을 조화롭게 사용하는(**Combination**) 상호 작용적인(**Interactive**) **Marketing System**으로서 이러한 마케팅 활동을 모두 데이터베이스에 저장하는 일련의 과정을 의미한다.

방카슈랑스 전담 판매회사의 주요 마케팅 목표는 '고객반응의 유도'와 '거래의 수행'에 있다고 할 수 있다. 이 때 고객 반응 유도 및 거래 수행을 위해 선택될 수 있는 다이렉트 마케팅 채널은 다양하게 활용될 수 있다.

하지만 이 모든 채널은 반드시 고객과의 상호 작용이 기반이 되고, 측정 가능하다는 특성을 갖는다.

매체별 효과 측정된 정보는 상호 유기적으로 통합 관리가 되도록 돕고 이러한 모든 마케팅 활동은 데이터베이스에 저장된다.

❏ 통합적 다이렉트 마케팅 표준 모델

방카슈랑스 전담 판매회사에서 활용 가능하면서 서로 다른 판매
활동에 대한 통합은 대략 다음과 같다.

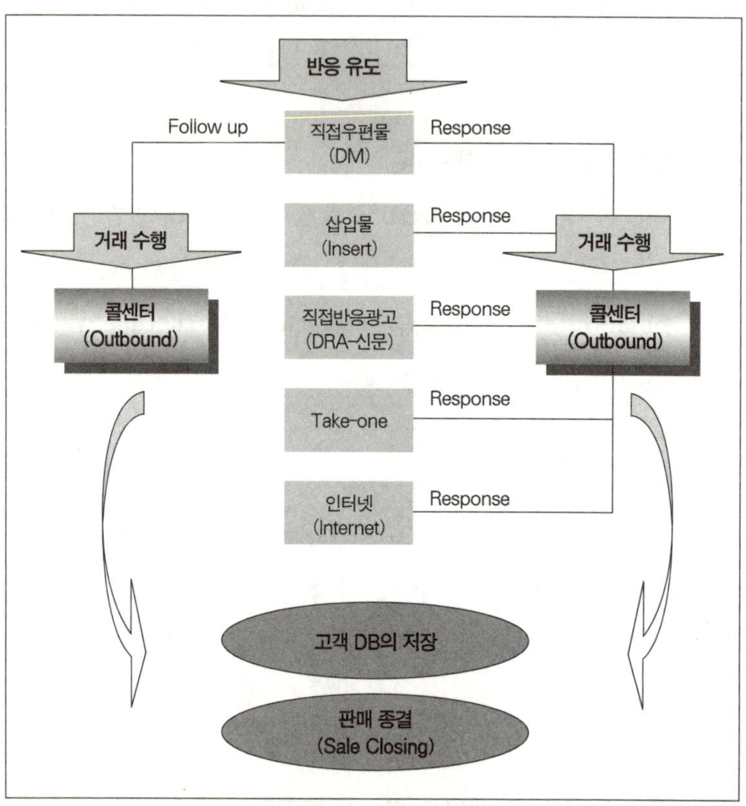

2. 다이렉트 마케팅 캠페인 운영계획 수립

그렇다면 통합적 다이렉트 마케팅 기법을 활용해 방카슈랑스 상
품을 판매하는 일련의 과정을 하나의 마케팅 캠페인이라고 생각한

다면, 이를 성공적으로 수행하기 위해 가장 먼저 고려되어야 할 것이 구체적 마케팅 운영계획의 수립이다.

이러한 마케팅 캠페인 운영계획 수립의 주요 요소는 다음과 같다.

1) 목표 시장의 정의

다이렉트 마케팅 캠페인 실시의 대상 고객은 은행 지점의 고객과는 어떻게 다른가? 물론 일반적인 방카슈랑스의 실행에서는 지점 차원의 목표 시장과 본사 차원의 목표 시장이 그리 차별화되지는 않는다. 하지만 우리가 전략적으로 선택한 방카슈랑스 전담 판매회사는 기존 은행의 고객 데이터베이스를 전면적으로 활용하기 어려울 수도 있으므로 자체적인 마케팅 캠페인을 위한 차별적 목표 시장의 정의가 먼저 필요하다.

물론 방카슈랑스의 성공 전략 중 하나인 은행의 풍부한 고객 데이터베이스를 활용할 수 있다면, 무엇보다 정확한 마케팅 캠페인 수행이 가능하겠지만 데이터베이스의 공유가 불가능하다고 해서 마케팅 캠페인 자체도 불가능한 것은 아니다.

실제로 우리는 방카슈랑스 상품을 구매하는 고객과 비슷한 성격을 공유하고 있는 고객 집단을 대상으로 마케팅 캠페인이 가능하기 때문이다. 그렇다면 보험사에서 확보 가능한 잠재적인 데이터베이스를 활용하기에 앞서 목표 대상을 분석하는 방법을 살펴볼 필요가 있을 것이다.

❑ 목표 대상 분석방법

- 은행의 보험상품을 사는 사람은 누구인가?
- 그들의 나이, 성별, 직업 등의 특징은 무엇인가?
- 구매 결정에 영향을 미치는 것은 무엇인가?
- 리서치 결과 고객은 우리 상품에 대해 어떠한 태도를 가지고 있는가?
- 고객이 브랜드 및 상품 구매시 가장 중요하게 생각하는 것은 무엇인가?
- 거래의 중요한 의사 결정권자는 누구인가?
- 얼마나 많은 잠재 구매자가 존재하는가?
- 우리의 구체적인 판매 목표는 어느 정도인가?
- 다이렉트 마케팅으로 도달하고자 하는 가망고객의 수는 어느 정도인가?

물론 목표 시장의 설정은 사전에 선택된 방카슈랑스의 상품에 따라 조금씩 달라질 수 있으며, 반드시 직접판매 채널에 의해 반응과 거래를 수행한다는 전제 하에 목표 고객 계획이 수립될 필요가 있다.

여기에서 목표 시장이 설정된 후 구체적인 판매 활동을 위해 필요한 고객 데이터베이스의 분류에 대해서는 앞으로 다룰 'Direct Mail의 활용'에서 다시 설명하도록 한다.

2) 판매 채널의 결정

목표 시장의 정의가 이루어지면 잠재 고객과 가장 접촉이 용이한 판매 채널의 결정이 필요하다. 이 때 하나 이상의 판매 채널을 활용하되, 과학적으로 조합된 연속적인 판매 활동은 고객 구매결정에 미치는 영향이 매우 크다는 사실을 기억해야 한다.

❏ 판매 채널의 결정 요소
- 고객은 상품에 대한 정보를 주로 어디에서 얻는가?
- 목표 고객에게 도달하기 위해 다이렉트 마케팅 채널이 해야 할 역할은 무엇인가?
- 현재 집행 가능한 마케팅 예산의 범위는 어느 정도인가?
- 고객에 대한 기초 정보가 있는 경우 가장 효과적인 최초 접촉과 후속적인 접촉 방법은 무엇인가?
- 불특정 다수의 고객 중에서 가장 효과적으로 가망고객과 접촉할 수 있는 방법은 무엇인가?
- 구매 의사결정을 위해서는 몇 번의 접촉 빈도가 적합한가?

판매 채널의 조합을 결정하면서 함께 수립되어야 하는 것이 매체별 활동 시기와 빈도가 함께 결정되어야 과학적인 매체 Mix가 가능하다. 즉 직접 우편물을 발송했다면 며칠 후에 텔레마케팅을 이용한 확인전화 시도가 적절한지, 그리고 추가되는 우편물의 발송이 필요한지 아니면 다시 전화를 할 것인지, 적합한 빈도에 대해 계획이 마련되어야 한다.

3) 반응 유도 방법

이제 우리의 목표 고객을 대상으로 다양한 채널을 이용해 커뮤니케이션을 하기로 했다면, 그 다음 생각해볼 수 있는 것은 고객의 직접 행동을 어떻게 유발할 것인지의 문제다. 즉 가망고객이 가장 편하게 취할 수 있는 반응 방법을 미리 결정해두고, 소요되는 비용의 차이와 실행 중 반응의 차이를 비교해내는 것이 매우 중요하다.

❑ 고객과의 커뮤니케이션 방법

- 우편물에 의한 반응 유도　　　– 요금지불이 끝난 회송 봉투
　　　　　　　　　　　　　　　　　– 요금지불이 끝난 회송 카드

- 전화에 의한 반응 유도　　　　– 수신자 부담의 080 무료전화
　　　　　　　　　　　　　　　　　– 상담 전용 전화

- 팩스에 의한 반응 유도　　　　– 수신자 부담 무료 팩스 서비스

- 인터넷에 의한 반응 유도　　　– 무료정보 제공 및 통신상 주문

　물론 각각의 다양한 반응 유도 방법에는 예측되는 반응률에 대한 계획도 함께 수반될 수 있어야 한다.

　그리고 판매 활동별 반응률을 예측한다는 것은 절대 일반적인 통계 수치에만 의존하기보다는 실제적인 Test 마케팅에 의해 정확하게 분석된 수치로 조금씩 확인해가는 것이 훨씬 바람직하다.

　이 때 반응률을 높이기 위한 매력적인 제안(Offer)에 대한 계획도 결코 무시할 수 없는 성공 요소이므로 비용 계획시 함께 고려되어야 한다.

4) 효과 측정 계획

다이렉트 마케팅이 갖는 탁월한 이점 중에는 유연성이 있다. 예를 들어 마케팅 예산을 한꺼번에 투입하기보다는 소규모의 Test 마케팅을 통해 여러 가지 방법들을 상세히 측정, 분석해볼 수 있다는 것이다.

그렇기 때문에 모든 효과 측정에 대한 사전 계획은 매우 중요하다. 왜냐하면 잘 설계된 효과 측정 기법은 마케팅 예산의 효율화는 물론, 생산성의 향상에 기여하는 바가 절대적이기 때문이다. 효과 측정이란 다음의 질문들을 바탕으로 어떻게 측정할 것인지를 계획하면 된다.

❏ 효과 측정의 주요 요소

> • 고객은 채널별로 어떻게 반응을 보이는가?
> • 어떠한 고객이 주로 반응을 보이는가?
> • 고객은 반응 방법 중 어떠한 것을 주로 선호하는가?
> • 채널별 고객의 반응률은 어떠한가?
> • 고객이 반응을 보이는 시간과 기간은 어떻게 되는가?
> • 고객은 각각의 제안에 어떻게 반응하는가?
> • 고객은 어떤 Creative에 관심을 보이는가?
> • 마케팅 채널 간에는 상호 어떠한 영향을 주고받는가?

이 밖에도 고객 데이터베이스의 효과적 활용 및 상품의 판매 가능성과 마케팅 채널의 효율적 배합 등을 위해서도 Test 마케팅에 의한 효과 측정은 최상의 고객 반응을 성취하는 데 도움이 될 것이다.

3. 효과적인 다이렉트 메일의 활용

Direct Mail은 선진사의 방카슈랑스 실행에서도 가망고객을 선정하기 위한 Lead Generation 전략으로서 가장 폭넓게 활용되고 있는 마케팅 채널이다.

또한 통합적 마케팅 캠페인을 실행하는 과정에서도 DM의 활용은 광범위한 고객 접근이 용이하므로 비용 효율적 채널임에는 의심이 없다. 하지만 국내의 경우 리스트, Creative 등에 따라 DM의 반응률이 통상 0.1~0.7%로 대충 발송해도 되는 비용 효율적인 채널이라고 단정할 수는 없다. 결국 반응률을 높이기 위해서는 성공적인 Direct Mailing 구성 방법이 연구되어야 한다.

성공적인 DM 활용을 위해 필요한 4대 구성요소의 중요도에 대해 과거와 현재를 비교한다면 다음과 같이 변화하고 있음을 알 수 있다. 오랜 마케팅의 경험에 의해 리스트의 가치가 DM 성공에 있어서는 50%의 영향을 끼친다는 점과 종전에는 무시되어온 제안(Offer)의 활용이 20%까지의 영향을 끼치고 있음에 우리는 주목할 필요가 있다. 그렇다면 지금부터 각각의 요소를 좀더 상세하게 살펴보도록 하자.

DM의 구성요소	종 전	현 재
리스트	35%	50%
Offer	0%	20%
Copy & Graphic	35%	15%
Format	30%	15%

1) 리스트(List)

리스트는 개인 또는 기업의 이름과 주소로 구성되어 있는 특정 집단을 의미하며, Direct Mailing에 있어서 리스트는 바로 시장, Market 그 자체이므로 DM의 성공적 반응률을 위해서는 가장 중요한 것이 사실이다.

하지만 리스트의 가치는 가망고객의 이름과 주소, 전화번호, 직업 등으로 구성된 인구 통계학적인 단순한 자료만을 가지고 판단한다는 것은 불가능하며, 그런 단순한 리스트를 사용한 경우 당연히 DM의 활동은 매우 비효율적인 생산성만을 나타낼 것이다. 이러한 단순 리스트를 효과적인 정보로 활용하려면 고객들의 구매 유형과 라이프 스타일, 기타 고객의 포괄적 상황을 추가시킴으로써 의미 있는 데이터로 정제하는 단계가 필요하다.

그렇기 때문에 불특정한 시장을 대상으로 대중 광고를 하는 전문가들은 다이렉트 마케팅 전문가를 "콩알을 세고 있는 바보들"이라고 말했지만, 이렇게 빈틈없고 꼼꼼하게 준비된 리스트는 단순한 황철광 속에서도 금을 캘 수 있도록 도와주고 있다.

그렇다면 일반적으로 수집 가능한 리스트의 종류와 그 분류 방법을 간단하게 살펴보도록 하자.

(1) 내부 축적 자료의 분류

방카슈랑스 전담 판매회사의 내부 축적 리스트란 보험사가 보유하고 있는 기존 고객 리스트를 의미한다. 이 리스트는 단순한 고객 인적사항 이외에도 그 동안 보험사 내부에 축적된 여러 가지 정보원을 이용해 방카슈랑스 상품 판매에 적당한 리스트로 정보를 종합할 수 있다.

- 고객의 기본 인적사항
- 고객의 구매 이력
- 고객의 불평 및 반응
- 세일즈 조직의 보고서
- 이탈 고객들의 기록

물론 고객의 인적사항 이외에 세분화된 특정 정보를 추가하기 위해서는 매우 정교한 데이터 분석 기술이 필요하다. 게다가 내부 정보원에 의해 축적된 정보가 이미 오래 되었거나 그 자체가 너무 취약하다면 리스트의 분류 역시 불가능할 것이다.

하지만 방카슈랑스 보험판매에 적합한 리스트로서의 정보 가공은 간단한 데이터베이스의 세분화 작업에 의해서도 분류할 수 있다.

예를 들면 자사의 내부 리스트 중에서 적어도 다음과 같은 분류는 가능할 것이다.

- 지난 몇 개월 안에 상품을 가입한 적이 있는 고객
- 설계사가 이탈한 고아 고객

- 보험 해약 고객

- 실효 고객

- 1년에 몇만 원 이상을 보험료로 납입하는 고객

위와 같이 비슷한 유형의 고객 집단만이라도 분류해낼 수 있다면, 우리는 대상별로 차별적 접근법과 제안을 할 수 있으므로 Direct Mailing의 효과를 최대한 상승시킬 수 있다.

(2) 외부 리스트의 분류

보험사 내부의 축적된 고객 데이터베이스가 절대적으로 부족한 상황에서 좀더 확장된 고객 리스트를 확보하기 위해서라면 당연히 외부에서 리스트를 수집하는 방법을 선택해야 한다.

일반적으로 외부에서 획득할 수 있는 리스트로는 수집된 리스트(Compiled 리스트)와 고객 반응 리스트(Direct Response 리스트)로 구성된다.

수집된 리스트란 이미 만들어진 간행물을 통해 수집 가능한 고객 리스트로서 특정한 직업, 협회 회원과 같이 일반적으로 노출되어 있는 리스트다.

❑ Compiled 리스트(수집된 리스트)

- 일반 인명부 (동창회 명부 · 졸업생 명부 등)

- 특정 업종의 인명부

- 협회와 그룹에 의한 회원 명부

- 지역 전화 인명부

위와 같은 리스트는 손쉽게 대량의 리스트를 구할 수는 있으나 반응률이 매우 떨어져 의사, 변호사, 건축사 등 주로 전문분야에 리스트를 선별적으로 선택해 Mailing하는 편이다.

외부에서 수집 가능한 리스트가 비교적 수집이 용이하고 저렴하기는 하나, 실행 결과 매우 저조한 반응률을 보인다면 직접반응 광고를 통해 취득된 리스트는 매우 가치가 높은 편이다. 만약 자사에서 신문이나 잡지를 이용한 직접반응 광고로 획득된 고객의 리스트가 있다면, 이는 Direct Mailing에도 반응을 보일 확률이 분명 높다는 이점이 있기 때문이다.

(3) 제휴 리스트의 활용

최근에 가장 각광받고 있는 외부 리스트의 활용 방법으로서 특정한 기업의 서비스를 이용하는 고객의 정보를 상호 마케팅의 기법으로 흡입·사용하는 방법이다. 이들 기업은 이미 보유하고 있는 리스트를 공동마케팅이라는 목적 하에 서로 활용하거나 일정한 수수료 지급을 전제로 사용했으나 최근 개인정보 보호에 관련된 규제로 고객의 Permission 획득이 반드시 필요하게 되었다. 이러한 제휴 리스트의 활용은 새로운 시장에 대한 진출과 상호 마케팅에 의해 가망고객에 Soft-Approach할 수 있는 유리한 이점이 있다.

❑ 제휴 가능한 리스트 보유기업
- 획득 리스트를 분류·가공하는 전문회사(주로 외국의 경우)

- 신용카드회사, 잡지사, 유통회사, 엔터테인먼트 회사, 통신회사
- 회원들의 리스트를 보유, 업데이트 관리하는 전문가 협회

하지만 대부분의 고객정보 보유회사는 그들의 고객정보가 외부에 노출되는 것을 꺼려 고객정보의 완전 공유를 기피하거나, 자사의 고객에게 불필요한 우편물이 전달되는 것을 방지하고 싶어한다.

그러나 방카슈랑스 전담 판매회사의 경우 최선의 리스트 확보 방법이 외부 리스트의 활용인 만큼, 외부 업체로부터 리스트를 확보하는 전담 제휴부서의 역할이 반드시 필요하다.

하지만 결론적으로 우리가 다시 한번 생각해보아야 할 점은 통합적 다이렉트 마케팅의 운영 계획에서 살펴본 정확한 목표 시장의 설정이다.

아무리 다양한 형태의 가망고객 리스트가 확보되었다 하더라도 우리가 타깃으로 하는 목표 시장의 정의가 불명확하거나 리스트 분류가 제대로 되지 않는다면 Direct Mailing은 결코 성공적일 수 없다.

(4) 내부 리스트를 두 배로 활용하는 방법

❑ 계절적인 이점을 최대한 활용하라

고객의 구매 형태를 계절적 요인에 의해 분석하고, 이를 Direct Mail에 적극 활용하라. 그렇게 지속적으로 시행하다 보면 새로운 계절적 구매곡선이 발견되고 판매의 기회도 증가된다.

❏ 빈약한 광산보다는 풍부한 광산에서 금을 캐라

80/20의 법칙에 의해 구매력이 강한 고객에게 차별적 메일을 집
중적으로 보내는 것이 빈약한 고객에게 무의미한 메일을 보내는
것보다 훨씬 비용 효율적이다.

❏ 특성이 없는 고객일수록 입체적으로 접근하라

별다른 정보가 없이 존재하는 고객의 리스트는 흔한 방식의 DM
으로 반드시 실패할 것이다. 만약 그들에게 전화번호가 있다면
메일링 후 전화 접근으로 입체화한다면 좀더 효율적이고, 새로운
정보도 얻을 수 있다.

❏ 휴면 고객을 독려하되, 불필요한 고객은 과감히 포기하라

휴면 고객을 새롭게 활성화할 수 있는 매력적 제안으로 메일링을
하되, 만약 불필요한 고객이라고 판단된다면 차후 메일링에서는
과감하게 제외하는 것이 비용 효율적이다.

❏ 소나기 구매를 하는 고객에게는 친근하게 접근하라

구매가 없다가 최근에 갑작스럽게 구매를 한 고객에게는 특별히
개인적 친밀감이 느껴지도록 메일링하라. 자사와 은행의 최고 경
영자가 개인적 성격의 편지를 보내면 각별한 인상을 줄 것이다.

❏ 고객이 흥미를 느끼는 분야에 기회와 이익을 만들어라

만약 아이를 위한 투자를 많이 하는 고객이라면, 그들에게 맞는
제안과 상품을 소개하라. 고객의 특성을 분류해 그들 특성에 맞

는 주기적인 메일링은 고객을 붙들어놓고, 새로운 이익을 창출하는 기회를 준다.

2) 제안(Offer)

전통적인 Direct Mailing의 경우에도 리스트의 가치와 창의적인 카피와 그래픽, DM의 독특한 형태에 대해서는 관심과 노력을 기울여왔던 것이 사실이다.

그러나 고객의 반응을 좀더 즉각적으로 나타나게 하기 위해 활용되는 제안에 대해서는 과거보다는 최근에 새롭게 그 중요성이 인식되었다. 그렇다면 제안은 왜 고객의 반응 유도에 중요한 영향을 끼치는가? 모든 구매자는 기본적으로 상품에 대한 관심이 있다고 하더라도, 실제 구매를 의사결정하기 전까지는 불확실한 두려움과 의심을 가지게 된다. 이러한 장애 요인은 고객의 반응을 억제하는 요소가 되었던 것이다.

❏ 구매 의사의 결정 전 장애 요인
- Fear(두려움)
- Uncertainty(불확실성)
- Doubt(의심)

예를 들어 고객은 구매에 대한 권유를 받게 되면 앞에서와 같은 FUD에 의해 구매를 망설일 수 있으며, 특히 우편물과 같은 인쇄물의 경우에는 이와 같은 고객의 FUD에 즉각적으로 대처하고 적절히

기본제안 (Basic Offers)	• 무료 사용 제안 • 환불 보장 제안 • 신용카드 결제 제안
선물 제안 (Free Gift Offers)	• 문의전화 보답 선물 제안 • 주문예약 보답 선물 제안 • 구매보답 선물 제안 • 1회 주문 다수선물 제안 • 신비의 선물
기타 무료제안 (Other Free Offers)	• 무료정보 제안 • 무료 패키지 제안 • 무료시연 제안 • 무료 사보송부 제안
할인 제안 (Discount Offers)	• 단기신청 할인 제안 • 환불 쿠폰 발행 제안 • 신규주문 할인 제안 • 특정상품 할인 제안
세일 제안 (Sale Offers)	• 계절 세일 제안 • 특수목적 세일 제안 • 상품 가격인상 통지 제안
시간제한 제안 (Limited Time Offers)	• 신청기간 제한 제안 • 창립회원 제안 • 등록기한 제한 제안
보증 제안 (Guarantee Offers)	• 등록유예 제안 • 가입보장 제안
판매 증진 제안 (Build up the sale Offers)	• 다수 상품안내 제안 • 고급상품 개발 제안 • 파생 판촉 제안 • 판매 증가 및 기간연장 제안
추첨식 제안 (Sweep-stakes Offers)	• 제비뽑기식 제안 • 행운의 번호추첨 제안 • 만인 당첨 추천 제안
회원가입 및 기한의 이익 관련 제안 (Club&Continuity Offers)	• 제3자명의 이용 제안 • 회원 추천제도 제안 • 인명부 수집 (Name Getter) 제안 • 청구지연 제안 • 선물가치 형성 제안

설득할 수 없다는 한계가 있었다. 그렇기 때문에 고객의 흥미와 반응을 최대화하기 위해 우리는 강력하고도 매력적인 제안을 사용할 필요가 생긴 것이다.

보편적으로 활용 가능한 제안의 종류로서 '마케팅의 100대 제안'이 있고 주요 내용은 다음과 같다. 여기에서는 제안의 유형별 보험사에서 활용 가능한 제안에 대해 소개하되, 제안의 종류별 상세한 내용은 부록의 '마케팅 100대 제안'을 참고하기 바란다. 그리고 제안의 독창성은 무궁무진하므로 하나의 제안보다는 1개 이상의 제안을 함께 Mix하는 것도 창의적인 방법이다.

이렇게 다양한 제안 중 어느 것이 방카슈랑스의 대상 고객에게 가장 적합할지는 치밀한 고객 분류와 반응 측정에 의해 판단할 수 있다. 즉 고객의 라이프 스타일에 의해 구분된 리스트는 그들의 선호도와 습관을 알 수 있게 도와주며, 만약 고객의 선호도와 습관을 고려한 강력한 제안을 한다면, 이는 고객의 반응을 극대화시킬 수 있는 최선의 방안이 될 것이다.

3) 문안과 디자인(Creative)

우리가 흔히 접하는 대중 광고에서 가장 중요시하는 요소가 감성에 호소하는 예술적 요소라면, 다이렉트 마케팅은 판매를 위해 고객의 구매의사에 직접 호소하는 과학적 요소를 좀더 중요시하는 것이 사실이다. 하지만 Direct Mail의 경우에는 과학적 요소와 함께 대중 광고의 예술적 Creative가 차지하는 비중이 함께 활용되어야 한다.

Direct Mail에서 예술적 Creative가 가장 강조되어야 할 부문은 바로 문안(편지 및 카피)과 디자인(Visual, 시각적 유도)이라고 할 수 있다. 하지만 이러한 Creative와 관련해서도 일반적인 보험사는 자체적인 제작을 선호해왔으며, 그 이유 중에는 다이렉트 마케팅에 풍부한 경험과 기술을 가진 전문적 광고기획사가 없기 때문이기도 했다. 그러나 방카슈랑스 전담 판매회사의 경우 Direct Mail이 최초 가망고객을 찾아내는 주력 채널인 만큼 좀더 전문적인 업체의 제작 협조가 필요할 것이며, 실패하지 않는 DM의 제작을 위해서는 반드시 자사의 전문성도 요구된다. 여기에서는 DM 제작의 핵심 성공요소에 대해 간략하게 살펴보도록 하자.

(1) 편지 문안과 카피

Direct Mail에서 카피와 편지는 고객의 실질적 반응과 판매 건수에 의해 그 가치가 즉각적으로 피드백되므로 대중 광고의 이미지 전달을 위한 추상적인 카피와는 확연하게 구분된다. 그렇기 때문에 방카슈랑스의 마케팅 담당자는 Direct Mail 카피라이터와 함께 우리의 고객들이 무엇을 좋아하고, 그들이 무엇에 자극이 되는지, 그들은 어떻게 해야 행동하는지에 대해 꾸준히 연구하고 반드시 판매 지향적인 사고를 가지고 있어야 한다.

그리고 다음과 같은 Direct Mail 카피의 성공 법칙을 미리 알고 있다면 전문 업체를 리드하며 원하는 최선의 메일 제작이 가능할 것이다.

❏ AIDA의 법칙

Attention (주의 집중)	DM의 카피에는 맨처음 고객을 주의를 집중시킬 수 있는 헤드라인이 필요하다. 예를 들면 DM의 겉봉투에 "이 편지를 읽기 전까지는 어떠한 보험도 가입하지 마십시오!"와 같이 고객의 시선을 한번에 사로잡을 만한 헤드라인을 활용
Interest (흥미 유발)	고객의 시선 집중에 성공했다면 그 다음에는 가망고객이 관심과 흥미를 느낄 수 있는 주요 상품 소개가 필요하다. 하지만 이 때의 카피는 상품의 특징과 장점 이외의 혜택이 고객의 흥미를 유발할 수 있는 요소로 작용한다. 귀하의 소중한 자금은 세금으로부터 자유롭게 하고, 귀하의 가족은 위험으로부터 보호받을 수 있게 해드립니다
Desire (욕구 강화)	전달된 상품의 기능과 혜택을 통해 흥미가 유발된 고객에게는 설득과 증거를 해 욕구를 강화해야 한다. 여기서는 주로 은행의 브랜드 이미지를 통한 강한 신뢰감을 심어주고 구체적인 사례를 통해 이익을 강조하는 것도 좋다
Action (행동 유도)	고객이 곧바로 행동으로 반응을 보일 수 있는 매력적인 제안은 마지막에 반드시 필요하다. 이 때는 간결한 표현이지만 긴박함을 느낄 수 있게 카피를 써야 한다

(2) 디자인(Design)

❏ Direct Mail Package 구성

- 겉봉투(Outer Envelope)

- 개인 서한, 편지(Letter)

- 브로셔(Brochure)

- 회신용 카드(Repay Card)

- 회신용 봉투(Return Envelope)

위와 같은 Direct Mail Package는 점점 복잡해지고 고급스럽게 제작되는데, 그래야만 최소한 고객이 메일을 버리지 않고 읽어보기 때문이다.

❏ Direct Mail에 대한 고객의 행동

- 모든 메일을 개봉한다(56%)

- 대부분 개봉한다(20%)

- 개봉을 선택적으로 한다(12%)

- 전혀 개봉하지 않는다(10%)

- 모른다(2%)

위의 자료를 참고하더라도 약 76%의 고객만이 비교적 메일을 개봉할 뿐, 나머지 고객에게는 그대로 버려질 확률이 높으며, 일단 개봉이 된다 하더라도 끝까지 읽혀지기 위해서는 고객에게 시선을 집중시켜 전이적으로 몰입시킬 수 있는 유도 기술이 필요하다.

❏ 고객 유도 기술

흥미 전이 기술	창의적 유도 기술
• 각각의 내용은 상호 유기적 연결 • 해당 내용물에는 지난 번 내용물에 언급된 혜택 포함 • 시리즈 우편 활용	• 입체적인 내용물 활용 (동전, 우표, 카드, 씨앗 등) • 증명이나 확인을 표시한 도장, 사인 • 지난 번 편지의 복사본 재발송 • 겉봉투의 파격적 카피 • 손으로 쓴 봉투, 메모 등

이러한 Direct Mail 제작의 창의적인 아이디어는 DM 구성요소 중 리스트를 제외한 제안, 카피와 그래픽, 포맷의 결정에 모두 연관되므로, 반드시 전문회사와 긴밀한 사전 계획을 함께 수립해야 한다.

전문회사의 디자이너와 카피라이터는 고객에게 전달할 제안을 좀더 생생하게 표현할 아이디어를 개발하고, 그들의 전문 기술과 설비를 이용해 창의적인 메일을 제작할 수 있어야 하되, 반드시 지속적인 테스트와 분석을 도울 수 있는 업체여야 한다.

(3) DM 반응률 증대의 100가지 방안

부 문	반응률 제고 방안
1. 겉봉투 부문	1. 겉봉투에 강력한 메시지를 넣어라. 2. 겉봉투의 뒷면도 활용하라. 3. 자극적인 질문을 하라. 4. 제안은 하이라이트하라. 5. 겉봉투에 고객의 이름을 넣어라. 6. 고객의 이름을 두 군데 이상 넣어라. 7. 등기우편을 이용해보라. 8. 등기우편과 유사한 배달망도 이용해보라. 9. DHL도 이용해보라. 10. 부피가 있는 우편물을 이용하라. 11. 패키지에 펜을 넣어라. 12. 패키지에 퍼즐을 넣어라. 13. 겉봉투를 (다른 우편물과) 달리 보이게 만들어라. 14. 겉봉투에 컬러 인쇄를 하라. 15. 겉봉투는 몇 가지 표적시장 고객 그룹으로 나누어라. 16. 통상적인 봉투가 아닌 겉봉투를 사용해보라. 17. 엄청나게 큰 패키지를 구성해보라. 18. 메일링 패키지에는 반드시 판촉서한을 동봉하라. 19. 편지다운 편지를 만들어라(전단이나 브로셔처럼 만들지 말라). 20. 편지의 문체를 구어체로 작성하라(광고 문안처럼 쓰지 말라).
2. 판촉 서한 부문	21. 이야기(Story)를 말하라. 22. 상품에 대해 쓰지 말고 고객을 위해 무엇을 할 것인지에 관해 이야기하라. 23. 편지의 주어는 1인칭으로 써라. 24. 짧은 문장으로 편지를 시작하라. 25. 편지를 몇 가지 표적시장 고객 그룹으로 나누어라. 26. 편지 상단에 헤드라인을 넣어라. 27. 편지를 읽는 사람을 아주 중요한 고객(Valued Customer)으로 다루어라. 28. 진지하라. 29. 강력한 추신을 넣어라. 30. 자극적인 질문으로 편지 서두를 시작하라.

부 문	반응률 제고 방안
2. 판촉 서한 부문	31. 편지를 길게 쓰도록 하라. 32. (질문기법을 사용해) 고객을 끌어들이도록 하라. 33. (제품에 관한 것이든 회사에 관한 것이든) 고객으로부터 감사장을 받았다면 이를 인용하라. 34. 글자 폰트는 읽기 쉽도록 크게 하라. 35. 대표이사의 명의로 편지를 쓰도록 하라. 36. 제안(Offer)은 편지 앞 부분에 넣어라(헤드라인 또는 첫 3줄 이내). 37. 주문 요청을 2번 이상은 하라. 38. '포스트 잇'을 이용해 추가내용을 넣어라. 39. 문의 전화번호와 같은 반응을 보이는 방법을 안내하도록 하라. 40. 가장 중요한 이점은 밑줄을 넣어라. 41. 지금 반응을 보이지 않으면 어떤(부정적인) 일이 일어날지 말하라. 42. 휴일 또는 계절에 관한 메시지를 넣어라. 43. 감정에 호소하라. 44. 얼마나 많은 사람들이 반응을 보였는지 알려주도록 하라. 45. 오직 한 사람을 대상으로 쓰는 것임을 명심하라(편지는 연설이 아니다). 46. 가능한 귀하(You)라는 말을 사용해야 한다.
3. 브로셔 부문	47. 헤드라인에 '숫자'를 넣어라. 　　예) 3배를 절감하실 수 있습니다. 　　　경쟁제품보다 5배는 빠르게 48. 사진 밑에는 설명을 넣어라. 49. (행복해하는, 웃고 있는) 사람들의 모습을 넣어라 50. 차트나 그래프, '정보의 샘터' 등을 이용해 전하고자 하는 바를 입증하도록 하라. 51. 깜짝 놀랄 비주얼을 이용하라. 　　예) 장애보험 　　　• 비주얼 : 연어를 잡는 곰 　　　• 헤드라인 : 여러분은 곰의 심정이겠지요! 　　　　연어의 입장을 생각해보십시오. 　　　　이제 장애자 보험에 관해 이야기해 봅시다. 52. 질문/답변 기법을 사용하라.

부 문	반응률 제고 방안
3. 브로셔 부문	53. 마지막 질문은 행동에 옮길 것을 요청하라. 54. 한번 훑어봐도 이해할 수 있도록 하라. 　(이점이나 제안이 한번 훑어봐도 금방 알 수 있다면 반응률은 크게 증가할 것이다) 55. 경쟁사의 상품과 비교해보도록 하라. 56. 감사장(증명서)이 있다면 이를 포함시켜라. 57. 다른 카테코리의 상품과도 비교해보도록 하라. 58. 예전에 나왔던 상품과 비교해보도록 하라. 59. 통상적이지 않은 포맷을 사용하라. 　예) * 종이식 브로셔 (×) 　　　* 종이 비행기형 　　　* 신문 크기의 브로셔 　　　* 권투장갑 모양의 브로셔 60. 어린이 책에서 아이디어를 얻도록 하라. 61. 정보를 한꺼번에 오픈하지 말고 순차적으로 전달하라. 62. 밝은 배경에 어두운 비주얼을 가져가도록 하라. 63. 브로셔에 080번 전화를 넣어라. 64. 지금 바로 행동에 옮겨야 하는 10가지 이유를 제시하라. 65. 고객에게 어떤 테스트를 해보도록 하라.
4. 회신 장치 부문	66. (때로는) 사진을 보내달라고 제안해보라. 　예) 사진을 보내주시면 컴퓨터를 이용해 바람직한 체중의 모습으로 합성해 보내드립니다. 67. 응답카드에 '판매' 카피를 넣어라. 　(충분한 정보, 응답해야 하는 충분한 이유 제시) 68. 돈 주고 살 수 없는 어떤 제안을 하도록 하라. 　예) 연예인과의 조찬 식사권 69. 응답카드에 개인 이름을 넣도록 해보라. 70. 응답카드에 (제안을 다시 한번 설명하거나 상품 사진을 넣을 수 있도록) 좌우로 펼칠 수 있는 날개면을 추가하라. 71. 간단한 질문서를 포함시켜라. 72. 질문서와 같은 페이지에 응답카드를 배치하라. 73. (응답해주셔서) '감사합니다' 라는 말을 넣어라. 74. 'Yes' 및 'No' 박스를 넣어라 75. '고려(아마)' 박스도 포함시켜라. 76. 팩스로도 반응할 수 있도록 하라. 　(전화 걸기 싫어하는 사람들에게 효과적이다)

부문	반응률 제고 방안
4. 회신 장치 부문	77. 환불 또는 고객만족 보증(제안) 카드를 넣어라. (주저하는 사람들에게 효과적이다) 78. 개인이름을 넣어 제안하라. 79. 080번 전화번호를 넣어라. 80. 응답료 지불 봉투를 사용해보라. 81. (업계에 관한) '백서'를 (송부하겠다고) 제안하라. 82. 무료 책자를 (송부하겠다고) 제안하라. 예) 세금절감 책자 83. '무료(Free)'라는 말을 응답카드에 넣어라. 84. 이 제안은 돈으로 치면 얼마인지를 알리도록 하라. 예) 20만 원짜리 책 85. 여러 가지 제안을 선택할 수 있도록 하라. 예) 녹색 머그잔 또는 검정색 머그잔? 86. 제안에 마감일자를 넣어라. 87. ("선착순 100분에게 이 프리미엄을 드립니다"라고 했어도) 모든 사람에게 프리미엄을 줘야 한다. 88. 고객이 반응할 '그 때'에 다른 강력한 제안을 하도록 하라. 예) 진공청소기 시연하는 날 주문하면 30% 할인 89. Follow-up 우편물(Follow-up Reminder)을 보내도록 하라. 예) "10일 전 저희 OOO사는 귀하께 매우 중요한 제안을 했습니다."
5. 기타 부문	90. 귀찮은(Teaser) 우편물을 보내더라도 반응방법을 안내해야 한다. 91. 쌍방향적 응답카드를 사용해보자 예) 우표를 붙여 송부 92. 만약 '뉴스'가 있다면 알려라. 93. 잠재고객에게 보내는 우편물과 기존 고객에게 보내는 우편물을 다르게 하라. 94. 과거에 성공한 우편물을 (현재 여건에 맞추어) 다시 보내도록 하라. 95. 패키지의 크기나 포맷만 변화를 주어 동일한 카피, 동일한 제안으로 다시 보내도록 하라. 96. 우편물을 보낼 때마다 무엇인가 테스트를 해보도록 하라. * 전부 다 하려면 부담이 되니 송부 리스트의 10%만 하도록 하라.

부문	반응률 제고 방안
5. 기타 부문	97. (잡지사의 편집자 '주'와 같은) 눈에 띄는 '주'를 달아 반응률을 높이도록 하라. (이는 '고객의 주'와 같이 표현해도 좋다) 98. 080번 전화번호는 '크게' 넣어라. 99. 우편물 패키지는 '값어치 있게' 보이도록 하라. 100. 우편물 패키지는 '중요하게' 보이도록 하라.

4) Direct Mail 캠페인 실시

일반적인 방카슈랑스의 Direct Mail 제작에서부터 발송까지를

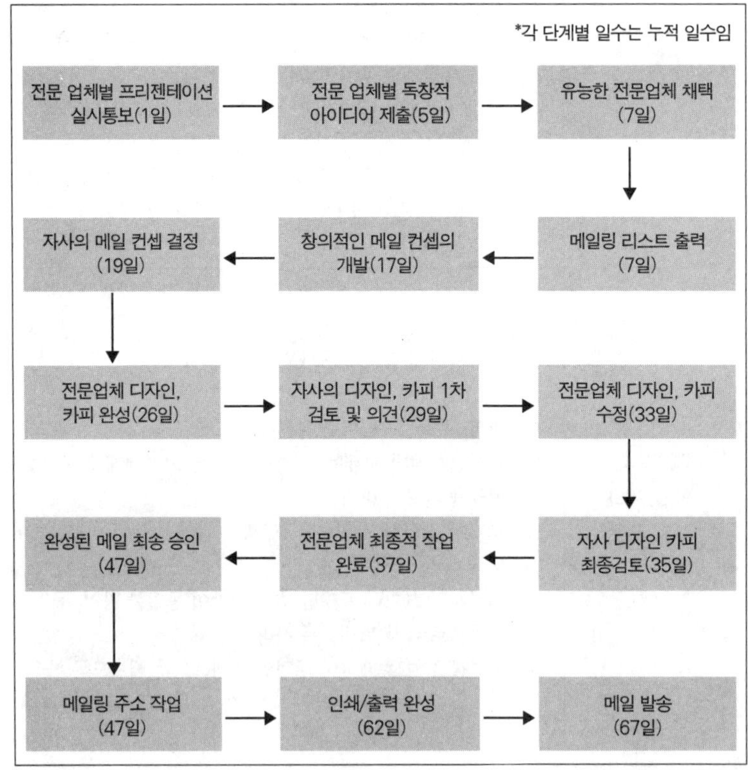

Direct Mail 캠페인이라고 한다면 그 기간은 통상 약 2개월 간의 시간이 소요되고 업무 과정 및 일정은 대략 다음과 같으므로, 이를 참고해 철저한 제작 과정을 관리하는 것이 판매 관리자의 역할이다.

이는 판매 관리자가 DM 제작 및 발송의 전과정을 자체에서 진행하고자 무리한 목적을 갖기보다는 전문회사를 적절히 활용하되, 전체적인 마케팅 캠페인에서 일관성 있는 메시지가 전달되게 조정하는 역할이 가장 중요하다.

5) Direct Mail의 효과 측정

리스트, 제안(Offer), 카피와 그래픽, 포맷과 같은 Direct Mail의 4대 주요 구성요소를 충분히 고려해 DM이 발송되었다 하더라도 정작 마케팅 캠페인을 진행한 결과로는 만족스러운 성과를 얻지 못할 수도 있다. 이 때 관리자가 꼽는 대부분의 실패 요인은 잘못된 리스트의 선정 과정, 고객의 무관심, 사후 Follow up을 맡은 텔레마케터의 능력 부족 등 막연한 추측에 의해 결국은 Direct Mail이 보잘것없는 반응만을 보이는 마케팅 채널이라고 단정지을 수도 있다. 하지만 Direct Mail 캠페인 과정에 대해 철저히 효과 측정을 해왔다면 실패의 요소는 물론, 성공 요소에 대해서도 놀라운 정보를 제시해주었을 것이다.

유능한 판매 관리자라면 효과 측정된 여러 가지 정보를 근거로 실패의 요인은 신속히 제거시키고, 성공 요소는 훨씬 강화시킴으로써 고객반응 및 판매 생산성을 높일 수 있을 것이다. 그렇다면 다음에서 Direct Mail 캠페인 중에 주력적으로 분석하고 효과 측정해내야 하는 분야에 대해 살펴보기로 하자.

(1) 리스트의 효과 측정

먼저 방카슈랑스의 판매 관리자는 리스트를 세분화하는 단계에 철저히 개입해 메일링을 하기 전 리스트의 속성을 미리 분류해놓아야 한다.

리스트의 출처 및 인구 통계적인 요인에 의한 나이, 성별, 거주지는 물론 고객의 주요 특성에 따라 리스트의 속성이 정의된 후 그 조건에 의해 출력된 고객을 세분화해 메일링을 시도하도록 한다.

이렇게 계획된 메일링을 한 후 실질적인 반응을 보이는 고객의 주요 속성을 분석하며, 이 때 반응률을 높이는 주요 속성이 무엇인지, 어떠한 속성의 고객이 우리의 DM에 높은 반응률을 보이는지 효과 측정을 해야 한다.

❏ DM 발송 리스트의 효과 측정 사례

리스트 분류 코드	대상 고객 주요 속성
A Group	• ○○카드 고객 • 남성 회원 • 연령 30~45세 • 거주지 강남구, 서초구, 송파구 • 최근 6개월 내 카드 사용고객
B Group	• ○○카드 고객 • 여성 회원 • 연령 30~45세 • 거주지 강남구, 서초구, 송파구 • 최근 6개월 내 카드 사용고객
C Group	• ○○카드 고객 • 남성 회원 • 연령 20~29세 • 거주지 강남구, 서초구, 송파구 • 최근 6개월 내 카드 사용고객

위와 같이 전체적인 리스트를 주요 속성에 따라 세분화함으로써 각각의 리스트 분류 코드를 정의한 후, 실제 반응을 보이는 고객에 대해 다음과 같은 효과 측정과 분석을 한다.

리스트 코드	고객 수	구성비	반응 수	반응률
A Group	2,500	25 %	34	1.36 %
B Group	2,000	20 %	11	0.5 %
:	:	:	:	:
G Group	1,000	20 %	9	0.9 %
합 계	10,000	100 %	87	0.87 %

만약 위와 같은 효과 측정이 되었다면 전체 평균 반응률인 0.87%에 비해 1.36%라는 높은 반응률을 보인 A그룹이 지닌 고객 속성은 반응률을 높일 수 있는 주요 요소라고 판단할 수 있는 것이다. 그리고 단순히 반응 건수가 높은 B그룹보다는 반응률이 높은 G그룹의 고객 속성이 더 중요한 요소가 된다. 이러한 경험치는 DM을 구성하는 가장 중요한 요소인 리스트를 통해 반응률을 최대한 높일 수 있는 요소를 발견하는 효과 측정 방식이다.

(2) Split-Testing

Split-Testing이란 Direct Mail을 각 구성요소 중 한 가지만 다르고 모든 요소는 동등하게 테스트를 함으로써, 차별적인 하나의 요소가 반응률에 어떠한 영향을 주는지 시험해보는 방식이다. 대개는 제안의 방식이나, 카피와 디자인에 대한 Creative의 창의력을 시험해보는 방식으로 어떠한 DM 방식이 고객에게 더 효과적인지 알 수 있다.

구 분	1안 (DM에 동전 포함)	2안 (DM에 쿠폰 포함)
1차 DM	1.05 %	0.35 %
2차 DM	1.52 %	0.7 %
3차 DM	0.98 %	0.25 %

위 사례는 DM 패키지에 입체적인 동전을 사용한 제안과 평면적인 쿠폰을 사용한 제안의 방식을 테스트한 결과다. 1차부터 3차까지 테스트한 결과 입체적인 동전이 약 2.5배 높게 반응유도에 더 성공적이었음을 확인할 수 있다. 이렇게 Split Testing을 할 수 있는 요소는 매우 다양하나, 현재 국내의 경우 이러한 분류 기술이 프로그램에서 충분히 지원되기 어려운 이유로 대개는 간단한 분류 방식을 택하고, 주로 제안과 카피, 디자인적인 요소를 테스트한다.

이러한 Split Testing은 리스트 이외에도 고객의 반응률을 높일 수 있는 요소가 있다는 기쁜 의미를 확인해줄 것이다. 고객이 어떠한 것을 선호하고 그들을 어떻게 하면 집중할 수 있는지, 어떻게 하면 그들이 행동하는지를 판단하는 데 도움을 줄 것이다. 이 때 판매 관리자의 역할은 고객 반응률의 약화 요소라면 과감하게 개선, 제거해나가고 반대로 고객 반응률의 강화 요소라면 더욱 발전, 강화시킬 수 있는 의사결정을 해주는 것이다. 만약 이를 실시간으로 관리하지 않고 그대로 둔다는 것은 전혀 의미 없는 비용을 낭비하고 있는 것과 동일하다.

(3) Timing Test

Direct Mailing을 하는 데에서 또 하나의 생산성 향상요소는 Timing의 관리다. 즉 아무리 완벽히 준비된 DM이라도 어떠한 시기에 발송되는 것이 가장 효과적인가? 그리고 과연 DM 발송 후 고객의 반응은 언제부터 발생하며, 언제부터 텔레마케팅으로 확인 전화를 하는 것이 좋은가?

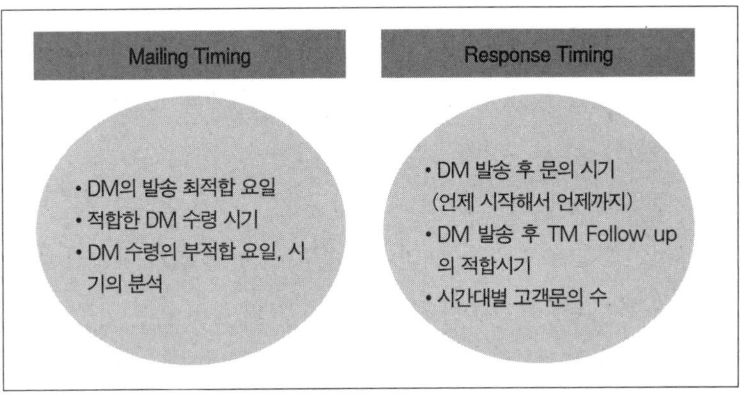

이러한 시간적 요소 또한 앞에서 설명한 Split-Testing을 통해 해 볼 수 있다. 그 결과 통계적으로 DM을 발송하는 가장 적합한 요일은 토요일이며, 그 이유는 고객이 토요일이나 휴일을 끼고 DM을 받을 경우 문의에 대개 소극적이며, 특히 시간이 지체되면서 Outbound TM에 대해서도 무관심하기 쉽다.

또한 DM은 발송 후 3일부터 문의 전화가 시작되어 보통은 1주일까지 지속되나, 가끔은 2일 후부터 시작되거나, 약 한 달까지 지속되기도 하므로 반드시 내부에서 효과 측정이 이루어지는 것이 중요하다. 특히나 DM 발송 후 Follow up을 시작할 수 있는 시기가 발송

후 3일째부터 약 1주일 간이기 때문에, 너무 많은 양의 DM을 계획 없이 보내는 것은 결국 1주일 후 리스트를 버리는 결과를 가져오게 된다.

그러므로 시기적인 고객의 반응을 정확히 측정함으로써 더욱 생산적인 고객 반응을 유지할 수 있는 것이다.

결론적으로 Direct Mailing의 효과적인 구성 요소와 지속적인 반응 측정기법이 발달하면서 Direct Mail은 Junk Mail이라는 혹평 속에서도 새롭게 가치가 발견되고 있는 다이렉트 마케팅의 채널임이 확실하다.

보통 국내의 경우에는 DM의 반응률이 0.2% 내외가 표준이며, 성공적인 DM의 경우가 1%의 반응률을 보이고 있지만 방카슈랑스를 수행하는 은행의 DM 반응률은 통상 2%의 좀더 높은 반응률을 보이고 있다. 하지만 아직도 DM의 반응률은 많은 부분에서 개선할 수 있는 가능성이 있고, 그 방법은 오히려 고객의 반응을 치밀하게 분석하는 효과 측정의 기술에서 찾을 수 있다는 점을 기억해야 한다.

4. 텔레마케팅의 성공적 활용

1) 텔레마케팅의 응용 분야

방카슈랑스 전담 판매회사의 다이렉트 마케팅 캠페인에서 TM의 활용은 가장 핵심적이면서 응용분야로 계속 개발되고 있는 추세다.

❏ 방카슈랑스의 TM 응용 분야

- Response Handling(문의전화 상담)

- Lead Generation(가망고객의 선정)

- Follow up Call(가망고객 추적)

- Appointment setting(방문 약속 체결)

- Consultative Selling(상담 판매)

- Client와의 관계 유지(고객 서비스)

방카슈랑스 전담 판매회사는 먼저 폭넓은 가망고객 선정을 위해 DM, 직접반응 광고, Insert 등의 판매 활동을 전개하고 난 후 문의를 하는 고객에게 텔레마케팅을 활용해 가망고객으로 발전시킬 수 있다. 그리고 후속적인 DM 발송 및 Outbound TM을 이용한 고객 Follow up 후 전화로 판매를 종결하는 역할을 담당하기도 한다. 이때 직접 판매원(FPC)을 활용한다면 TM으로는 가망고객만을 선정해 FPC에게 약속된 고객에 대한 자료를 전해줄 수도 있다. 그리고 지속적으로 고객과의 관계를 유지하기 위한 고객 서비스도 TM의 주요 응용 분야다.

2) 텔레마케팅 도입시 주요 구성요소

흔히 텔레마케팅은 전화를 이용한다는 것만으로 누구나 쉽게 도입할 수 있는 마케팅 채널처럼 인식되기도 했다. 하지만 통계상 텔레마케팅을 도입한 첫 해에 문을 닫는 TM 센터가 25%라면, 2년째 문을 닫을 확률은 60%로써 결국은 2년 안에 85%의 TM 센터가 실패

한다는 것이다. 아니면 생산성은 저조하고 소리만 요란한 'Bolier room' 이 되어 있는 경우가 허다하다. 그만큼 TM은 도입보다도 구성 요소별 운영 노하우가 매우 중요하다는 것을 알 수 있다.

❏ TM의 구성요소

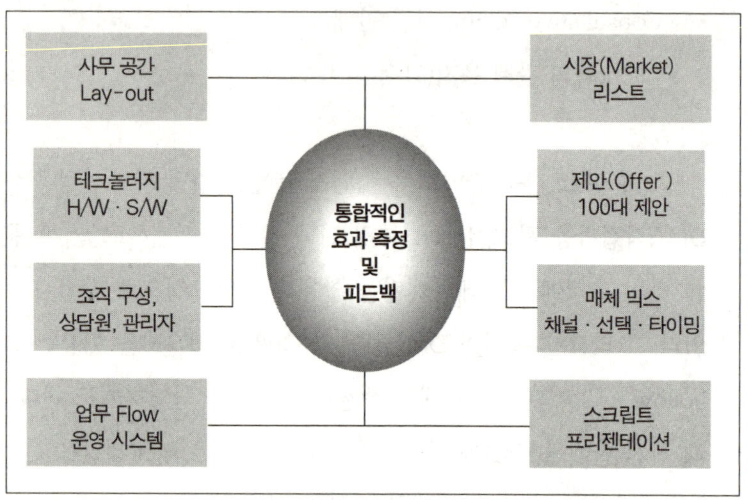

(1) 사무 공간

|TM Center의 환경 구성|

TSR 작업은 전화와 PC를 마주하며 장시간 지속되는 반복 작업이기 때문에 그 환경 조건의 좋고 나쁨은 텔레마케터의 생산성에 커다란 영향을 미친다. 따라서 효율적이고 수준 높은 작업을 전개하기 위해서는 텔레마케팅의 적정한 작업 환경을 갖추는 일이 중요하다. 이를 위해서는 인간공학(Ergonomics)에 기초해 효과적인 환경으로 정비할 필요가 있다.

❑ 환경

- 밀폐된 방을 피하며 청결하고 밝아야 한다.
- 창이 크고 채광이 골고루 들어와야 한다.
- 나무나 화초가 많고 정신적으로 편안해야 한다.

❑ 공간

- PC, 자료를 많이 가지고 있기 때문에 통상의 사무실보다 좀더 넓은 공간이 필요하다.
- Outbound와 Inbound를 하는 방은 완전히 독립시킨다.
- 업무내용이 다른 그룹은 분리시키고 방음 패널 또는 분리판으로 막는다.
- 1인의 TSR당 1.5평 정도의 최소 공간이 확보되도록 한다.

❑ 칸막이

- 개인의 프라이버시를 지키고 독립된 작업 공간을 만들기 위해서 반드시 설치한다.
  * 너무 높은 칸막이는 금물, 매니저에 의해 앉아서도 모든 TSR를 관찰할 수 있어야 바람직하다.
- 높이는 옆 사람에게 말을 걸 수 있을 정도가 좋다. 심리적인 압박감을 없애고 옆 사람과 상담이 가능할 정도로 한다. 다른 사람의 대응을 참고할 수 있다.
- 특히 자리가 마주보고 있을 때는 반드시 사용한다. 앞쪽으로는 목소리가 잘 들리기 때문이다. 최소한의 칸막이는 업무에 집중할 수 있도록 도와준다.

❑ 소음대책

- 텔레마케터의 집중력 확보를 위해 대단히 중요한 것이다.
- 잡음이 들어오지 않는 환경을 만든다. 방음 패널 등 잡음 방지 장치를 설치한다. 흡음소재의 사용(벽, 천장, 분리판 등)과 소음 박스를 사용(프린터, 환기구)한다.
- 소음은 대체로 60dB 이하로 억제한다(2m 떨어져서 약간 큰 소리로 이야기가 가능한 상황, 보통 회화는 좀 어렵지만 전화업무는 가능).
- 발자국 소리를 방지하기 위해 바닥에는 카펫을 깐다.

❑ 조명

- CRT 화면이 보기 쉬운 조명을 갖춘다. 너무 밝지 않고 햇빛을 차단하는 조명으로 준비한다.
- 400~500룩스 이상은 확보한다.
- 눈의 피로 방지를 위해 될 수 있는 한 간접 조명이 바람직하다.
- 조명용 배선은 외부에 노출시키지 않아야 한다.

❑ 색채

- 벽, 바닥, 천장의 색깔은 자극이 적은 중간색 계통이 좋다.

❑ 공기조절

- 적정한 온도, 습도를 유지한다. 겨울은 실내온도 20도 전후, 습도 60%. 여름은 실내온도 26도 전후, 습도 40% 정도가 좋다.
- 늘 신선한 공기를 확보하며, 금연이 절대적이어야 한다.

|TSR의 자리 배치|

❑ 책상 주변

- 자료, 서류 등의 정리를 하기 쉬운 환경을 만든다. 큰 책상, 손이 닿는 파일 박스 등과 늘 웃는 얼굴을 유지하기 위해 얼굴이 비치는 정도의 거울을 둔다.
- 메모용지, 필기용구를 반드시 준비한다.

❑ 책상 배치

- 쾌적한 작업공간을 만들기 위해 차음과 채광을 고려해 배치한다.
- 소음 차단과 업무에 집중할 수 있는 배치가 필요. 반드시 벽 또는 분리판을 보고 앉는다. 개개의 분리된 전용 부스를 설치한다.
- 감독이 감시하기 쉽게 배치한다.
- 가장 효율적인 책상 배치는 10명의 TSR가 마주보고 앉을 수 있도록 일자로 배치하고 한쪽 끝에 Supervisor, QAA(Quality Assurance Analyst)가 앉을 좌석을 배치하는 것이다.

❑ Score Board(Dash Board)

- 각 조별로 Score Board를 배치, 생산성 주요지표(KPI)와 Promotion Incentive를 관리한다.

❑ 헤드세트

- TSR가 두 손으로 작업을 할 수 있는 헤드세트 사용을 권장한다.
- 이어폰 부분은 사람의 피부에 닿으므로 반드시 개인 전용으로 한다.

❑ 기타 기기류

- 조작하기 좋은 작업대, 보기 쉬운 CRT 등의 설비를 갖춘다.
- 눈의 피로방지를 위해 CRT 화면에는 자외선 방지용 필터를 붙이는 것이 바람직하다.

|기타 부대설비|

❑ 휴게실

- TSR가 쉴 수 있는 휴게장소이며 정보 교환의 장이기도 한 대화실(Communication Space)을 설치한다.
- 충분한 넓이, 채광, 식물을 많이 갖춘다.
- 마실 것, 잡지, TV, VTR 등의 설비를 갖춘다.

❑ 연수실

- 텔레마케터의 교육 · 훈련을 위한 전용 연수실을 설치한다.
- 역할연기, 실연용 녹음장치를 설치한다.

❑ 모니터실

- 원칙적으로 견학자를 직접 오퍼레이션실에 들어가게 하는 일은

피하고 견학실을 설치한다.

(2) 테크놀러지

텔레커뮤니케이션 기기는 TM Center에 꼭 필요한 기술이 무엇인지 철저히 조사해 도입하되, 결코 고가의 복잡한 기술에 의해 페이스를 잃지 않도록 유념해야 한다. 특히 텔레커뮤니케이션 기기 조사 및 구매의 전과정에는 반드시 실무자를 참여시켜 현실적인 업무 수행에 적합하게 구성해야 한다.

❑ TM Center의 시스템 기본 구성

시스템 구축에는 통신 시스템 등의 물리적 요소(하드웨어)와 TSR 등의 인적 요소(소프트웨어)가 있으며, 이 중 어느 한쪽이 없으면 시스템 전체를 유효하게 가동시키기 어렵다.

❑ TM Center 하드웨어의 선택

ACD(Auto Call Distribution), 컴퓨터, TM 부스 등의 하드웨어 도입에는 막대한 초기 투자가 필요하다. 따라서 새로 도입할 때는 치밀한 도입계획에 따라 텔레마케팅 진행 상황에 맞는 도입 계획을 세밀히 검토할 필요가 있다.

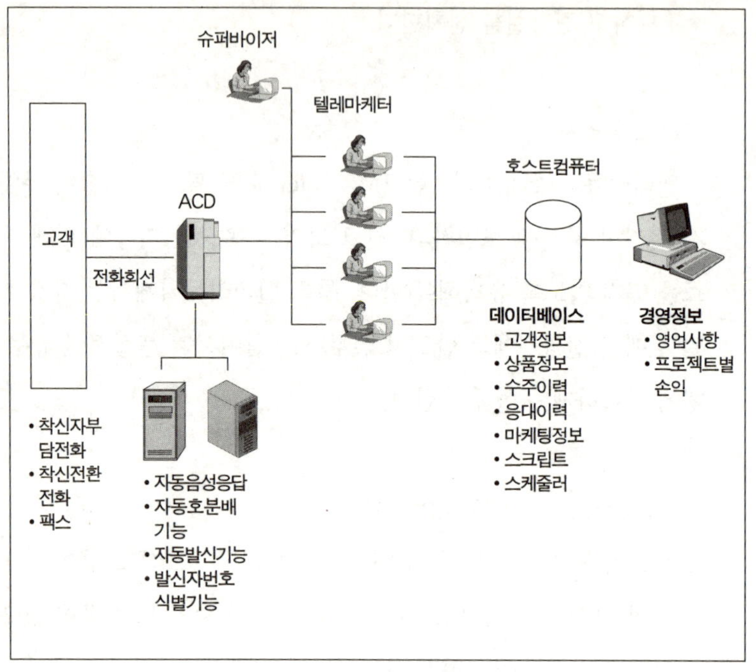

❏ 하드웨어 선택시 검토 사항

• Call 양에 맞춰서 어느 정도의 기능을 갖춘 ACD 및 컴퓨터를 도입할 것인가?

• 컴퓨터, TM 부스의 기종이나 용량, 조작성은 어떤가? 또 어느 단계에서 도입할 것인가?

• 업무 내용에 맞는 소프트웨어 선택 문제 등

하드웨어는 텔레마케팅의 기본이지만, 데이터베이스 관리나 TSR 관리, 경영정보 관리와 밀접한 관련이 있기 때문에 이를 단독으로 생각하는 것은 대단히 위험하다. 하드웨어는 갖추었어도 TSR, Staff가

이를 좇아가지 못한다든가 데이터베이스, 컴퓨터와의 연동이 이루어

지지 않는다면 기껏 갖춘 설비도 효과를 발휘할 수가 없기 때문이다.

❏ 하드웨어의 선택

- 정보전달 기능으로서의 하드웨어
  - 착신자 부담 전화, 화상전화, 팩시밀리 등이 지니고 있는 부가가치를 고려
    해 효과적인 하드웨어 구성을 선택한다.
- 통화량(Traffic) 대책
  - 수·발신의 통화량에 맞는 적정한 회선 수를 설치한다.
  - 야간, 휴일대책(음성녹음·응답 시스템 등)
- ACD, TM 부스, 헤드세트 등
  - 수·발신량이 증대되는 경우는 필요에 따라 ACD 도입을 검토한다.
  - TSR의 작업효율을 고려해 TM 부스, 헤드세트를 도입한다.

❏ 소프트웨어

텔레마케팅 센터에 데이터베이스로 축적된 고객정보, 상품정보,
고객이력, 접촉이력 등의 각종 정보는 등록·갱신·수정과 분
석·가공평가를 통해 '살아 있는 정보'로서 활용될 수 있다.

❑ 텔레마케팅 소프트웨어 각종 정보관리

|접수 시스템 |

시스템 기능	활용 방법
• 데이터베이스의 등록, 수정, 삭제	• 수주 데이터의 입력, 수정, 삭제를 실시간으로 처리해 거래 부문에 반영
• 고객정보, 거래이력의 검색, 조회	• 최신 구입경력을 실시간으로 검색해 자연스럽게 판매 대화에 활용한다
• 상품정보, 접수정보의 검색, 조회	• 문의에 대해 상품 DB를 실시간으로 검색해 신속한 응대를 한다
• 청약관리	
• 불만 접수 처리	• 고객 DB, 상품 DB에 불만정보를 등록해 고객 관리, 상품 개발에 활용한다
• 스크립트 표시	• 텔레마케터의 대화를 화면 표시로 지원

|각종 정보의 분석 및 가공 시스템 |

시스템 기능	활용 방법
• RFM 정보 (구매경력)	• 고객 경력을 분석해 적절한 시기에 판매한다
• 통계 자료의 분석	• 마케팅 정보로 활용한다
• 크로스 집계	• 통계자료 분석 작업의 효율 제고
• 인명록, DM용 Label 작성	• 중복 리스트 배제, DM 발송 업무의 간략화
• 표적 정보의 추출	• 영업 후속 조치, DM 리스트 작성에 활용

|통화관리 시스템|

시스템 기능	활용 방법
• **통화량 관리**	• 텔레마케터의 통화 처리량 평균화를 기한다
–**착신순 균등분배**	• ACD, PBX의 도입
–**자동 다이얼**	• 발신 업무의 효율 제고
• **회선 관리**	• 회선 구성의 재편성을 검토
–**통화 중 메시지**	• 착신 통화를 확실히 수선한다
–**지연 방송**	• 고객의 통화 포기를 막는다
• **모니터링**	• 통화품질을 실시간으로 관리
• **각종 통계 보고서 작성**	• 각종 데이터를 센터의 생산 관리에 활용

❏ 종합적인 정보 관리 시스템

텔레마케팅 시스템을 전사적인 입장에서 파악, 다양한 온라인 시스템이나 서브 시스템, 응용 시스템을 확립하는 일은 기업의 정보 전략을 확립하는 데도 중요한 요소가 된다.

- 소비자 욕구, 고객 정보를 수집 · 분석해 정보 전략을 확립한다.

- 고객정보 축적과 그 활용 시스템을 개발해 효율적인 정보 시스템을 구축한다.

- 관련 부분 간의 정보교류 시스템을 확립한다.

- 고객정보의 관리(데이터베이스화)에 의해 상품개발, 영업활동, 판매활동을 지원한다.

- 업무의 효율화, 경비절감, 사무처리의 경감화를 목적으로 '기업 내 텔레마케팅 응용 시스템'을 개발한다.

(3) 조직 구성

TM Center의 조직 구성을 하는 경우 관리자는 가장 먼저 상담원을 고려할 것이고, 그 다음 그들을 관리하는 슈퍼바이저를 막연히 생각하게 될 것이다.

하지만 조직 구성을 할 때 가장 중요한 것은 TM Center의 설계 (Design)다. 즉 TM Center의 업무 유형이 Inbound인가, Outbound인가? 아니면 이 두 가지를 병행할 것인지의 문제를 고려해야만 적합한 조직 구성을 할 수 있다.

그리고 두번째로 고려해야 할 사항은 자사의 비즈니스 목표다. 단기·장기 판매 목표와 마케팅 계획에 의해 적정한 인력을 선발해야만 실패하지 않는 TM Center를 만들 수 있다.

❏ 표준적인 TM Center 조직도

조직 구성도를 근거로 할 때 대개 상담원과 슈퍼바이저는 반드시 고려하는 반면에, 다른 조직에 대해서는 의미가 축소되어 조직 구성에서 제외되기 쉽고, 그 업무를 슈퍼바이저가 중복해서 하는 경우가 많다.

하지만 비효율적인 조직 구성으로는 생산성을 극대화하기 어려우므로 TM Center는 반드시 전문화된 역할을 수행할 조직으로 구성되어야만 비즈니스의 목표를 성공적으로 달성해갈 수 있다.

적합한 상담원의 숫자는 물론 판매 목표에 의한 기준으로 판단할 수 있고, 조장은 상담원 6~8명당 1명을 배치하도록 하고 슈퍼바이저는 약 2개조(12~16명)당 1명의 인원을 배치하는 것이 최적의 조직 운영환경을 조성하는 것이다. 이 때 슈퍼바이저가 상이

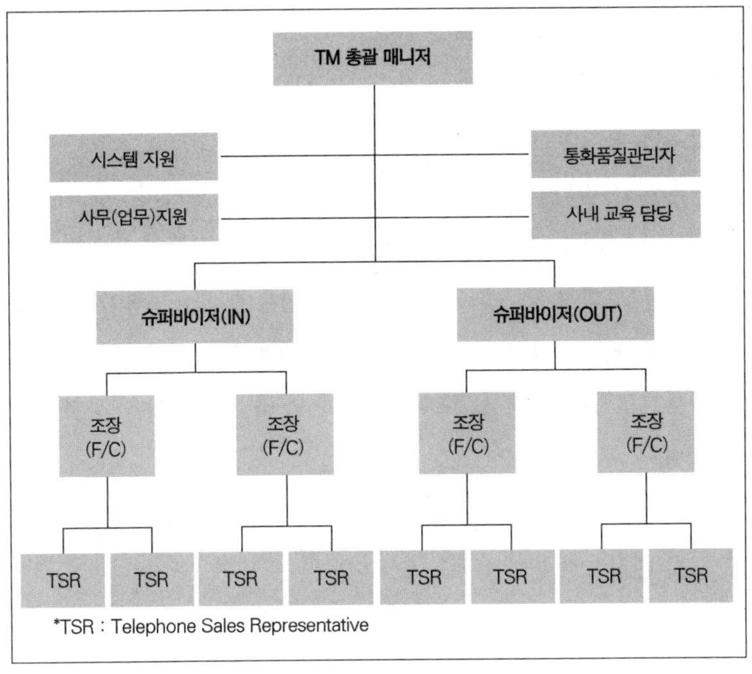

한 업무를 함께 관리하는 것은 부적당하다는 것도 염두에 두어야 한다. 통화품질 관리자(QAA)의 경우 보통 16~18명을 관리한다. 즉 슈퍼바이저와 한 조를 함께 맡아 통화품질을 관리하게 된다. 사내 강사의 경우는 사내 교육을 하는 범위에 따라 차이가 많이 생기지만 보통은 상담원 50명당 1명의 사내 강사로 인원 배치를 할 수 있다. 기타 시스템 지원과 사무 지원은 TM Center 내 업무량에 따라 인원을 정하는 것이 통상적인 방법이다.

다음으로 조직 구성에 따른 분야별 역할 분장 및 인력선발에 대해서는 제2권의 제6장 'TM Center 판매인력' 분야에서 상세히 다루도록 한다.

(4) 시장(Market)-리스트

텔레마케팅에 있어서도 리스트는 DM의 구성요소와 같이 생산성 향상에 결정적인 영향을 주는 요소다.

하지만 방카슈랑스 전담 판매회사의 경우 잠재고객을 대상으로 한 Cold Calling은 삼가해야 한다. 특히 금융 거래와 관련한 텔레마케팅은 고객이 상품을 인지하지 못한 상황에서는 설명이 쉽지 않고, 무엇보다 고객이 갑작스러운 전화에 대해 부정적인 인식을 가지고 있으므로 그들에게 상품의 필요성과 서비스의 이익을 사전에 제공할 필요가 있다.

방카슈랑스 전담 판매회사의 텔레마케팅은 크게 두 가지의 리스트를 대상으로 판매활동을 할 수 있다.

Outbound TM의 경우 리스트는 DM 발송 리스트를 근거로 하되, 예외적으로 인터넷에 남겨진 고객의 정보를 직접 이용하기도 한다.

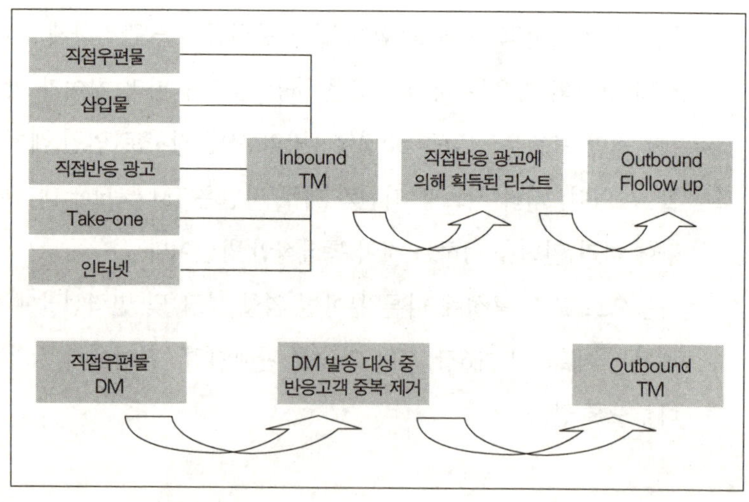

(5) 제안(Offer)

텔레마케팅에서의 제안은 DM에서 활용되는 제안과는 차별화시킬 필요가 있다. 즉 DM에서의 제안이 고객이 흥미를 느껴 반응을 일으키도록 유도된 것이라면, TM에서의 제안은 구매 의사결정을 쉽게 할 수 있도록 도와주는 역할을 담당한다.

❏ 구매 의사결정의 저해 요소

TM Center에서 선택하는 제안의 방식은 대부분 타사에서 공통적으로 사용하고 있는 방식을 그대로 선택하기 쉽다. 그리고 무언가 색다른 제안을 한다는 것은 비싼 비용이 요구되고, 의사결정이 어렵기 때문에 포기하는 경우가 대부분이다.

그러나 TM에서 제안의 진정한 가치는 고객이 구매 의사결정을 망설이는 불확실성, 두려움, 의심 등의 저해 요인을 축소하고 좀 더 쉽게 의사결정을 할 수 있도록 돕기 위한 것이다.

구매 결정 저해 요인	주요 제안 내용
돈이 없다	'가격이 비싸다' 라는 경우에는 결제 방법의 용이함과 금전적 이익의 제공 예) 후불 제안, 할부 제안, 보험료 할인 제안, 신용 카드결제 등
나중에	타이밍이 부적절하다는 경우에는 기간의 제한과 기간의 이익 제공 예) 신청기간 제한 제안, 창립회원 제안, 한정생산 제안, 상령월(上齡月) 제안 등
믿을 수 없다	신뢰감이 부족한 경우에는 회사가 보증하는 기회의 이익 제공 예) 가입보장 제안, 제3자 명의 이용제안 등

그렇기 때문에 TM에서 가장 효과적이고 창의적인 제안을 만들기 위해서는 먼저 고객과 상담 중 빈번하게 발생하는 반론의 유형을 조사하는 것이 바람직하다.

❑ '암 보험'을 TM을 통해 판매할 경우 발생하는 반론
위와 같이 반론의 유형을 조사하다 보면 통제가 불가능한 반론 유형과 통제가 가능한 반론 유형으로 나뉠 수 있다.
그렇다면 제안이란 바로 이와 같이 통제가 가능한 반론 중에서도 가장 높은 빈도를 보이는 반론을 집중적으로 축소한다면, 생산성을 획기적으로 개선할 수 있게 구성되어야 한다. 그런 의미에서 제안은 단 하나의 제안보다는 주요 반론에 대비해 2~3개를 조합시키는 것이 더욱 유리하다. 특히 텔레마케팅에서 활용하는 제안은 DM에서 활용하는 제안보다 업그레이드되어 개발할 필요가 있다.

통제 불가능한 반론 유형	이미 암에 걸렸다 보험연령에 해당하지 않는다 2개 이상 이미 가입했다 배우자 · 직계가족이 설계사다
통제 가능한 반론 유형	보험에는 관심이 없다 생각해보겠다 경제적인 여유가 없다 다른 회사에 비해 비싸다 배우자와 의논해보겠다 내년에 가입하겠다 회사를 믿을 수 없다 등

(6) 매체 믹스와 타이밍 관리

앞에서도 잠시 설명했듯이 텔레마케팅 채널은 도입이 매우 용이하다는 장점 때문에 앞다투어 도입되었던 것이 사실이다. 그리고 판매전략에서도 텔레마케팅만을 단독으로 활용해 상품을 강력하게 판매하는 Cold Calling 기법을 주로 선택해왔다.

그러나 이 방법은 금광을 캐는 데 단 한 가지의 도구만을 활용하는 것과 동일하고, 그만큼 제한된 생산성만을 보이게 되었다. 그러나 텔레마케팅이 지닌 매력 중 하나는 어떠한 매체와 혼합되어도 조화가 자연스럽고 매체 믹스에 의한 생산성 향상 효과를 보여준다는 점이다.

특히 방카슈랑스 전담 판매회사의 경우에는 통합적 다이렉트 마케팅 캠페인을 이용한 보험 판매를 하는 만큼 조화로운 매체의 믹스는 매우 중요한 성공 요소다.

❏ Outbound 매체 Mix 전략

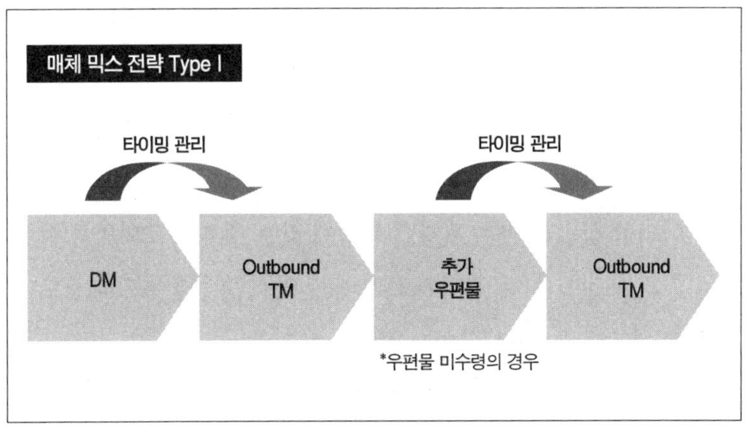

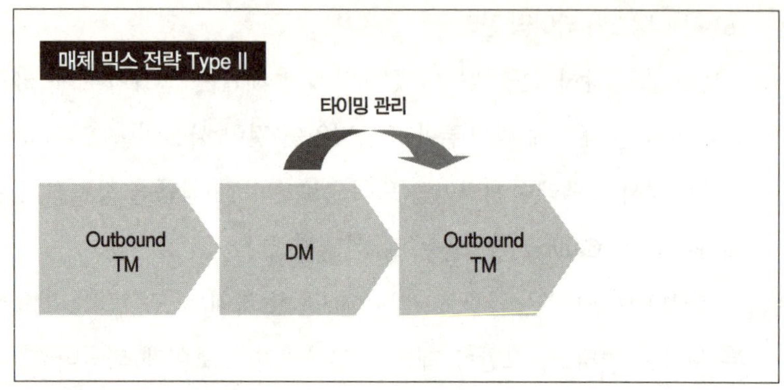

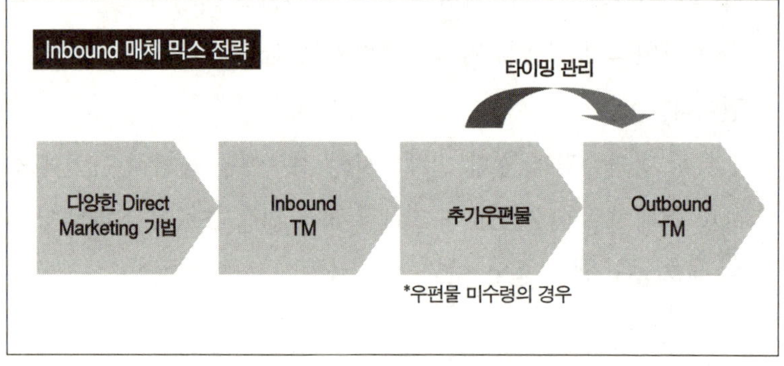

오랜 다이렉트 마케팅 경험에 의하면 DM만을 보냈을 때 고객의 반응률이 보통 0.2% 내외라면, DM 발송 2~3일 후부터 TM으로 Follow up을 한 경우 약 5~12배까지 생산성 상승을 보인다는 결론이 이끌어진다.

이러한 상승 효과는 채널별 특성에 맞는 매체의 조화와 정확한 타이밍의 조절에 의해 결정되므로 매체 믹스의 경우에도 테스트에 의한 효과 측정을 해볼 필요가 있다.

그러한 테스트 결과를 이용한다면 비용의 최적화와 매체별 조화에 대한 정확한 해결점을 찾을 수 있다.

(7) Script (Presentation)

직접판매 인력 중 면 대 면으로 판매를 하는 DSR(Direct Sales Representative)와 전화로 판매를 하는 TSR(Telephone Sales Representative)를 두고, 만약에 TSR가 면 대 면 판매를 시도하는 경우와 DSR가 전화 판매를 시도하는 경우가 발생한다면 어느 쪽이 적응도와 생산성이 높을 것이라고 생각되는가?

물론 여기에서 전제가 되는 것은 올바른 TM Center에서 훈련과 경험을 쌓은 TSR여야 하고, DSR도 판매 경험이 풍부해야 한다는 점이다. 이러한 경우 놀랍게도 TSR이 DSR보다 면 대 면 판매에 매우 쉽게 적응하고 좋은 실적을 보이는 경향이 있다.

그러한 이유 가운데 가장 중요한 요소는 TSR만의 독특한 프리젠테이션(Presentation) 방식 때문일 것이다.

만약 TM의 목표가 판매에 있다면 TSR는 단지 3~5분의 시간 중에 판매를 하기 위한 논리정연한 프리젠테이션을 하게 되고, 이 때는 철저히 준비된 스크립트(Script)에 의해 상담하도록 훈련된다. 이러한 스크립트, 즉 프리젠테이션이 TM의 생산성을 높이는 매우 중대한 요소임에는 누구나 공감하지만 대개는 TSR의 개인적 자질로만 맡겨둔 경향이 있다.

하지만 TM Center의 생산성을 최상으로 유지하려면 반드시 표준적이면서도, 정교하게 준비된 스크립트가 필요하다.

❏ 스크립트를 활용하는 주요 목적 3가지
  • TSR가 상담의 최종 목표를 잃지 않기 위한 지침이 된다.

TSR는 항상 대화의 흐름을 의식하면서 방향을 수정할 수 있어
야 한다. 또한 고객이 무슨 말을 해도 당황하지 않고 매끄럽게
본래의 주제로 돌아와서, 확실하게 클로징(Closing)으로 연결시
킬 수 있어야 한다(Q&A와의 연동이 필요).

• 거절을 방지하며 가장 효과적으로 고객에게 접근한다.
  불필요한 대화 및 초기 거절을 줄이기 위해 TSR 개인의 즉흥적
  표현과 판단을 방지함으로써 고객에게 통일된 메시지를 전달할
  수 있어야 한다.

• TSR의 상담 및 업무처리 능력을 일정 수준 이상으로 유지한다.
  TSR가 초보자인 경우라고 하더라도, 스크립트에 따라 이야기를
  해나갈 수 있다면 아무런 불안감 없이 고객과의 대화를 매끄럽
  게 진행할 수 있다. 반면에 어느 정도 경험을 쌓아가면 업무에
  대한 '익숙함' 때문에 무의식적으로 자기만의 표현을 활용하는
  경우가 있다. 이 때도 스크립트를 늘 활용한다면 항상 표준적이
  며 고품격의 통화가 가능해진다.

❏ 스크립트의 구성과 포함 내용

도입 부분	첫 인사부터 목적하는 대상자 본인과 이야기할 수 있을 때까지의 부분을 스크립트 구성상의 '도입 부분'이라고 하며 다음과 같은 요소가 포함된다. • 자기소개와 첫인사 • 상대방 확인과 DM 수신 여부 확인 • 전화를 건 목적의 전달과 고객 흥미 유발 • 부재시의 응대
본론 부분	목적하는 대상자 본인과 통화가 되면, 고객의 잠재된 욕구 탐색과 상품에 대한 제안 및 혜택 설명이 포함된 스크립트의 핵심이 되는 부분이다. '본론 부분'에는 다음과 같은 요소가 포함된다. • 효과적인 고객 욕구 및 정보의 수집 • 고객의 반응에 따른 상품(서비스)의 주요 혜택 설명 • 거부시의 적절한 설득
종결 부분	메인 토크가 끝나고 최후의 통화 목표 종결 및 감사의 표현이나 마지막 인사를 하는 부분을 '종결 부분'이라고 한다. '종결 부분'에는 다음과 같은 요소가 포함된다. • 약속 사항의 확인 • 계속거래 등의 부탁 • 감사와 마지막 인사

❏ Outbound 스크립트의 기본 구성

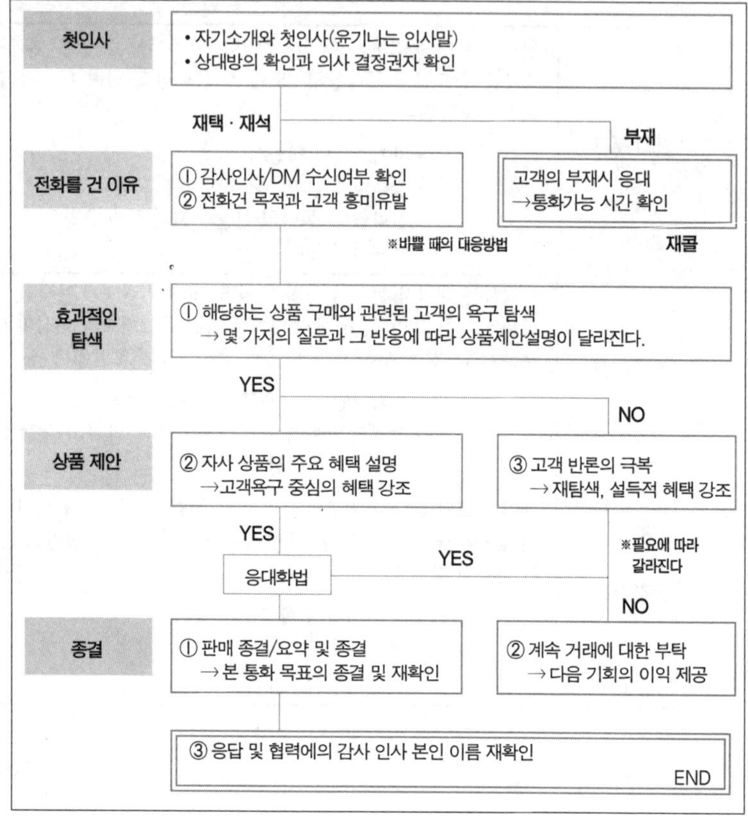

스크립트의 구성은 상담 단계의 구성과 동일하게 작성되는 것이 현실적 활용도가 오히려 높다. 위의 Layout은 기본 스크립트의 형태이며 이와는 별개로 Q&A 또는 반론 극복 스크립트가 준비될 필요가 있다. 그리고 이 때 반드시 기억해야 할 점이 Inbound의 경우에도 반드시 규정된 스크립트에 의해 일관성 있는 응대가 필요하다는 것이다.

❏ Inbound 스크립트의 기본 구성

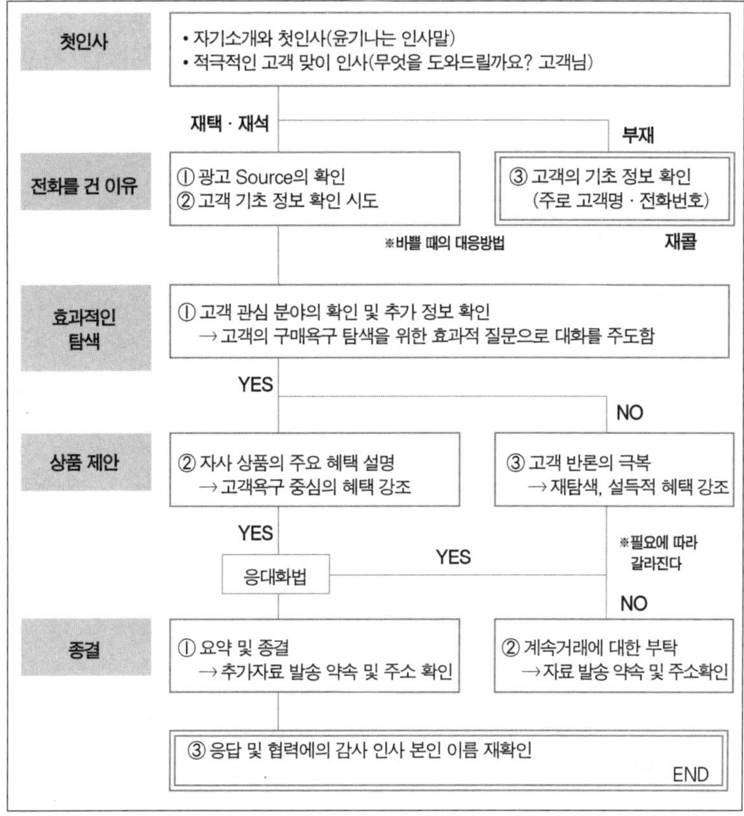

❏ 스크립트 표준 개발 과정

스크립트의 최대 가치는 현실 활용이 가능해야 한다는 것이다. 그렇기 때문에 스크립트는 DM의 카피나 판촉 서한처럼 한 사람의 유능한 카피라이터에 의해 완성되기보다 TSR와 연계된 실전 테스트를 통한 현실성을 반드시 검증받을 필요가 있다.

그러므로 스크립트는 다음의 개발 과정을 거쳐 현실적인 스크립트로 완성되어야 한다.

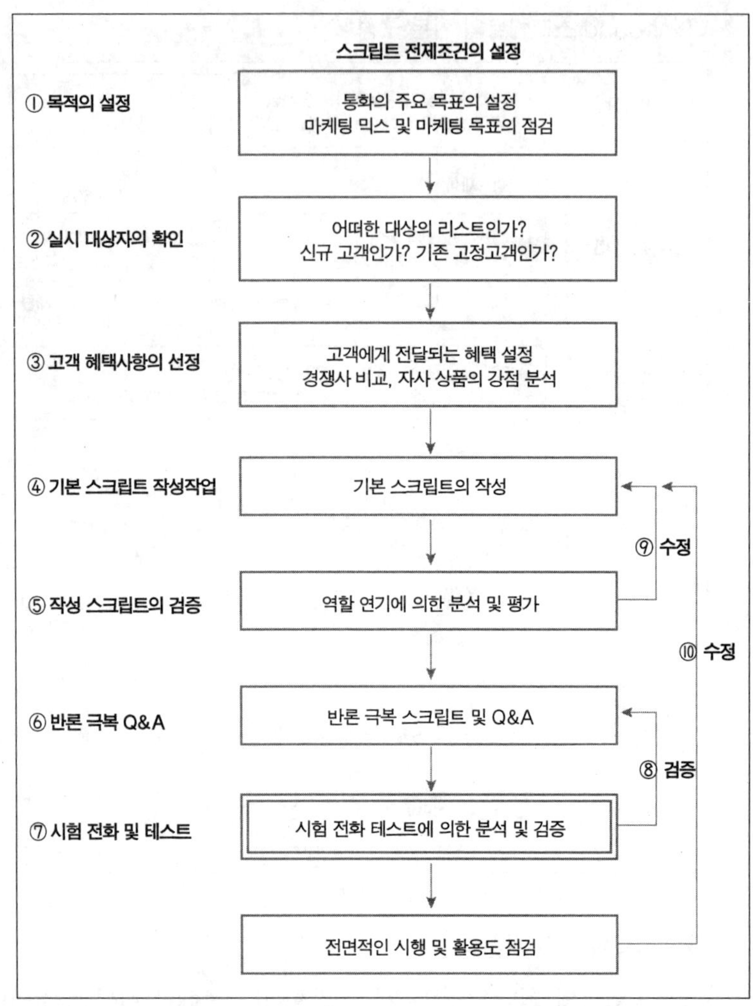

❏ 스크립트의 검증 방법

|1차 - 역할연기에 의한 검증|

이는 초기 신입사원 교육과 함께 스크립트가 개발된다면 역할연

기를 통해 1차 스크립트를 수정, 보완할 수 있다. 이 때는 역할 연기를 통한 교육을 함께 겸하기도 한다.

① 일 대 일 대화를 통한 실제 연기

- 그룹을 4~8명 정도(짝수)로 나눈다.
- 두 사람씩 한 조가 되어 한 사람이 TSR의 역할, 다른 한 사람이 고객을 연기한다.
- 작성한 스크립트를 기초로 일 대 일에 의한 전화 상담의 실제연기를 행한다.

② 교대로 배역을 바꾼다.

- 역할연기가 1회 종료하면 서로의 역할을 바꿔 같은 것을 반복한다.
- 고객의 입장에 선 상담원이 실제 고객처럼 현실감 있게 진행하기 위해서 고객의 시나리오를 반론 유형에 맞추어 준비한다.
- 맨처음에는 스크립트의 기본적인 흐름에서 느낌을 포착하도록 할 것.
- 두번째 이후에는 NO의 흐름이나 불규칙한 흐름으로 연습한다.

③ 녹음 테이프로 시간을 측정한다(테이프 체크).

- 대화의 주고받음을 반드시 테이프에 녹음한다.
- 각각의 대화 시간을 체크한다.
- 전원이 각 녹음 테이프를 듣고 공동 분석하면서, 서로 느낀 점을 이야기한다.
- 반드시 슈퍼바이저를 바꿔 그룹 전원이 참여하는 토론을 실시한다.
- 미리 '체크시트'를 만들어두고, 문제점을 체크하면 좋다.

④ 스크립트의 수정과 재검증

- 토론(discussion) 결과와 체크시트를 기초로 스크립트를 수정
  한다.
- 수정한 스크립트를 기초로, 다시 그룹별로 역할연기를 한다.
- 이 때 상대 역할의 동료를 바꿔보는 것도 필요하다.
- 이상의 흐름을 납득할 때까지 반복한다.
- 적어도 3~4번은 하는 것이 좋다.

|2차 - 시험 전화에 의한 검증|

① 고객 리스트의 샘플링

- 테스트 오퍼레이션을 실시하는 데는 우선 리스트의 샘플링

블록 추출법

리스트 양이 비교적 적은 경우, 잘 정비되어 있는 경우의 방법

- 리스트를 50~100단위로 블록을 나누고 최초의 블록을 대상으로 실제로
  오퍼레이션을 실시해 결과 분석 한 후에 스크립트의 수정을 행한다.
- 수정이 끝난 단계에서 다시 다음 블록을 대상으로 테스트를 반복한다.
- 이러한 '실시', '검증', '수정'을 서너 차례 반복해 스크립트를 연습한다.

랜덤 샘플링 추출법

리스트 양이 막대한 경우, 그다지 잘 정비되어 있지 않은 경우의 방법

- 총 리스트에서, 10~20건마다(리스트 총수에 따라 다르다) 랜덤 샘플링
  (무작위 추출)을 행한다.
- 일정한 데이터량을 추출하고 나서, 블록 추출법과 마찬가지로 테스트
  오퍼레이션을 반복한다.

이 필요하다. 샘플을 추출할 때는 주로 다음 두 가지 방법이
사용된다.

② 테스트 오퍼레이션의 실시

- Agent를 몇 명의 그룹으로 나누어 실시한다.
  - 그룹마다 다른 스크립트를 사용, 어느 패턴이 효과적인지 알 수 있다.
  - 이 경우 그룹 간의 스킬(Skill) 레벨이 대체로 동일해야 한다.
- 테이프 녹음을 한다.
  - 테스트 오퍼레이션에 의한 대화 내용을 녹음 테이프에 녹음해둘 것
  - 녹음에 대한 분석은 고객의 현실적 반응에 대해 분석할 수 있고 어떠한 스크립트가 고객접근에 용이하고, 어떠한 내용이 보완되어야 할지 정확한 정보를 제시한다.
- 테스트 실시의 결과를 기록 시트에 기록한다.
  - 체크해야 하는 항목을 담은 기록 시트(체크시트)를 미리 작성해두고, TSR 각자가 기록한다.

❏ 두 종류의 스크립트를 테스트할 경우의 효과적 실시 예
- 리스트를 800건 정도 추출해, 200건씩 합계 4개로 나눈다.
  다만, 고객 속성에 치우침이 없는 것을 전제로 한다.
- Agent를 A · B의 2그룹으로 나눈다.
- 우선 스크립트 A를 사용해서, 그룹 A는 리스트 a에, 그룹 B는 리스트 c에 각각 200건씩, 합계 400건 어프로치한다.

- 다음에 스크립트 B를 써서 그룹 b는 리스트 b에, 그룹 B는 리스트 d에 각각 200건씩, 합계 400건 어프로치한다.
- 각각의 테스트 결과를 바탕으로 차이점을 비교 검토한다.

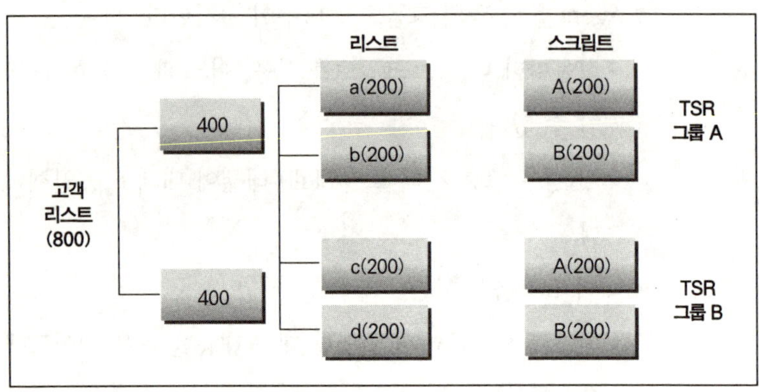

③ 테스트 결과의 분석 및 결과

■ 수치에 따른 집계 · 분석

- 시험 전화를 종료한 후, 그 결과를 분석 · 평가한다. 이것은 본 시험 전화 테스트의 실시에 있어 센터의 운영체제 준비에도 도움이 된다.

■ 스크립트와 응답내용의 분석 및 평가

- 녹음 테이프의 테이프 체크를 실시, 스크립트의 문제점을 추출한다.

■ TSR의 적성 진단과 오퍼레이션의 실시 진단

- 시험 전화의 결과는 스크립트의 검증뿐만이 아니라, TSR 개개인의 적성 진단이나 오퍼레이션의 실시 진단에도 도움을 준다.

3) 성공적인 TM Center의 효과 측정

❑ 성공하는 TM Center 운영의 5가지 Golden Key

• 통계화하지 않으면 관리할 수 없다.
• 측정의 단위가 세밀할수록 관리도 세밀해진다.
• 관리자가 현장을 모른다면 문제는 개선될 수 없다.
• 모든 문제는 실시간에 현장에서 코칭(coaching)되어야 한다.
• TM Center의 성공은 매분, 매시간을 관리하는 데 있다.

위에서 설명한 TM Center의 성공요인은 결국 TM Center 현장의 모든 업무는 실시간으로 효과 측정되고 관리되어야 한다는 것을 강조하고 있다. 특히 막연한 감시와 권위적인 관리가 되지 않기 위해서는 반드시 통계화하되, 그것이 의미가 있기 위해서는 과학적인 측정 방법을 필요로 한다.

또한 측정된 자료를 바탕을 신속한 코칭과 효율적인 관리가 이루어져야만 TM Center의 생산성이 극대화될 수 있다. 그렇다면 TM Center에서 생산성 향상의 주요 요소는 집중적으로 관리되어야 한다. 각 요소별 주요 관리 방법은 아래와 같다.

(1) 업무 시간의 관리(Working Hour)

TM Center의 업무 시간과 생산성이 정비례한다는 원리는 누구나 쉽게 짐작할 수 있으나, 실제 총 업무시간을 관리해야 하는 중요성을 인식하고 있는 관리자는 드물다. 즉 상담원의 한 달 간 총 업무 시간(Working Hour)을 기준으로 업무 목표 달성을 위한 Game Plan

을 마련했는데, 만약 상담원이 업무 시간을 제대로 수행하지 않는다면 생산성 목표를 달성하기란 불가능하기 때문이다.

업무시간 관리를 위해 가장 먼저 선행되어야 할 것은 TM Center의 전직원을 대상으로 정확한 업무시간을 산출하는 것이다.

❏ 상담원 1인당 1개월 간의 업무시간 산출 사례

구 분	산출 근거	Outbound TM	Inbound TM
총 업무 일수	30일 − 4주 × 2일 (토 · 일 휴무)	22일	25일
차감 일수	공휴일 1일 교육시간 1일 개인사정 유급휴가 1일		
실제 업무일수		20일	20일
실제 업무시간	일일 실제 업무시간	× 6.5시간	× 7.5시간
총 업무시간		130시간	150시간

상담원별 총 업무시간 목표가 주어진 후 업무시간 관리를 위해서는 반드시 근태관리가 필요하다. 상담원의 철저한 출 · 퇴근시간 관리 및 조퇴, 결근에 대해 사전에 반드시 관리자의 결재를 득해 관리자는 상황에 맞는 스케줄 관리를 해야 한다.

그 다음 관리되어야 하는 업무시간은 하루(한 시간 단위) 중 실제 업무에 소요되어야 하는 시간의 관리다. 즉 이 시간은 TM Center의 자동화 시스템에 의해 실제 통화시간이 측정되므로, 여기에 사후 업무처리 시간을 합한 총 시간을 의미한다. 이러한 실제 업무시간의 관리는 상담원의 생산성과 밀접하므로 관리자는 반드시 이를 객관적으로 측정해 관리해야 한다.

실제 TM Center 운영 비용의 가장 많은 부분(약 67%)을 차지하는 것이 인건비인 만큼, 표준적 업무시간을 관리하는 것은 매우 중요하다. 그리고 업무시간은 반드시 표준적으로 수행 가능한 시간에 근거해야 하며 너무 적거나, 너무 과다한 경우에 비효율성은 반드시 따른다.

(2) Call 생산성 관리(CPH, SPH, C/R)

실제 업무시간에 수행되어야 할 전화 업무가 성공적으로 수행되는지 측정하기 위해서는 좀더 구체적인 수치가 필요하다.

❑ 실질적인 생산성을 관리하기 위한 주요 측정 3요소
- CPH(Call/Contact Per Hour)
  - 한 시간 동안 통화가 연결된 총 건수
- SPH(Sales Per Hour)
  - 한 시간 동안의 총 판매 건수
- C/R (Conversion Rate)
  - SPH, CPH 대비 계약 체결률 또는 클로징(Closing)률

위의 3가지 요소는 Inbound와 Outbound TM에서 공통적으로 측정되고 관리되어야 하는 핵심적인 수치다.

이 3가지 분야별 Call 생산성은 상담원이 무엇을 집중 개선해야 하는지에 대해 정확하게 피드백해줌으로써 관리자가 이 수치를 날마다 시간 측정한다. 아울러 실시간으로 동기부여와 코칭을 해

준다면 성공적으로 판매 목표를 달성해갈 수 있다.

예를 들어 다음과 같은 수치가 측정된 TM Center의 경우에, 무엇을 집중 개선해야 하는지 판단할 수 있다.

❑ Call 생산성 사례 연구

일시	CPD	CPH	SPD	C/R
2.14	103.6	15.9	0.8	0.7
2.13	80.6	12.4	0.6	0.7
2.12	84.8	13.0	0.7	0.8
2.11	86.7	13.3	0.9	1.0
2.10	90.1	13.9	0.6	0.6
2. 9	73.6	11.3	0.7	0.9
2. 8	63.6	9.8	0.3	0.5
2. 6	13.6	4.5	–	0.0
2. 5	47.0	7.2	0.1	0.2
2. 4	53.7	8.3	0.4	0.7
2. 3	62.3	9.5	0.2	0.3
2. 2	55.3	8.5	0.1	0.1

* TM Center 상담원 1인당 일일 평균 생산성임
* 실제 근무시간은 하루 6.5시간을 기준으로 함
* CPD(Call Per Day), SPD(Sales Per Day)를 의미함

위의 생산성 분석 사례를 살펴보면, 2월 9일을 기준으로 CPD가 현격하게 차이가 나며, CPD와 정비례로 SPD가 함께 증가한다는 것을 알 수 있다. 또한 CPD와 SPD가 증가되면서 C/R가 함께 늘어났다는 것은 상담에 의한 판매 종결률이 높아졌다는 것이며, 이를 통해 통화품질이 개선되었다고 판단할 수 있다.

물론 위의 생산성은 초기 판매목표 달성을 위해 계획된 표준 생산성 수치와 비교해서는 어떠한지 분석이 이루어져야 한다. 이를 통해 관리자는 현재의 생산성을 더욱 높이기 위한 방법으로 인센티브를 활용할지, 추가적인 코칭과 교육을 실시해야 할지 신중하게 모색할 수 있어야 한다.

(3) 통화품질 관리(Quality Assurance : QA)

TM Center의 생산성을 극대화하기 위해 상담원의 Call 생산성을 기하급수적으로 늘린다는 것은 불가능하다. 그렇다면 적정한 Call 생산성이 실현되었을 때 좀더 높은 판매목표를 실현하기 위해서는 C/R(계약 체결률)를 높이는 방법이며, 이는 곧 통화품질 관리를 통해 효율적인 판매 상담이 되도록 관리한다면 가능하다.

통화품질의 관리는 단순히 상담원을 감시하기 위한 목적이 아니라 그들이 고객에게 정확한 정보를 전달하며, 설득적인 상담이 되도록 통화가 이루어지는지 모니터링함으로써 상담원의 업무 능력 및 상담 능력을 개선하는 데 목적이 있는 것이다.

단, 통화품질의 관리는 Call 생산성처럼 자동화 시스템에 의해 객관적 수치로 나올 수 없고, 일일이 사람이 직접 청취해 평가하는 방법이다. 따라서 객관적인 결과 분석과 피드백을 위해 연구되어야 할 것이 매우 많다.

다음에서 우리는 통화품질 관리를 성공적으로 이끌고, 모든 직원이 공감하는 문화를 형성하기 위해 고려되어야 할 요소를 살펴보도록 하자.

❏ 통화품질 규정의 마련

- 자사의 TM Center가 업무 목표를 달성하기 위해 요구되는 최고의 통화품질 가치의 마련 (타사, 타업종과는 차별화)
- 전직원의 통화품질 규정 공유 및 현실적 목표의 인식
- 통화품질의 규정은 TM Center의 핵심적 사명임

❏ 합리적인 평가표의 마련

- 객관적인 점수와 합리적인 평가가 가능한 과학적 평가표 마련
- 평가 대분류, 세부 항목, 항목별 평가기준, 배점의 결정
- 통화품질 테스트에 의한 평가표 수정 및 보완

❏ 전문 평가인력의 활용

- 슈퍼바이저에 의한 비정기적 · 비전문적 평가는 생산성 향상에 기여도가 낮으므로 전문 인력의 활용 필요
- QAA(Quality Assurance Analyst)의 양성으로 효율의 극대화
- 일관성의 유지와 과학적 평가를 위해 전문적으로 훈련된 인력이 있어야만 생산성의 기여도가 높음(평가 및 코칭)

❏ 합리적인 평가 및 코칭 기법

- 통화품질의 평가는 상담원 1인당 매일 1 Call이 적정 수준
- 모니터링 자동화 시스템(H/W · S/W)의 활용으로 QAA 생산성 향상
- 통화품질 평가 후 필요에 따라 실시간 코칭 실시
- 모든 상담원(우수, 부진)에게 골고루 코칭

❏ 평가의 객관성 검증

- QAA의 강도 높은 평가능력 훈련 실시(QAA에 대한 평가 테스트 실시 및 점수 편차 최소화)
- 합동 평가회의(Quality Assurance Listening Review：QALR) 정기적 실시
- 매니저, 슈퍼바이저, QAA 간의 평가내용 협의 및 코칭 계획 수립

❏ 통화품질 결과의 공유

- 조회 때 전날 통화품질 진행 결과에 대한 성과 및 수정 사항을 전달함으로써 매일 최고의 통화품질 유도
- 개인적인 평가 결과의 경우 비밀 유지(QAA에 의한 관리)
- 정기적인 결과 분석을 통한 개선사항 및 발전사항 보고
- 통화품질 항목의 수정·보완 및 목표의 재조정

5. 기타 다이렉트 마케팅 채널의 활용

DM, TM 외에 방카슈랑스의 다이렉트 마케팅 캠페인에서 활용 가능한 채널은 몇 가지가 더 있다.

그 중에서도 현실적으로 자주 활용되고 있는 마케팅 활동에 대해 간략히 살펴보도록 하자.

1) 직접반응 광고 (Direct Response Advertising : DRA)

직접반응 광고는 신문, 잡지, TV, 라디오 등에 상품의 F(Feature :
특징), A(Advantage : 장점), B(Benefit : 이점, 혜택)를 설명하되, 가
망고객의 직접반응을 Inbound Call로 유도하는 형태다. 이러한
DRA 방식은 국내 일부 회사들이 도입해 이미 활용하고 있으나, 아
직은 초보적인 수준에 머물러 있는 상태다. 그렇다면 DRA를 활용
하기 위해 먼저 고려되어야 하는 사항을 살펴보기로 하자.

❏ 직접반응 광고의 시행시 유의사항
  • 상품의 혜택 강조와 가격 경쟁력이 있어야 한다.
  • 기존의 브랜드 이미지가 반응률도 영향을 끼친다.
  • 제안(Offer) 내용에 따라 반응률이 크게 변한다.
  • 인센티브(Free Gift)가 반드시 고려되어야 한다.
  • 효율적인 콜센터 운영 기술과 숙련된 TSR가 반드시 필요하다.
  • 최소한의 Underwriting을 포함, 업무의 자연스러운 흐름을 위
    해 Fulfillment가 갖추어져야 한다.

현재 각사가 활용하고 있는 DRA의 상품은 암보험과 상해보험 일
변도다. 따라서 상품의 구조와 가격이 서로 비슷한 상품으로 구
성되어 기존의 패러다임을 벗어나지 못하고 있다. 또한 브랜드
이미지만을 믿고 사업비 결정을 일반 설계사 채널의 상품과 비슷
하게 책정하고 있는 회사도 있다.
하지만 방카슈랑스의 실행에 있어 DRA를 효과적으로 활용할 수

있는 분야가 있다. 특히 은행의 브랜드 이미지가 신뢰할 수 있고, 방카슈랑스 상품이 갖는 특장점이 기존 보험상품과 차별화될 수 있으므로, 이러한 특성을 이용한 DRA는 좀더 확장된 가망고객을 발굴하는 데 효과적이다.

구미의 경우 Term Insurance(정기보험), Cash Back Term(환급부 정기보험), Credit Balance(신용보험) 상품, 50 + (50세 이상 가입보험), Saving plans(저축상품), Pension plans(연금 상품), Guarantee Issue(가입보장) 상품과 Flexible whole Life Assurance(자유 입출금식 종신보험), Disability Income Insurance(장해 수입 보장보험) 및 Medical Expenses · Hospital Cash Insurance(의료보험 · 의료급부 보험) 등이 DRA에서 활용된 상품이다.

2) DRA의 효과적 매체 선택

DRA에 의한 효과 측정을 하기 위해서는 가장 먼저 이용매체에 대한 분석이 필요하다. DRA를 할 수 있는 주요 매체라면 TV, 라디오, 신문, 잡지처럼 다양하지만, 그 중 금융상품의 경우 가장 효과적인 매체는 신문이라는 오랜 경험치가 있다. 예를 들어 신문을 이용할 경우 지방신문 포함해 신문별 발행 부수와 지역별 구독층의 성향, 연령별 선호 매체에 대한 분석 등 사전 조사가 반드시 필요하다. 신문기사에 대한 열독률의 분석도 필요하다. '열독률'이란 일반인들이 1주일 중 어느 요일에 어느 정도로 매체를 열심히 읽는지를 나타내는 지표로서, 통상 월요일에 열독률이 가장 높은 것으로 나타나고 있다. 또한 신문의 지면에 따라 반응의 정도와 광고 소요예산이

달라지므로, 비용에 대한 합리적인 비용을 집행하기 위해 신문의 어떤 면을 활용하는 것이 효율적인가 하는 것은 중요한 의사결정 요소가 된다.

DRA에 대한 시행착오를 없애는 방법은 상품, 매체, 요일, 변수, 카피, 비주얼의 배열 등 타사의 DRA 상황을 비교 분석해보면 쉽게 알 수 있다.

DRA 또한 다이렉트 마케팅의 한 Tool이므로 'AIDA의 법칙'이 적용된다. AIDA의 법칙은(Attention-주목, Interest-흥미, Desire-구매욕망, Action-구매 행동) 일반 광고와 마찬가지로 어떠한 방법으로 고객의 이목을 끌 것인가를 결정해야 한다. DRA 제작시 생명보험은 인간의 생명, 죽음과 직결되어 있는 진지하고도 Financial 성격의 상품이므로 만화식의 표현과 카피, 활자체는 배제되는 것이 좋다는 통계가 있다.

❑ 구미의 광고안 제작 사례

구미의 경우 DRA가 표준화된 패턴과 FAB에 충실한 반면, 국내의 경우 백화점식 장점 나열에 급급한 DRA 광고를 자주 볼 수 있다. 즉 고객은 단순하고 강렬한 메시지에 주목한다는 점에서 유의해야 한다(〈그림 2-3〉 참조).

신문 이외에 잡지를 통한 DRA도 가능하며 이 경우에는 반응률이 오래 지속된다는 이점이 있다.

DRA를 시행하고 난 뒤에는 Inbound Call 수에 대해 일별·시간별 통계를 내는 것이 중요하다. 보통 신문광고의 DRA 실시시에는 첫째 일의 Call을 100으로 보았을 때 2일차에는 전일의

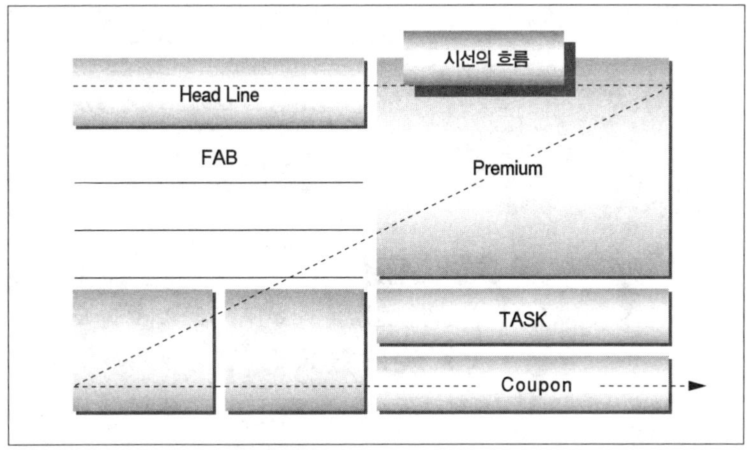

* F : Feature(특징), A : Advantage(장점), B : Benefit(이익)

20~30%, 3일차에는 전일의 다시 20~30%의 Call이 오는 것이 일반적인 패턴이다.

DRA에서 중요한 생산성 지표로서는 CPC라는 개념이 있다. 이는 Cost Per Call로서 '1 Call'의 Inbound Call을 위한 마케팅 비용을 말한다. 이 밖에도 CPH(Call Per Hour), Conversion Rate(계약 체결률), SPH(Sales Per Hour) 등의 생산성 지표가 있다.

한편 국내에서는 아직 도입되어 있지 않지만 구미의 경우 TV, 라디오를 이용한 직접반응 광고 또한 비용 면에서 아주 효율적으로 나타나고 있다.

3) 기타 반응 요소

❏ 제안

제안의 방법은 100가지 이상에 이르지만, 많이 사용되는 몇 가지

新登場
毎日のわずか約110円が、
入院時に大きな保障になる。
これは割安!!
インタレスト
デザイア
アテンション
わずか1日約110円で、
病気・ケガによる入院時に
入院日数×6,000円
入院時に必要な保障を重点的にカバー、思いきり頼れます。
アリコの入院保険
病気・ケガによる入院を高額保障。
いますぐ資料請求を!
アクション
今すぐ
お電話ください!
至急くわしい資料を
お送りします。
0120-015015
ALICO
アリコ ジャパン
Atention   注意を引かせる
Interest   興味をいだかせる
Desire   欲しいなと思わせる
Action   行動を起こさせる
AIDAの
法則

를 살펴보자.

- 보험료의 신용카드에 의한 결제 제안
- 신청시 1개월 무료 보장
- 신청기간 제한 제안으로(Speed Limit) 특정 선물을 제공
- 가입보장 제안(Guarantee Issue)으로 특정 선물을 제공
- 가망고객 소개에 대한 제안(Members Get Members)
- Higher Premiums 제안
- 추가구매 제안 등

❏ Creativity

- 국내 기업들이 가장 낙후되어 있는 분야로서, DRA의 본질을 이해하지 못하는 광고기획사들에 의해 조악한 광고가 남발되고 있다. 무엇보다 DRA의 목적은 인지도 확산이 아닌 고객 획득에 있으므로 고객의 감성보다는 고객의 행동에 직접 영향을 줄 수 있는 Creative가 필요하다.

❏ Incentive(Free Gift)

- 인센티브는 직접반응 및 고객정보 수집을 위해서는 반드시 활용되어야 할 요소다. 이러한 인센티브의 활용이 활발한 구미의 경우, 가입을 조건으로 다양한 물품들을 제공하고 있다. 하지만 국내의 경우는 CD, 전화카드 등으로 지극히 제한적이기는 하지만 마케팅 담당자의 노력에 따라 다양한 인센티브 개발이 가능하다.

분 류	제안의 종류	내　　　　용
기본 제안 (Basic Offer)	1. 적정가격 (Right Price)	가장 기본적인 가격제안으로서 시장환경과 경쟁 분석을 통해 설정된 적정가격 제안. 충분한 마진율도 고려, 우편판매의 경우 적정마진율은 3배다.
	2. 무료 시용 (Free Trial)	우편에 의한 책자판매나 통신판매에서 널리 도입된 제안. 고객들로 하여금 먼저 시용케 하여 상품 구매의 두려움을 제거. 통상 시용기간은 10일 내지 15일이 보통이나 상품에 따라 다르다.
	3. 환불보증 (Money-Back Guarantee)	어떠한 이유로 인해 무료 사용제안을 하지 못할 경우 최선책이 될 수 있다. 양자의 가장 큰 차이는 환불보증 제안의 경우 먼저 대금의 일부 또는 전부를 내게 한다는 점이 다르다. 상품에 정말 만족하지 못할 경우가 아니라면 고객은 시간과 노력을 기울여 반송하지는 않을 것이다.
	4. 주문부 현금결제 (Cash With Order)	환불보증 제안과 연동해 흔히 쓰이는 제안. 우편료 및 송금수수료 부담과 같은 인센티브가 함께 제공된다.
	5. 후불제안 (Bill Me Later)	흔히 무료 사용제안과 함께 쓰인다. 통상 청구서는 상품과 동봉되거나 2~3일 후 발송된다. 일시불이 보통. 후불 제안이기 때문에 현금제안 반응률의 2배의 반응률을 보인다.
	6. 할부제안 (Installment Terms)	후불 제안과 비슷한 제안인데 다만 10개월 내지 20개월로 나누어 상환한다는 점이 다르다. 보통 고가상품이나 대규모 주문판매(Big Ticket Item)에 주로 쓰인다.
	7. 신용카드 결제 (Charge Card Privileges)	후불 제안과 할부 제안의 장점을 모두 취한 제안. 고객은 어음을 발행할 필요가 없고 은행계 카드나 전문 신용카드로 결제한다. 백화점 신용카드도 빼놓을 수 없는 결제방법. 최근에는 Phone Order제나 Mail Order제가 도입되면서 가장 선호되고 있는 간편한 결제 방법이다.
	8. 상품인도부 현금결제 (C.O.D)	우체국 서비스의 일종인 상품인도부 현금결제(Cash-On-Delivery)를 말한다. 우체부가 상품을 인도할 때 대금을 받는다. 업무처리가 복잡하고 비용과 노력이 많이 들기 때문에 오늘날 널리 쓰이지 않는 방법이다.

분 류	제안의 종류	내　　　　용
선물 제안 (Free Gift Offer)	9. 문의전화 보답선물 (Free Gift For An Inquiry)	상품이나 용역에 대한 문의전화를 할 경우 소정의 선물을 증정하는 방법. 문의전화 수를 늘릴 수 있다는 장점이 있으나 문의전화의 질에는 다소 문제가 있다.
	10. 주문예약 보답선물 (Free Gift For A Buying)	보통 예약선물 제안(Keeper Gift)이라고 불린다. 고객은 상품을 써보기로 동의하기만 하면 선물을 받게 된다.
	11. 구매 보답선물 (Free Gift For Buying)	주문예약 보답선물과 비슷하나 다만 상품이나 용역을 구매할 경우에 선물을 증정하는 것이 다르다. 이 제안은 보통 최고 구매량을 정하거나 때로는 자기이익 재투자법(Self-Liquidator)의 형식으로 이루어진다.
	12. 1회주문 다수 선물 제공 제안 (Multiple Free Gifts With a Single Order)	하나의 선물이 고객에게 만족을 준다면 다수의 선물을 제공하는 것도 하나의 방법이다. 고객이 1회 주문할 때 비교적 값싼 선물 2개를 줄 수도 있고 같은 값의 선물 한 개도 줄 수 있다. 이 제안으로 좋은 효과를 거두고 있는 핑커허트 사는 고객이 1회 주문하면 4가지 선물을 준다.
	13. 다자택일 (多者擇一) 선물 제안 (Your Choice Of Free Gifts)	여러 가지 선물 중에서 하나를 선택케 하는 방법으로서 고객들이 선물을 고르는 기쁨을 주는 방법이다. 그렇지만 가장 선호되는 선물을 제공하는 제안보다 효과가 떨어질 수도 있고 고객들이 선택을 망설이게 된다는 단점도 있다.
	14. 구매액 비례 선물 제안 (Free Gifts Based On Size Of Order)	구매액에 비례해 선물을 제공하는 방법인데 카탈로그 판매나 통신판매에서 널리 쓰인다. 예를 들어 100,000원 이하 구매고객 / 100,000원에서 250,000원 구매고객 / 250,000원 이상 구매고객으로 나누어 차등적으로 선물을 제공한다.
	15. 2단계 선물 제안 (Two-Step Gift Offer)	상품 판매종결을 2단계로 나누어 1단계에서는 비교적 값싼 선물을 제공하고, 2단계에서는 고가의 선물을 제공하는 제안이다. 예를 들어 신제품 스테레오 세트 판매시 고객이 사용하기만 하면 레코드 앨범을 제공하고, 판매종결이 이루어지면 고급 헤드세트를 제공하는 방법이다.

분류	제안의 종류	내　　　용
선물 제안 **(Free Gift** **Offer)**	16. 연속 인센티브 제공 (Continuing Incentive Gifts)	이 방법은 연속적으로 인센티브를 제공함으로써 고객들을 다시 방문토록 하는 방법이다. 예를 들어 서점에서 보너스 쿠폰을 제공해 나중에 다른 책을 구매할 때 사용토록 하는 방법이다.
	17. 신비의 선물 제안 (Mystery Gift Offer)	신비의 선물 제안은 어떤 경우 특정상품을 제공하는 제안보다 효과적일 수도 있다. 상품의 소비자가를 기준으로 일정한 힌트를 주는 방법도 효과적인 경우가 많다.
기타 **무료** **제안** **(Other** **Free** **Offer)**	18. 무료 정보 (Free Information)	무료정보 제공 제안은 매우 값싼 제안이기는 하나 융통성이 크다. 정보 제공의 유형은 한 장짜리 간단한 카탈로그에서부터 시리즈 우편물까지 다양할 수 있다. 세일즈맨이 직접 전달하지 않는 정보라면 얼마든지 활용하라.
	19. 무료 카탈로그 (Free Catalog)	무료 카탈로그 제공 제안은 소비자 마케팅이나 비즈니스 마케팅 분야에서는 구매 가이드로서의 역할을 할 수도 있고 장래에 이루어질 구매에 참고 자료로서의 역할도 기대할 수 있다. 소비자 마케팅 분야에서는 우편료라든지 송금수수료 부담 없이 1년치 카탈로그 송부 명부록에 등재하는 방법들이 흔히 쓰인다.
	20. 무료 책자 (Free Booklet)	무료책자 송부제안은 특정 분야에 대한 전문지식이나 노하우를 전하는 데 매우 효과적인 방법이다. 상품이나 서비스에 대한 광고가 아니라 도움이 되는 기사나 논문을 게재한 무료 책자를 송부하는 방법이다. 예를 들어 '에너지 절약법', '품질 관리 시스템 개선을 위한 29가지 비책'과 같은 글을 게재하는 경우다.
	21. 무료 패키지 (Free Fact Kit)	때로는 이상적 패키지(Idea Kit) 제안이라도 불린다. 종합 홍보물을 하나의 패키지에 넣어 송부하는 방법으로서 보통 책자나 카탈로그, 안내문, 광고물 등을 넣는다.
	22. 세일즈맨을 보내다오 (Send Me A Salesman)	이 제안은 무료책자 송부제안이나 무료 패키지 송부 제안보다 구매확률이 높은 고객을 선정하게 된다는 장점이 있다. 이 제안에 반응을 보이는 고객들은 곧 주문하거나 진지하게 검토하고 있는 고객들이다.

분류	제안의 종류	내　　　　용
기타 무료 제안 (Other Free Offer)	23. 무료 시연 (Free Demon- stration)	기계장치와 같은 경우에 흔히 쓰이는 제안이다. 만약 대상 기계장치가 작은 것이라면 들고 가서 시연할 수도 있고 옮기기 곤란한 규모의 장비라면 전시장에 초청하거나 전람회 개최 같은 방법이 흔히 쓰인다.
	24. 무료 욕구조사 (Free Survey Of Your Needs)	화학제품이나 서비스의 경우 흔히 쓰인다. 세일즈맨이나 전문가가 무료 욕구조사를 실시해 이 결과를 거래처에 통보함으로써 자신의 상품이 그러한 욕구충족에 더할 나위 없는 제품임을 자연스럽게 깨닫게 하는 방법이다.
	25. 무료 원가분석 (Free Cost Estimate)	대규모 기계설비 세일즈의 경우에는 심층 연구조사 및 원가분석 후에 이뤄지기 마련이다. 무료 원가분석 제안은 그러한 대규모 기계설비 세일즈의 첫 걸음이 될 수 있다.
	26. 무료 식사 (Free Dinner)	이는 다이렉트 마케팅에 적합한 제안으로서 주방용품 판매와 같은 경우에 자주 쓰고 있는 방법이다. 레스토랑에서 식사를 제공하고 판촉설명회를 갖는 것이 보통이다.
	27. 무료 필름 제공 (Free Film Offer)	필름 현상소에서 흔히 쓰는 방법이다. 고객이 필름 한 통을 맡기면 새 필름 하나를 제공하거나 아예 처음부터 새 필름 한 통을 제공해 현상을 자신의 현상소에 맡기도록 유도하는 방법이다.
	28. 무료 사보 송부 (Free House Organ Subscription)	많은 기업체들은 고객과 잠재고객을 위한 사보를 제작한다. 유익한 정보나 소식을 실은 사보를 한두 번 무료로 보내거나 혹은 1년치를 보내는 방법도 좋다. 화장품회사의 사보 송부가 좋은 예다.
	29. 무료재능 테스트 (Free Talent Test)	가정학습 교육기관에서 널리 쓰이고 있는 방법이다. 작문이나 미술학원과 같은 곳에서 애용 가능. 이 경우 유의할 점은 판매의 사전활동으로서가 아니고 진정한 재능과 능력에 대한 평가가 이루어져야 한다는 점이다.
	30. 거래처 선물 배달서비스 (Gift Shipment Service)	우편주문에 의한 선물배달의 경우 크게 호응받는 방법이다. 선물 주문회사가 거래처 리스트와 함께 선물배달을 요청하면 추가비용 부담 없이 배달해 주는 방법이다.

분 류	제안의 종류	내　　　　용
할인 제안 **(Discount** **Offer)**	31. 현금할인 (Cash Discount)	할인방법의 가장 기본적 유형이다. 광고나 DM에 할인 쿠폰을 동봉해 송부할 때 가장 효과적이다. 그렇지만 할인폭만큼의 선물을 제공하는 제안보다는 효과가 떨어진다.
	32. 단기신청기간 제안 (short-Term Introductory Offer)	특정 기간을 정해 할인된 가격으로 신청자를 모집하는 방법. 〈월 스트리트 저널〉지가 10주의 기간을 정해 5.79달러의 특별가격으로 구독자를 모집한다든지 25센트에 30일 간의 상해보험을 모집하는 경우가 좋은 예다. 이 때 가장 중요한 점은 이 기간 중 모집한 고객을 평생고객으로 유치할 수 있도록 고객관리에 신경써야 한다는 점이다.
	33. 환불 쿠폰 발행 제안 (Refund Certificate)	달리 표현하면 이 방법은 할인유예 제도라고 할 수 있다. 호텔에 투숙하면 1만 원 환불 쿠폰을 발행해 1만 원에 해당하는 상품 4가지 중 하나를 선택케 하는 방법이다.
	34. 신규주문 할인 제안 (Introductory Order Discount)	신규고객에게만 할인해주는 제도. 이 경우 고정고객의 민원이 발생할 수 있다는 점이 단점이다.
	35. 단체할인 제안 (Trade Discount)	특정한 클럽이나 기관 또는 기업들에게만 할인해주는 제안이다.
	36. 선매할인 제안 (Early Bird Discount)	제철보다 앞서 물건을 구입할 경우 할인해주는 제도. 크리스마스 카드나 선물은 대부분 이 방법에 의해 주문받는다.
	37. 주문수량 할인 (Quantity Discount)	이는 수량이나 주문량에 의해 할인폭이 결정되는 제도. 잡지구독의 경우 장기 구독자에게 특별 할인요금을 적용한다. 예를 들어 2년치를 구독 신청할 경우 1회분 구독료를 원래보다 훨씬 싼 요금으로 제안한다.
	38. 차등할인 제도 (Sliding Scale Discount)	이 경우 할인폭은 주문일자나 주문량에 의해 결정된다. 예를 들어 1,000원어치 구매시 2% 할인, 1만 원어치 구매시 10% 할인과 같이 차등적으로 할인요금을 적용한다.

분 류	제안의 종류	내　　　　　용
할인 제안 **(Discount** **Offer)**	39. 특정상품 할인 제도 (Selected Discount)	일반적인 카탈로그 마케팅에서 흔히 볼 수 있는 방법으로 인쇄된 상품 중 특정 상품에는 특별한 할인요금을 적용하는 방법. 마케팅 책임자가 특별히 강조하고자 하는 상품을 눈에 띄게 할 수 있다는 장점이 있다.
세일 제안 **(Sale** **Offer)**	40. 계절 세일 (Seasonal Sale)	계절할인이란 크리스마스 맞이 세일이나 여름 바캉스 세일과 같은 바겐 세일을 말한다. 효과가 클 경우 매년 정기적으로 실시할 필요가 있다.
	41. 특수목적 세일 (Reason-Why Sale)	재고를 절감한다든지 창고재고를 소진시킬 목적으로 행하는 세일. 이와 같은 유형의 세일 목적을 얼마나 믿을 수 있게 설명하느냐가 관건.
	42. 상품가격 인상 통지 (Price Increase Notice)	기간 제한 세일과 비슷한 유형의 제안. 상품가격 인상통지 제안은 가격 인상 전까지 예전가격으로 구매할 수 있는 기회를 제공한다.
샘플 제안 **(Sample** **Offer)**	43. 우편경매 제도 (Auction-By- Mail)	판화와 같이 수량이 제한된 상품을 판매할 때 흔히 도입되는 제안. 소정의 경매신청서를 기재된 경매가격 중 가장 높은 가격을 제시한 고객에게 낙찰되게 하는 제도.
	44. 무료샘플 제공 (Free Samples)	해당 상품을 재료로 하거나 이용해 견본품을 만들어 무료 샘플을 제공하기 용이할 때 쓰이는 제안. 자동차회사가 같은 철강을 이용, 자동차 샘플을 제작해 무료 제공한다든지, 인쇄소에서 인쇄견본을 제작해 공급하는 경우다.
	45. 소액부과 샘플 제공 (Nominal Charge Sample)	견본을 500원짜리, 1,000원짜리, 2,000원짜리와 같이 여러 가지로 만들어 소액요금을 부과하고 견본을 제공하는 제안. 때에 따라서는 무료 샘플 제공 제안보다 효과적일 때가 있다. 장점은 상품의 가격설정에 도움이 되기도 하고 호기심으로 수집하는 제품수요를 막을 수 있다.
	46. 한시적 무료 증정 샘플제안 (Sample Offer With Tentative Commitment)	이 제안은 잡지사의 경우 무료 증정본을 제공하는 예와 같다. 고객이 무료 증정본을 한시적으로 받아보고 난 후 만족하지 못하면 주문을 취소해 청구서와 함께 상품을 돌려보낼 수 있다. 법적인 문제를 면밀히 검토해야 할듯.

분류	제안의 종류	내용
샘플 제안 (Sample Offer)	47. 필요수량 샘플 제공 (Quantity Sample Offer)	뉴스레터 등에 쓰이는 특수한 제안. 교육적 효과가 큰 뉴스레터를 발간할 경우 거래처에 몇 부를 송부할 것인지 필요수량을 파악한 후 이를 송부하는 제안.
	48. 무료교습기간 (Free Sample Lesson)	가정학습 교육기관에서는 흔히 쓰는 제안. 무료교습시간을 통해 본 과정의 주안점과 내용을 소개한다.
시간 제한 제안 (Time Limit Offer)	49. 신청기간제한 (Limited Time Offer)	신청기간에 제한을 두어 의사결정을 촉진하고 고객들의 망설임을 배제하는 제안. "이 제안은 10일 동안 적용됩니다"라고 하기보다는 "11월 20일에 마감됩니다"라고 하는 것이 좀더 효과적이다.
	50. 등록기간 (Enrollment Periods)	학원 수강신청의 경우에 흔히 쓰인다. 등록기한을 두어 일시에 재적인원을 모집하는 데 효과가 있다. 한꺼번에 신청을 받음으로써 비용절감 효과를 노리고, 이 효과가 고객에게 돌아가도록 유도해야 한다.
	51. 출판 전 주문 제도 (Pre-Publication Offer)	전통 있고 오래 된 출판사의 경우 신간서적 발간 이전에 특별 할인요금으로 주문을 받는 제안이다. 출판물량을 합리적으로 결정하는 데 크게 효과가 있다.
	52. 창립회원 제안 〔Charter Membership (or Subscription) Offer〕	새로운 클럽 회원모집, 출판물 신청 및 기타 가입신청 등에 쓰이는 제안. 창립회원 특별가격, 특별선물 또는 인센티브 등이 제공된다. 특전을 남보다 먼저 적용받고자 하는 고객들의 욕구에 부합된다.
	53. 한정생산 제안 (Limited Edition Offer)	기념주화, 예술품 등 수집가들의 흥미를 자아내는 상품의 경우 효과적인 제안. 비교적 최근에 생긴 직접반응 제안이다.
보증 제안 (Guarantee Offer)	54. 등록유예 제안 (Extended Guarantee)	등록유예 제안은 고객의 등록을 1년 후까지 유예해주는 제안이다. 또는 잡지사의 경우 경과되지 않은 구독료를 언제든지 환불해주는 제안이다.
	55. 2배 손해배상 제안 (Double-Your-Money-Bank Guarantee)	2배 손해배상 제안은 상품에 대한 자신감을 드높일 수 있다는 장점이 있다. 이 제안의 가장 커다란 장점은 광고에 이를 도입할 경우 훨씬 효과가 크다는 점이다.

분류	제안의 종류	내　　　　　용
보증 제안 (Guarantee Offer)	56. 환매보증 약속 제안 (Guarantee Buy-Bank Agreement)	반환기한 연장 제안과 비슷한 제안. 이 제안은 기념주화나 예술품 등에 흔히 쓰이는 한정 생산제안과 연계해 주로 쓰인다. 상품의 액면가를 보장하기 위해 5년 이내에는 언제라도 환매할 것임을 보장한다.
	57. 가입보장 제안 (Guaranteed Acceptance Offer)	보험사에서 주로 쓰이는 제안이다. 보험사의 경우 별도의 건강진단이나 보험인수 절차 없이 누구나 가입할 수 있도록 하는 제안. 건강에 문제가 있는 고객이나 자격에 하자 있는 고객에게는 크게 소구할 수 있다.
판매 증진 제안 (Build-Up-The Sales Offer)	58. 다수상품 안내 제안 (Multi-Product Offer)	같은 광고나 우편물에 2종 이상의 상품을 안내하는 방법. 이 제안을 널리 도입하고 있는 매체는 카탈로그인데 한 카탈로그에는 100개가 훨씬 넘는 상품이 안내되는 것이 보통이다.
	59. 편승식 제안 (Piggyback Offer)	다수상품 안내 제안과 비슷하나 다른 점은 하나의 상품을 유독 강조한다는 점이다. 다른 상품들은 부차적인 구매를 겨냥해 편승식 판매가 이루어지도록 한다.
	60. 고급상품 개발 제안 (The Deluxe Offer)	출판사에 경우 보통 장정의 책자와 고급 장정의 책자를 발간해 보통 장정의 책자 가격보다 10% 더 비싸게 판매하는 방법이다. 고객들로 하여금 고급제품의 선택폭을 넓혔다는 장점이 있다.
	61. 3단계 제안 (Good-Better-Best Offer)	이 방법은 상품의 질을 3단계로 분류해 고객이 선택하게 하는 방법이다. 조폐공사에서 기념주화를 제작해 공급할 때 동화, 은화, 금화의 3가지 선택을 주는 방법이다.
	62. 파생판촉 제안 (Add-On Offer)	해당 상품과 관련한 저가품의 경우에는 충동구매가 일어나게 마련이다. 예를 들어 4만 원짜리 고급 가죽지갑을 판매할 경우 2,000원짜리 열쇠고리를 손쉽게 팔 수 있다.
	63. 티켓 증정 제안 (Write-Your-Own-Ticket Offer)	잡지사의 경우 이 방법을 이용해 커다란 성공을 거둔 바 있다. 예를 들어 5만 원에 50주를 구독할 수 있는 주간지가 있다면 매주 1,000원꼴이다. 이때 가입자에게 1,000원짜리 티켓을 주어 추가 구독을 유발하는 방법이다.

분 류	제안의 종류	내　　　용
판매 증진 제안 (Build-Up-The Sales Offer)	64. 탄력적 제안 (Bounce-Back Offer)	이 방법은 원래의 상품판매와 관련해 그 상품의 탁송이나 청구서 발송시 다른 상품을 안내해 탄력적 구매를 유도하는 방법이다.
	65. 판매배가 및 기간연장 제안 (Increase and Extension Offer)	이 방법은 원래의 상품판매와 관련해 계속적인 서비스를 통해 판매증진을 꾀하는 방법이다. 잡지사의 경우 가입자에게 미리 구독기간 연장신청을 받는다든지 보험사에서 고가상품을 추가 판매하는 경우가 좋은 예다.
추첨식 제안 (Sweep-Stakes Offer)	66. 제비뽑기식 제안 (Drawing Type Sweepstake)	대부분의 추첨식제안은 이 방법에 의한다. 고객은 뽑힐 확률이 1회 또는 그 이상이며 당첨자들은 반드시 제비뽑기식으로 결정된다.
	67. 행운의 번호 추첨 (Lucky Number Sweepstakes)	사전에 당첨번호를 정하고 난 후 광고를 실시하거나 우편물을 발송한다. 광고문안은 "당신은 이미 행운의 번호에 당첨되었습니다"라고 하고 요구되지도 않은 상품을 걸고 추첨을 실시한다.
	68. 만인당첨 추첨 ("Everybody Wins" Sweepstakes)	지금은 거의 쓰이지 않지만, 처음에 소개되었을 때에는 대단한 인기를 모은 방법이다. 상품 내용은 아주 값싸고 보잘것 없는 것으로 정하고 참여한 사람 모두가 당첨되게 하는 방법이다.
	69. 당첨 번호 찾기 (Involvement Sweepstakes)	고객에게 수수께끼 봉투를 뜯게 한 다음 어떤 게임을 하게 하거나 자신의 번호와 당첨번호를 맞추게 해 1등상을 찾게 하는 방법이다. 최근에 나온 엑스포 복권이나 기술 복권과 같은 방법이다. 당첨 번호 찾기 방법은 매우 재미 있고 효과적인 방법이다.
	70. 재능겨루기 (Talent contest)	엄밀히 말하자면 추첨식 제안은 아니지만 어떤 경우에는 매우 효과적인 방법이 될 수 있다. 가정학습 예능교육학원과 같은 곳에서 퍼즐게임을 풀게 하여, 이 중에서 추첨을 통해 장학금을 지급하는 방법이 좋은 예다.
회원가입 및 기한의 이익관련 제안 (Club & Continuity Offer)	71. 적극 가입의사 표명 (Positive Option)	회원제의 경우 매월 가입회원을 통보한다고 할 때 가입신청서를 송부하는 행위와 같이 가입예정자의 적극가입의사표명이 있어야 가입되는 방법.
	72. 소극 가입의사 표명 (Negative Option)	적극 가입의사표명 제도에서처럼 미리 가입회원이 선정되어 통보되는 것은 동일하다. 다만 소극 가입의사 표명 제안에서는 거절신청서가 접수되지 않는 한 회원에 계속 가입된다는 점이 다르다.

분 류	제안의 종류	내　　　　　용
회원가입 및 기한의 이익관련 제안 (Club & Continuity Offer)	73. 자동송부 승인제안 (Automatic Shipments)	이 제안은 가입회원 선정 통보절차가 필요 없는 제안이다. 신청만 하면 별도의 중지 요청이 있기 전에는 자동적으로 가입되는 제도다. 그래서 때로는 승인제안이라고도 한다.
	74. 중첩승인 제안 (Continuity Load-Up Offer)	전집으로 된 책자 판매의 경우 흔히 쓰이는 제안이다. 예를 들어 20권으로 된 백과사전 판매의 경우 첫 달에 제1권은 무료로 송부하고 이어지는 두 달 동안 제2권, 제3권을 유료로 송부하고 난 후 나머지를 한꺼번에 보내는 방법이다. 물론 대금은 월부금 형식으로 지불하게 된다.
	75. 기한 지정부 사전판매 (Front-End Load-Ups)	음반이나 서적 판매의 경우 흔히 쓰이는 제안. 이 제안은 장래의 특정 기간 동안 소정가격으로 최소한의 주문을 약속하고 현재는 매력적인 가격으로 물건을 주문하는 제도다. 예를 들어 단돈 1,000원에 음반 4장을 주문하고 내년에 정상요금으로 추가 음반 4장을 구매하기로 약속하는 제도다. 이는 잠재고객으로 하여금 강하게 요구하는 방법으로 유용한데, 추가 주문기한이 특정을 가지고 있다.
	76. 기한 미지정부 사전판매 (Open-Ended Commitment)	기한 지정부 사전판매와 비슷하다. 다만 추가 주문 기한이 미지정되어 있다는 점이 다르다.
	77. 무단서 제안 ("No Strings Attached" Commitment)	75번, 76번 제안과 전반적으로 비슷하나 장래의 추가 주문기한이 있어 좀더 융통성이 있다는 점이 다르다. 판매자가 장래구매에 대해 일종의 도박을 하는 형식인데 고객들이 반드시 장래에 구매에 흥미를 느낄 것이라는 확신이 깔려 있다.
	78. 평생 회원 (Lifetime Membership Fee)	단 1회의 가입회비만 내고 매월 회원 혜택을 받는 방법이다. 회원은 적극 가입의사 표명방식을 통해 가입된다.
	79. 연 회원 (Annual Membership Fee)	연회비 방식으로 회원을 모집하는 방법이다. 대부분의 여행클럽이 이에 해당되는데, 연회비만 내면 여행사고 보험을 포함한 제반 특전이 주어지게 된다. 최근에는 자금조성을 위한 회원제에 널리 이용되고 있으며 가입의 선택 범위를 넓히는 데 이용하면 효과적이다.

분류	제안의 종류	내　　　　용
회원가입 및 기한의 이익관련 제안 (Club & Continuity Offer)	80. 독지가 제안 (The Philanthropic Privilege)	모든 자금조성 제안이 여기에 해당된다. 자금을 기부하는 사람들은 유형의 반대급부를 기대할 수 없고, 다만 세상을 좀더 살기 좋은 곳으로 만드는 데 일조할 따름이다. 따라서 때로는 어떤 스티커나 회원 카드 또는 감사의 징표를 주는 경우가 많다.
	81. 백지수표 제안 (Blank Check Offer)	'맥거번 자금조성 캠페인'에서 처음 소개된 방법이다. 후원자들은 백지수표에 기부금액과 날짜를 기재한 후 월부금 형식으로 현금청구를 받게 된다. 이 제안은 후에 신용카드 이용자에게도 확대되었다.
	82. 시사료 지불 제안 (Executive Preview Charge)	교육용 비디오 테이프와 같은 상품 판매에 유용한 제안. 해당상품의 시사료 명목으로 500원을 지불하기도 하고 나중에 구매자가 구매나 임대를 결정하면 시사료를 돌려주는 방법이다.
	83. 가부택일 제안 (Yes/No Offer)	잠재고객으로 하여금 가부간의 결정을 내리도록 요청하는 방법. 대부분의 경우 부정적인 반응은 적게 마련이다. 결정을 촉구함으로써 긍정적인 반응을 많이 이끌어내는 취지다.
	84. 자기등급 선정 제안 (Self-Qualification Offer)	잠재고객에게 상품에 대한 관심의 정도를 알아볼 수 있는 여러 가지 선택을 하게 함으로써 이에 맞는 서비스를 제공하는 방법. 예를 들어 안내책자를 보내준다든지 무료시연을 시켜준다든지 하는 방법이 있다. 만약 무료시연을 택하는 사람들은 즉각적인 반응을 얻을 수 있는 유망한 잠재고객들이다.
	85. 독점권 인정 제안 (Executive Rights For Your Trading Area)	경쟁관계에 있는 기업을 대상으로 비즈니스 서비스를 할 경우에 적합한 제안. 두 기업이 경쟁관계에 있다면 먼저 신청한 기업에게 독점권을 인정하는 방법이다.
	86. 도전적 제안 (The Super Dramatic Offer)	도전적 제안은 때에 따라서는 효과가 매우 크다. 제안 내용은 매우 도전적인 카피를 구사하는데 예를 들면 다음과 같다. "저희 파이프 담뱃대로 30일만 담배를 태우십시오. 만족하실 것입니다. 만약 그렇지 않다면 망치로 부수어 그 조각을 저희에게 돌려주셔도 좋습니다."

분 류	제안의 종류	내　　　용
회원가입 및 기한의 이익관련 제안 (Club & Continuity Offer)	87. 중고품 가격 인정제안 (Trade-In Offer)	중고품 가격을 일정 부분 인정해주는 제안이다. 최근 가전제품시장에서 크게 호응을 얻었던 제안으로서, 예를 들어 중고 냉장고 값을 3만 원으로 인정하는 바와 같다.
	88. 제3자 명의 이용 제안 (Third Party Referral Offer)	다른 기업체의 고객 리스트를 사거나 임대하는 대신, 그 기업체의 명의로 우리 상품이나 서비스를 안내하게 함으로써 그간의 공신력과 친밀감을 이용해 반응률을 높일 수 있는 방법.
	89. 회원추천제도 제안 (Member-Get- A-Member Offer)	기존 고객의 친구나 친지를 추천토록 유도함으로써 신규고객을 창출하는 프로그램. 서적판매나 레코드 앨범 판매에서 흔히 사용하는 방법인데, 보통 소정의 무료선물을 증정하는 것이 키포인트.
	90. 명부수집 제안 (Name-Getter Offer)	흔히 잠재고객 리스트를 만들고자 도입하는 제안이다. 원가에도 미치지 못하는 매우 저렴한 가격으로 간단한 선물을 제공하는 것이 보통이다.
	91. 추가구매 유도 제안 (Purchase- With-Purchase)	화장품회사나 백화점에서 널리 도입하고 있는 제안. 정규구매가 이루어질 때 추가로 매력적인 선물 세트를 선보이면서 특별가격을 제안한다.
	92. 청구지역 제안 (Delayed Billing Offer)	"지금 주문하십시오. 대금지불은 한 달 후에 하시면 됩니다"라고 하는 제안. 휴가철에 매우 유용하기 마련이다. 왜냐하면 다른 데 돈 쓸 일이 많기 때문이다.
	93. 가격인하 제안 (Reduced Down Payment)	일련의 우편물 발송에 의한 판매시 자주 이용하는 제안. 처음 보낸 우편물에 별다른 반응을 보이지 않을 때 가격을 인하함으로써 구매를 촉진하는 방법이다.
	94. 염가상품 제안 (Stripped- Down Product)	이 제안 역시 일련의 우편물 발송에 의한 판매시 사용되는 제안이다. 예를 들어 학원의 경우, 잠재고객들이 전과정 수강신청에 별다른 반응을 보이지 않을 때 첫 과정 수강료를 파격적으로 인하해 수강신청하도록 유도할 수 있을 것이다.
	95. 비밀 보너스 선물 (Secret Bonus Gift)	TV 광고와 함께 도입되는 것이 보통이다. 우편물이나 광고물에서는 전혀 언급되지 않은 비밀 선물을 TV 광고에서는 보너스 선물을 준다고 홍보하는 방법이다. 예를 들어 레코드 회사의 경우 주문서의 비밀의 골드박스에 앨범 번호를 적어보내면 보너스 레코드판을 제공한다고 하는 방법이다.

분 류	제안의 종류	내 용
회원가입 및 기한의 이익관련 제안 (Club & Continuity Offer)	96. 속성 서비스 제안 (Rush Shipping Service)	계절 상품이나 필름 현상소 같은 곳에서 흔히 쓰이는 제안. 때에 따라서는 속성 서비스료를 부과하는 경우도 있다.
	97. 경쟁적 제안 (The Com- petitive Offer)	경쟁관계에 있는 회사들 간에 쓰이는 제안으로서 매우 강력하고 직접적인 방법. 예를 들어 다이너스 클럽 카드가 아메리칸 익스프레스 카드 소지자에게 자사회원으로 가입하면 5달러를 지불하겠다고 한 제안. 우리나라에서는 공정거래법을 고려해야 할 듯.
	98. 소액 지불 제안 (The Nominal Reimbursement Offer)	설문조사 방법에서 주로 쓰이는 제안. 설문지를 모두 응답하고 난 후 돌려보내주면 소정금액을 감사 표시로 지불하는 제안이다.
	99. 선물가치 형성 제안 (Establish-the- Value Offer)	만약 누구나 갖고 싶어하는 매력적인 무료 증정선물을 고객들에게 줌으로써 인기를 끌고 있다면, 고객의 친구나 친지에게 줄 수 있도록 소정가격으로 판매해 선물가치를 깨닫게 함으로써 신뢰감을 형성하는 방법이다.
	100. 지속적인 유대 관계형성 제안 (The Perpetual Offer)	비즈니스 거래에 있어 지속적으로 유대관계를 돈독히 하기 위해서는 해당기업이 거래담당자와 긴밀한 관계를 형성할 필요가 있다. 따라서 담당자에게 개인적인 선물을 줌으로써 친근감과 유대감을 형성할 수 있는 방법을 강구해야 할 것이다.

자료 : Goldberg, Bernard A., and Emerick, Tracy, Business to Business Direct Marketing. Yardley, PA : Direct Marketing Publishers.

고객 데이터베이스 활용 전략

데이터베이스란 "data, record의 집합체로서 이러한 데이터를 가장 적절하고 정확하게 검색하거나 조작할 수 있도록 하며, 다양한 용도로 사용할 수 있도록 상호 관계하는 Data의 포괄적인 집적"을 말한다. 이와 유사한 것으로는 리스트, 파일(File), 데이터 뱅크(Data Bank) 등이 있으며 이것은 데이터베이스와 확실히 구분해 사용해야 한다.

❑ 데이터베이스와 유사한 용어

- 리스트 → 성명, 주소, 전화번호 등 데이터를 나타내는 것
- 파일 → 계약사항 등 단일 유형의 데이터만 모아놓은 것
- 데이터 뱅크 → 다수의 파일 데이터가 모여 있는 것
- 상기 데이터는 서로 관련 없이 단순히 모아져 있는 것

즉 데이터베이스의 생명은 각 Data, Record가 일정한 관계를 형성해 Relational File 또는 Sheet로 구성되어 있다는 것이다. 이를 바탕으로 End-User의 요구에 즉각적이고 유연하게 대처할 수

〈그림 2-4〉 10년 단위의 마케팅 변화

|10년 단위의 마케팅 변화|

연대	사회정세	소비환경	마케팅	마케팅 개념
1960	고도성장기	동질욕구	Mass	대량생산 대량판매
1970	안정성장기	이질욕구	타깃	Needs와 Wants
1980	성숙기	개성욕구	Niche	Service appeal
1990	초성숙기	부가가치	Indivisual	커뮤니케이션

|마케팅의 Back to the Future|

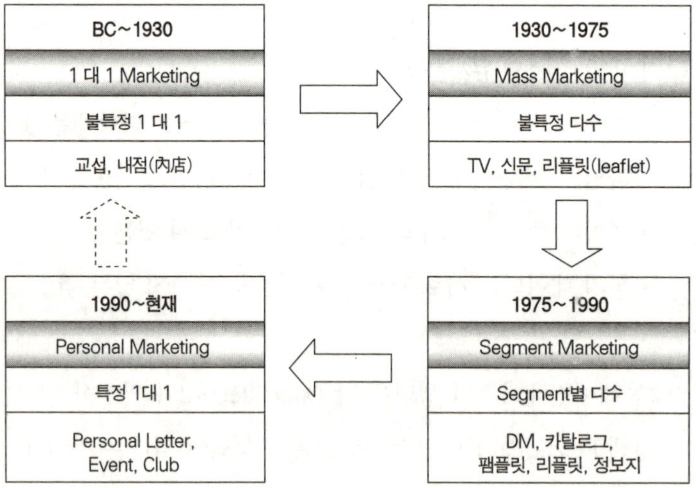

있는 시스템으로 구축되어야 한다.

결국 이러한 System이 마케팅에 도입되면서 전통적인 마케팅 기법에 큰 변화가 나타났다. 그 때부터 데이터베이스 마케팅, Customer Relationship 마케팅, Individual 마케팅, Personal 마케팅 등이 가능하게 되었으며 이러한 마케팅 용어가 사용되기 시작했다(〈그림 2-4〉 참조).

1. 데이터베이스의 사용 목적 및 역할

데이터베이스를 사용하기 위해서는 그것을 가지고 무엇을 할 것인지는 뚜렷한 목적이 있어야 한다. 그러므로 정확하고 확실한 목적을 가지고 확보된 데이터베이스를 관찰하고 분석해야 가장 적합한 방법으로 활용할 수 있으며 지속적으로 데이터베이스를 업데이트 및 업그레이드해 살아 있는 정보를 보유한 데이터베이스로 유지할 수 있는 것이다.

고객 데이터베이스의 기본적인 사용 목적은 마케팅 전략 수립과 상품을 개발하기 위한 것이며, 이러한 전략 수립 및 개발이 단순한 목적이 아니라 고객과의 커뮤니케이션을 통한 고객의 수준에 가장 적합한 마케팅 전략 및 상품을 개발해 Customer Relationship을 성숙시켜 요즘 말하는 Customer Relationship 마케팅, Indivisual 마케팅(=Personal Marketing)을 실시하고자 하는 것이 더 큰 목적이다. 이러한 마케팅 전략은 데이터베이스를 전제하지 않고는 행할 수 없는 전략으로서 살아 있는 정보가 담겨진 데이터베이스가 전략 성공의 main key 역할을 하고 있다.

❑ 데이터베이스의 기본적인 사용 목적
  • 마케팅 전략 수립
  • 상품 기획 및 개발
  • 〈표 2-1〉 참조

• 우수고객이 누구인가를 확인한다.
• 신규고객을 개척한다.
• 고객의 상품 사용 상황에 적합한 메시지를 전달한다.
• 고객의 상품 구입의사를 촉진시킨다.
• 관련 상품과 보완 상품을 추천·장려한다.
• 고객의 계층 분화하고, 각 계층에 맞는 정보를 전달한다.
• 판매 촉진 활동의 구조를 개선한다.
• 마케팅 구조를 개선한다.
• 채널별 활동의 효율성을 강화한다.
• 브랜드 이미지를 유지한다.
• 경영자원 확립을 촉구한다.
• 경쟁 기업이 알지 못하는 방법으로 정보를 전달한다.
• 각종 마케팅 조사를 추진하게 한다.
• 고객 개개인에게 맞는 정보를 제공한다.
• 마케팅 활동의 상호 작용을 강화하고 통합화를 촉구한다.

R. Jackson & P. Wang, *Strategic Database Marketing*(1995)

방카슈랑스의 경우에는 사전에 은행의 고객 데이터베이스를 확보해 활용한다는 전제 하에 시행하는 경우가 대부분이다. 따라서 다른 분야의 데이터베이스 마케팅 전략보다 데이터베이스에 대한 의존도가 높으며 방카슈랑스의 성공 여부는 어떻게 데이터베이스를 확보하고, 얼마나 정확하고 다양한 데이터 및 정보를 획득하고 그것을 어떻게 분석·평가 활용하느냐에 따라 결정된다.

즉 은행의 고객 데이터베이스를 보험사에서 적극적으로 활용할 수 있도록 시스템 구축 방향을 설정하고, 그것을 은행과의 업무 제휴의 첫번째 전제 조건으로 삼아야 한다. 가장 최근까지 지속적으로 정보를 업데이트하고 있는 은행을 선정해야 할 것이다.

뿐만 아니라 고객 데이터베이스의 Field를 단순히 은행이 보유하고 있는 데이터베이스의 Field에(〈그림 2-6〉 참조) 국한하지 말고 고객의 속성을 분석할 수 있는 자료를 1차 가공해 데이터베이스의 Field로 변환시켜 고객 데이터베이스를 구축하는 조건을 사전에 제휴 은행과 협상해야 한다.

그러므로 방카슈랑스를 위한 제휴 은행 선정시 데이터베이스에 대한 조건은 아주 중요한 우선적 협상 조건으로 상정해야 하며, 제휴 은행과 협상시 방카슈랑스를 통해 은행이 메리트(Merit)를 가질 수 있는 반대 급부를 제시하면, 결국 은행도 방카슈랑스의 성공을 위해 데이터베이스에 대한 조건을 수락하게 될 것이다.

❏ 은행 예금 가입시 요구하는 Field

- 성명, 주민등록번호, 생일
- 자택 주소, 전화번호, 휴대전화 번호, e-메일

〈그림 2-5〉 국민은행 예금 계좌 신규 개설 신청서

국민은행 http://www.kookminbank.com

예금/신탁거래 국민카드발급 신청서

국민카드 MasterCard VISA Mondex http://www.kookmincard.co.kr

저축종류		계좌번호		에서전입

◎ 아래의 (　) 안에 기재하시고, 해당번호에 V표 하여 주십시오.　◈ 타익신탁은 뒷면 기재란에 기재하여 주십시오.

성 명 (업체명)		주민(사업자) 등록번호	— 실제생일 : 년 월 일(양, 음)	인감/서명
영문성명		결혼여부	1. 기혼(기념일 : 년 월 일) 2. 미혼 3. 기타( )	
현주소 (소재지)	우편번호 —		☎ / H.P	
직장주소	우편번호 —		☎ / FAX	비밀번호
직장명		부서명	e-Mail	

우편수령처	1. 자택 2. 직장 3. 원치않음 / 전화금지 1. 자택 2. 직장 3. 모두금지 / 주거구분 1. 본인명의 2. 가족명의 3. 전(월)세 4. 기타
연소득	1. 이천만원미만 2. 이천만원이상 3. 삼천만원이상 4. 오천만원이상 5. 칠천만원이상
취미	1. 등산 2. 낚시 3. 바둑 4. 여행 5. 독서 6. 기타스포츠 7. 골프 8. 수집 9. 사진촬영 10. 꽃꽂이 11. 스포츠관람 12. 영화감상 13. 음악감상 14. 연극감상 15. 기타 ( )
직업(업종) 근로소득자	101. 회사원 102. 공무원 103. 군인(군무원) 104. 교직원 105. 금융 106. 의료 107. 공공기관 108. 언론사
자영업	201. 도소매업 202. 제조업 203. 요식업 204. 운수업 205. 무역업 206. 자유업종사자 207. 기타자영업
전문직	301. 교수 302. 약사 303. (한)의사 304. 변호사(판검사) 305. 건축사 306. 회계/세무사 307. 기타전문직
기타	401. 학생 402. 주부 403. 농수임광업종사자 404. 외국인 405. 연금수령자 406. 기타 407. 무직
금액 (월부금)	원 / 계약기간 년 월 일 / 과세구분 ( ) 세금우대를 원함 ( ) 비과세 생계형 저축을 원함

변경인감/서명 년 월 일

변경비밀번호 년 월 일

직불카드 발급을 신청하며, 직불카드 및 동약관을 수령함.

◎ 본인은 예금거래기본약관, 해당예금(신탁) 약관, 기타 거래신청에 대한 해당거래약관이 적용됨을 승인하고 위와같이 신청합니다.　성명 : 인 서명

국민카드신청

카드종류	국민, 마스타, 비자 Free-Pass, 몬덱스	결제계좌								
결제일	1	5	7	9	12	16	18	20	23	27
가족회원 성명										
주민등록번호	—									
영문성명										

카드번호	
본인	— — —
가족	— — —

• 신용카드규약 및 Free-Pass카드, 몬덱스전자화폐 회원규약(제휴카드특약 포함)을 수령 · 승인하고 뒷면의 「개인신용정보의 제공 · 활용」에 동의합니다.

신청인

• 위의 카드를 수령하였음

수령인

실명증표란

자격		발급기준	본인	신규	재발	즉발	사진
인자	GP, GPI, GPS, DW		가족	신규	재발	즉발	사진
제휴	□□□ 관리번호						

권유자	
실명확인자	인
실명거래 이행확인	인

대한민국정부 인지세 300원 광화문세무서 인쇄승인 제95-7호

계장	대리(과장)	차장	부점장

• 직장 주소, 전화번호, FAX, 직업, 근무처

• 주거 소유, 우편물 수령처

• 결혼 여부, 결혼기념일

• 수입(연간 소득), 취미

• 〈그림 2-5〉 참조

그러나 사실 우리나라 은행의 경우에는 아직까지도 신규고객은 물론 기존 고객에 대해서도 DM 또는 콜센터 등을 이용한 고객관리가 최소한으로 실시되고 있다. 따라서 단순히 은행 예금계좌 개설시의 정보만으로는 인구통계적인 데이터만 획득할 수 있을 것이다.

그러므로 은행의 고객 데이터베이스는 획득하는 것이 중요한 것만이 아니라 방카슈랑스에서 목표하고 있는 것을 달성하기 위해 고객 정보가 정확하고 우수해야 한다. 또한 은행으로부터 취득 가능한 고객 속성을 분석할 수 있는 다양한 정보가 최대한 집적되어 있어야 한다.

즉 고객 데이터베이스는 양보다 고객과 커뮤니케이션을 할 수 있는 Data의 질이 더 중요하다. 정보가 정확하지 않은 몇백만 건의 Data보다 정보가 정확하고 다양한 몇만 건의 데이터가 우리에게는 더욱 필요하고 중요한 것이다.

예금은 별도의 심사가 필요 없으므로 예금 가입에 필요한 최소한의 정보만 기재하도록 요구하고 있으며, 타 은행의 예금신청서도 이와 비슷하다.

이렇게 획득한 은행의 고객 데이터베이스는 고객의 등급 및 속성, 이력(履歷), Life Stage, 구매 상품, 가입 채널 등을 분석·평가해 판매하고자 하는 마켓을 파악하고 가장 적합한 방카슈랑스 상품을 기획·개발해 판매 채널 선정 및 판매 방법, 판촉 전략 수립 등과 같은 마케팅 전략 수립의 기초를 마련해야 한다.

즉 고객 데이터베이스는 분석·평가한 정보를 통해 초기 위에서 설명한 기초적인 마케팅 전략을 수립하는 데 국한되지만 추후 고객과의 지속적인 1 대 1 커뮤니케이션을 통한 고객정보를 추가할 뿐 아니라 고객관계를 형성해야 한다. 따라서 방카슈랑스 상품판매는 지점 내의 단순한 보험판매가 아니라 목표된 가망고객을 대상으로 고객 개개인의 욕구를 충족시킬 수 있는 Customer Relationship 마케팅, 즉 Individual 마케팅(=Personal 마케팅)이 가능하도록 기획되어야 한다.

❑ 방카슈랑스에서 데이터베이스의 일반적인 역할
- 방카슈랑스의 마켓의 분석
- 방카슈랑스 상품 기획 및 개발
- 방카슈랑스 마케팅 전략 수립
- 〈표 2-2〉 참조

궁극적으로는 Individual 마케팅을 가능토록 하는 역할

2. 데이터베이스 구축 및 업그레이드

데이터베이스 마케팅의 데이터베이스는 국제기준 3원칙을 무시한 채 임시 변통적으로 구성해서는 안 될 것이다.

즉 RDB(Relational 데이터베이스)로 구축해야 하며, 즉시성이 실현되어야 하고 유연성을 지녀야 한다는 3원칙을 반드시 반영해야만

〈표 2-2〉 데이터베이스의 전략적 활용 프로세스

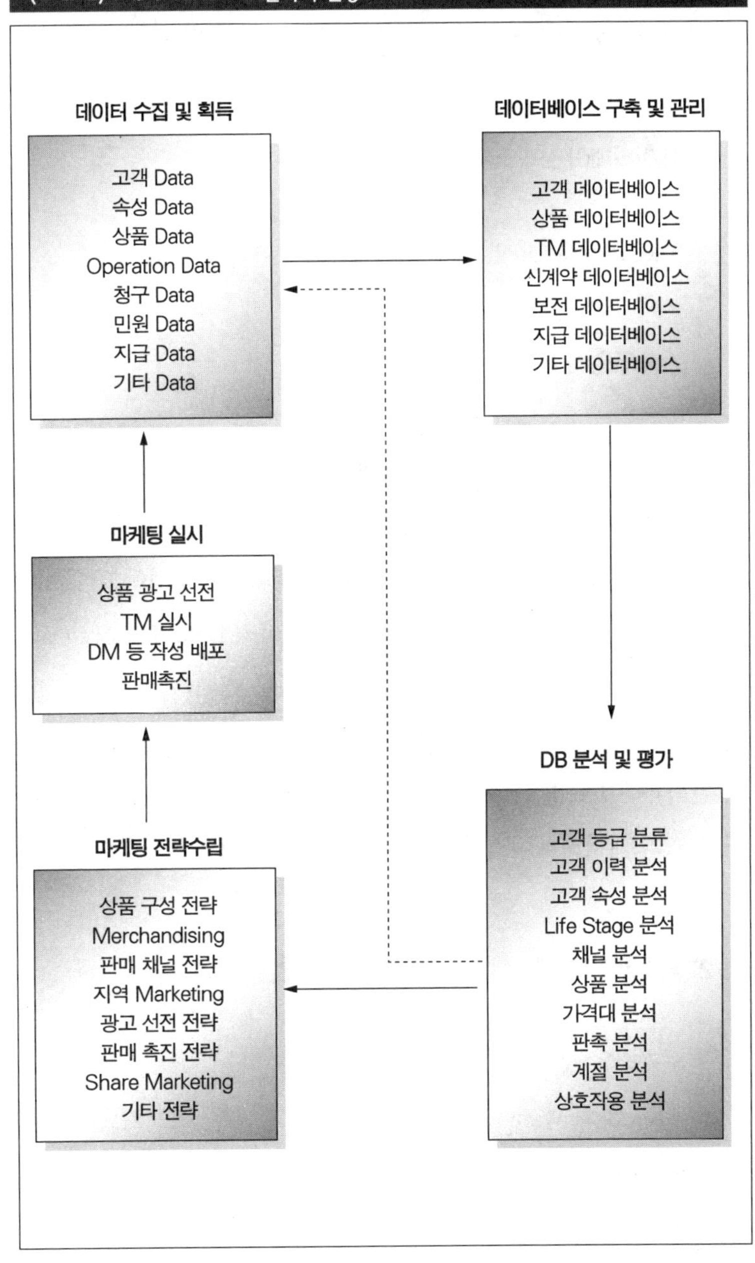
데이터 수집 및 획득
고객 Data
속성 Data
상품 Data
Operation Data
청구 Data
민원 Data
지급 Data
기타 Data

데이터베이스 구축 및 관리
고객 데이터베이스
상품 데이터베이스
TM 데이터베이스
신계약 데이터베이스
보전 데이터베이스
지급 데이터베이스
기타 데이터베이스

마케팅 실시
상품 광고 선전
TM 실시
DM 등 작성 배포
판매촉진

DB 분석 및 평가
고객 등급 분류
고객 이력 분석
고객 속성 분석
Life Stage 분석
채널 분석
상품 분석
가격대 분석
판촉 분석
계절 분석
상호작용 분석

마케팅 전략수립
상품 구성 전략
Merchandising
판매 채널 전략
지역 Marketing
광고 선전 전략
판매 촉진 전략
Share Marketing
기타 전략

방카슈랑스의 목적을 달성할 수 있을 것이며, 사장(死藏)되지 않고 지속적으로 업그레이드되어 살아 있는 정보를 집적하게 된다.

1) 데이터베이스의 국제 기준 3원칙

- RDB(Relational 데이터베이스)로 구축해야 한다
- 즉시성이 실현되어야 한다
- 유연성을 지녀야 한다

일반적으로 데이터베이스 마케팅을 위한 Customer 데이터베이스는 최소한 고객 속성, Needs와 Wants의 분석, 구매 History, 마케팅 활동의 측정을 위한 4가지 요소를 기본적으로 구성하고 있어야 한다. 이러한 Data는 인구통계적 Data, 심리적 Data, History Data, 채널 Data 등과 같이 4가지로 분류할 수 있을 것이다.

또한 데이터베이스는 통합형 데이터베이스 시스템으로 구축해야 한다. 즉 Intelligence System과 Communication System이 통합된 구조의 데이터베이스 형태로 구축되어야 한다.

2) 훌륭한 고객 데이터베이스의 일반적인 조건

- 고객 속성
- Needs와 Wants의 분석
- 구매 History
- 마케팅 활동의 측정

3) 데이터베이스에 집적하는 Data 분류

- 인구 통계적(Demographics) Data
- 심리적(Psychographics) Data
- History Data
- 채널 Data
- 〈표 2-3〉 참조

4) 통합형 데이터베이스 시스템의 기본 구조

❏ Intelligentce System
- 마케팅 스태프(Staff)용 시스템
- 판매촉진 효과의 추적 및 분석
- 마케팅 Research, 마케팅 Segment

❏ 커뮤니케이션 시스템
- 1 대 1 커뮤니케이션 시스템
- Relationship Upgrade System

지금 현재의 은행 고객 데이터베이스는 주로 상품 위주로 구성되어 있다. 고객을 기준으로 데이터베이스를 구축해 사용하는 곳은 많지 않을 것이다.

그러므로 우선적으로 전형적인 고객 Profile을 반영한 '고객 중심 데이터베이스'를 구축해야만 고객 Profile에 따른 정확한 분석이

〈표 2-3〉 데이터베이스에 집적하는 DATA 분류

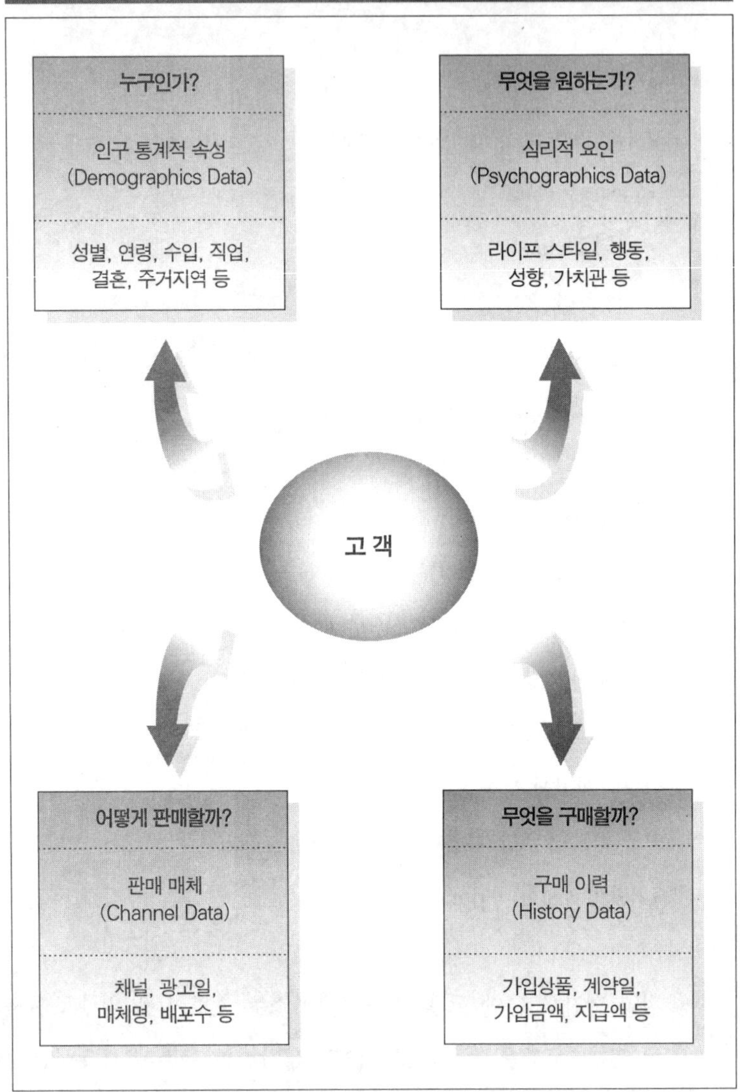

누구인가?
인구 통계적 속성
(Demographics Data)
성별, 연령, 수입, 직업,
결혼, 주거지역 등

무엇을 원하는가?
심리적 요인
(Psychographics Data)
라이프 스타일, 행동,
성향, 가치관 등

고 객

어떻게 판매할까?
판매 매체
(Channel Data)
채널, 광고일,
매체명, 배포수 등

무엇을 구매할까?
구매 이력
(History Data)
가입상품, 계약일,
가입금액, 지급액 등

이루어질 수 있다. 단순한 인구 통계적인 데이터베이스는 고객 Profile 분석에 그다지 도움이 되지 않으며 라이프 스타일과 같은 고객 성향을 파악할 수 있는 데이터베이스 Field가 구성되어 있어야 한다.

그러나 현실적으로 은행 고객 데이터베이스는 은행의 상품을 처음 가입시에 필요한 최소한의 일부 Field에 대한 데이터베이스를 보유하고 있어, 은행의 고객 데이터베이스 그 자체 만으로는 인구통계적인 데이터베이스로 고객 Profile 분석에 도움이 되지 않는다(〈그림 2-5〉 참조).

그러므로 은행의 거래 실적에 따른 우수 고객 여부, 고객의 가입 상품 및 가입금액, 월 납입액, 총 저축액, 가입 상품 수, 주거래 계좌, 거래 형태, 은행거래의 빈도수, 대출이 있을 경우 대출 상품, 대출 금액, 대출 목적, 대출 이자금액 및 연체 여부, 현금카드(Cash Card) 사용 여부, 신용카드 사용 여부, 금융 불량거래 여부, 최초 거래일, 휴면계좌 여부 등 고객 스타일과 Profile을 알 수 있는 Field와 Record를 추가해 '고객 중심 데이터베이스'를 업그레이드해야 할 것이다(〈표 2-4〉 참조).

5) 은행을 통한 고객 중심 데이터베이스 추가 가능 Field

- 은행 거래실적 및 우수고객 여부
- 가입상품 및 가입금액, 월 평균 납입액, 총 저축액
- 가입상품 수, 즉 거래계좌 수
- 내방 거래, ATM 사용, 텔레뱅킹 등 거래 형태

- 주거래 계좌 사용 사유
- 은행 거래의 평균 기간(term), 서명 사용 여부
- 대출 상품, 금액, 목적, 이자액 및 연체 여부
- 현금카드 사용 여부, 신용카드 사용 여부
- 금융 불량거래 여부
- 은행 최초거래일
- 휴면계좌 여부 및 잔액 여부

만약 은행이 신용카드 사업을 동시에 하는 경우에는, 일반 은행보다 더 많은 고객 정보를 보유하고 있을 수 있다. 또한 새롭게 업데이트된 정확한 최신정보를 보유하고 있으므로, 신용카드 사용자의 경우에는 그 고객 데이터베이스도 연계함으로써 데이터베이스를 업그레이드해야 할 것이다.

나아가 신용카드 사용 형태, 즉 현금 서비스(Loan) 사용 여부, 주요 사용 거래처, 한 달 사용금액, 사용대금 결재 형태, 사용대금 결재 연체 여부 등을 알 수 있으면 더욱 좋은 '고객 중심 데이터베이스'를 구축할 수 있을 것이다.

그러나 은행의 사이버 뱅킹(Cyber Banking)에 관한 데이터는 고객 데이터베이스 구축에 별 도움이 되지 못한다(〈그림 2-9〉 참조).

6) 신용카드 가입시 요구하는 Field

❏ 은행계좌 신규개설시 항목

- 주거 종류, 부동산 소유
- 종합소득세, 금융자산, 타 기관 대출, 맞벌이 여부
- 보유 차량
- 학력, 직위, 근무년수, 담당 직무
- 〈그림 2-6〉, 〈그림 2-7〉, 〈그림 2-8〉, 〈그림 2-9〉 참조

7) 신용카드를 통한 고객 중심 데이터베이스 추가 가능 Field

❏ 신용카드

- 현금 서비스(Loan) 사용 여부
- 주요 사용 거래처
- 한 달 사용금액
- 사용대금 결재 형태, 사용대금 결재 연체 여부

즉 고객이 은행에 미치는 영향이 어느 정도인가? 고객 소득이 어느 수준인가? 소비형인가? 절약형인가? 계획적인가? 비계획적인가? 보수적인가? 모험적인가? 충성형 고객인가? 비충성형 고객인가? 창구 내방형인가? 컴퓨터 사용에 익숙한가? 그렇지 못한가? 기존 고객인가? 최근 전환 고객인가? 신뢰할 수 있는 고객인가? 그렇지 못한 고객인가? 등 고객에 대한 Segmentation을 할 수 있는 성향적인 Field가 상품 기획 및 추후 상품 판매에 대한 전

술적 마케팅 기획에도 아주 중요한 요소로 작용될 수 있을 것이다. 이렇게 '고객 중심 데이터베이스'를 구축해야만 고객의 Needs를 정확하게 분석해 방카슈랑스에 적합한 상품을 개발할 수 있다. 또한 시장 세분화, 즉 Market segment를 통해 고객 개개인의 현실과 Needs에 가장 적합한 상품을 권유·판매할 수 있는 Individual 데이터베이스 마케팅을 실시할 수 있는 것이다.

Individual 데이터베이스는 기존의 은행 고객(물론 신용카드 고객 포함한)을 보유하고 있는 경우에 한해 구축할 수 있다. 하지만 그 데이터베이스의 사용 목적이 명확하지 않고 그것을 어떻게 활용할 것인지에 대한 구체적인 계획이 없다면 현실적인 데이터베이스를 구축하기에는 어려움이 있을 것이다.

그러나 처음부터 모든 Field의 record가 충족되지는 못할 수 있으며, 이 경우 1차적인 데이터베이스를 활용해 고객에 대한 History와 새로운 Promotion 등을 통해 업그레이드된 데이터베이스를 집적해나가야 한다.

구 분		필요한 Field			
고객개인정보	기본정보	고객코드 연령 세대주	이름 자택 Tel 가족 수	생년월일 H.P Tel e-메일	주민등록번호 주소 상령월(上齡日)
	직업정보	회사명 입사일	업종 직장 Tel	근무부서 직장 Fax	직책 주소
	가족정보	이름 연령	관계 직업	생년월일	주민등록번호
	속성정보	결혼여부 취미 주거구분 연수입 부동산 확보경로	성별 특기 주거상태 월생활비 차 검사일 장해여부	학력 관심분야 주거규모 월저축액 차 보험일 휴면계좌	종교 혈액형 운전차종 금융자산 기념일
	평가정보	최종거래 고객등급	가입건수 고객속성	가입금액	Lifetime Value
은행정보	가입정보	예금명 예금종류	계좌번호 납입방법	납입금액 만기일	개설일 총저축액
	대출정보	대출종류 이자금액	대출금액 이자일	대출일 연체여부	대출목적 총대출액
	카드정보	카드회사 연체여부 대출일	카드종류 대출여부 현금 S.V	개설일 대출종류	결제일 대출금액
	거래정보	기여등급 월 평균잔액 Access법	계좌수 현금카드 주계좌	최초거래 대여금고 거래지점	거래빈도 신용정보 타 은행

구 분		필요한 Field			
보험정보	POS정보	설계종류 설계결과	설계일	최종설계	수령방법
	계약정보	증권번호 납입방법 미(未)보장	보험종류 보장금액 (세부적)	계약일 보장기간 특별조건	보험료 납입기간 타 보험
	지급정보	증권번호 지급사유	청구사유 지급일	청구일 지급금액	청구금액 안내일
	보전정보	증권번호 대출일	처리사유 이자일	처리일 주소착오	처리결과 전화착오
	민원정보	증권번호	민원사유	처리일	처리결과
채널정보	판촉정보	판촉종류 최근접촉	판촉일 예정일	반응 가능등급	판촉결과
	판매정보	상품종류 판매성적	계약일 유지회수	가입금액	보험료
	TMR정보	담당자 소속	입사년월 생년월일	등급 경력	심사월 교육이력
	상담정보	상담사유	상담일	상담내용	상담결과
	상품정보	상품명 보험료	상품내용 가입기준	판매일시 환급금	판매여부
	병원정보	병원명	지역	주소	전화번호
	점포정보	점포명 가능업무	지역	주소	전화번호
	기타정보	표준약관 사은품	선택기준	약속일	약속내용

<그림 2-6> 국민은행 신용카드 신규 가입 신청서

국민카드 발급신청서

회원 기재사항 □ 부분만 기재하여 주십시오.

신청 카드	카드종류	신청구분	제휴종류	신청서 기재장소
	□국 민 □마스타 □비 자	□신 규 □교 체 □추 가		

신청인	구분	한글성명	영문성명	주민등록번호	비밀번호
	본인				
	가족				관계 □배우자 □자녀 / □부모 □형제·자매

자택	주소	
	전화번호 ( )	핸드폰 ( )

직장	주소	
	전화번호 ( )	내선번호 / 직위
	직장명	부서명 / 업종

● 주부인 경우 배우자의 직장정보를 기재하여 주십시오

대금 결제	결제기관 □국민은행 □기타은행( )	계좌번호
	결제일 □1 □5 □7 □9 □12 □16 □18 □20	대금명세서 수령지 ①자택 ②직장

카드 수령	①자택 ②직장 ③카드수령지 / ■직접수령 ( )지점	수령지주소
		연락처 / 본주소와의 관계

참고사항	직무형태 ①사무/관리직 ②영업/판매직 ③생산노무직 ④자영업자 ⑤기타	고용계약형태 ①정규직 ②고정급계약직 ③실적급계약직 ④임시직 ⑤기타
	연소득 ( )만원	주거소유구분 ①본인명의자택 ②배우자명의자택 ③부모명의자택 ④전세 ⑤사택 ⑥월세 ⑦기타
	가족사항 ①배우자 및 자녀 ②배우자 ③미혼(가족동거) ④미혼(혼자거주) ⑤기혼(혼자거주) ⑥기타	주거형태 ①아파트 ②임대아파트 ③고급빌라 ④단독주택 ⑤다세대/연립 ⑥기타
	e-mail 주소	기타참고

본인 및 가족회원은 신용카드회원규약(제휴카드 신청시의 제휴카드 특약 포함)을 수령하고 동규약을 준수할 것을 확약하며 아래의 기명날인은 신용정보의 제공활용 동의서 및 카드발급신청 모두에 해당됨을 인정합니다.

200 년 월 일 신청인 본인: (서명)

가족: (서명)

1. 가족회원 동시 가입시에는 가족회원 또는 본인회원의 인감을 날인하여 주시기 바랍니다.
2. 사진카드 신규 신청시에는 별도의 사진카드 신청서를 추가 작성하여 주시기 바랍니다.
3. 카드를 발급받으면 연회비가 청구되오니 양지하시기 바랍니다.
4. 본 신청서는 변용하지 않으며, 카드발급요건 미달시 일정기간 보관후 폐기됩니다.

권유자 (본인확인)		접수일	
코드		모집점	
소속		연락처	
참고사항			

개인 신용정보의 제공·활용 동의서

국민신용카드(주) 귀중

이 계약과 관련하여 귀사가 본인으로부터 취득한 다음 신용정보는 「신용정보의 이용 및 보호에 관한 법률」 제23조의 규정에따라 타거래처 제공·활용시 본인의 동의를 받아야하는 정보입니다. 어떤 분이신 귀사가 다음의 신용정보를 신용정보 취급기관, 신용정보회사, 신용정보집중 이용자 등에게 제공함에 본인의 신용을 판단하기 위한 자료로서 활용하거나 또는 공공기관에서 활용하고자 하는데에 동의합니다.

• 제공될 신용정보의 내용 : 신용카드의 발급 및 발지 (이 능력에서는 카드를 경신발급받아 유효기간이 변경되는 경우에도 계속 유효합니다.)
• 제휴카드 신청시 추가사항 : 해당 제휴카드 특약을 수령 및 승인하였으므로 제휴카드에 부가된 서비스 및 요인현 포함, 공동 마케팅에 참가 정보(신청서에 기재된 항목의 내용 및 이메일에 한) 등 해당 제휴 기관 및 제공하는데 동의합니다.

카드사 기재사항

심사내용	특기사항	부점	계	책임자	부점장	대한민국정부 인지세 광화문세무서 500원 인하승인 제85-85호
				신청서 보관번호		

* 타 회사의 카드 신청서보다 기재 내용이 간략하며, 타 회사의 경우에는 개인적인 정보를 요구하는 경우가 많음

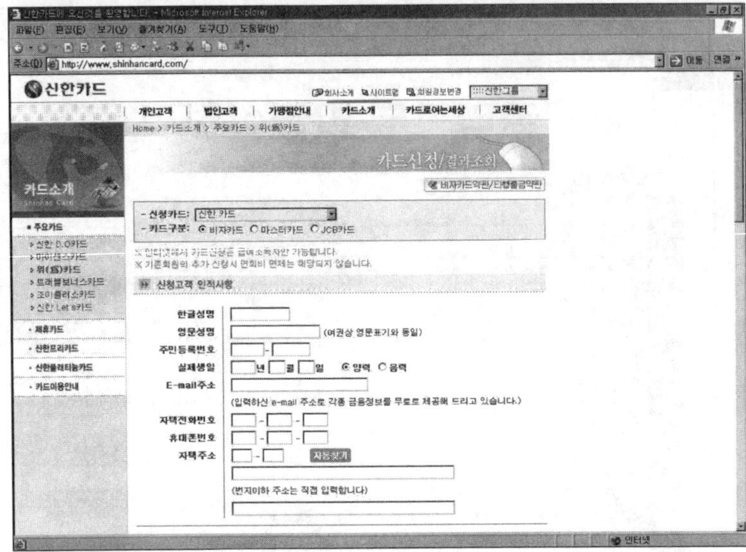

* 국민은행보다는 재산성 정보, 학력 정보 등을 좀더 요구하고 있음

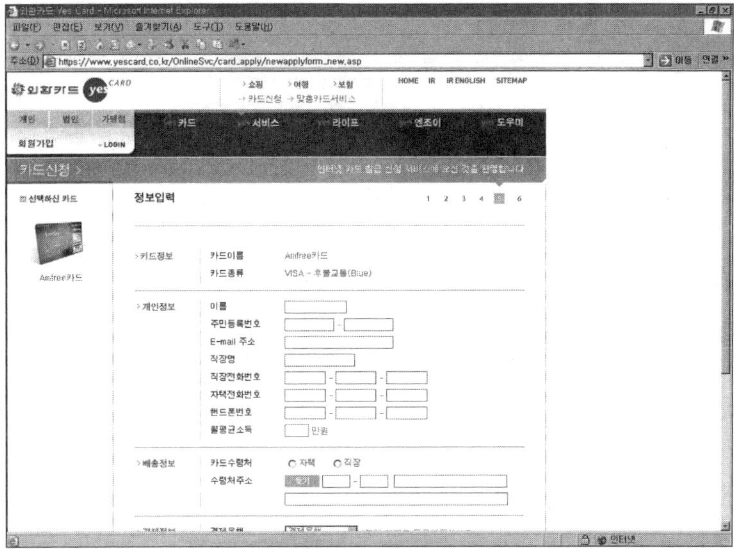

* 국민은행보다는 재산성 정보를 좀더 요구하고 있음

* 우리은행 사이버 뱅킹 신규 거래 신청서이며 이미 은행 거래 고객을 기준으로 신규 거래를 등록하도록 되어 있어 추가적인 정보 요구 사항은 없음

고객 데이터베이스 Field의 모든 Record는 한꺼번에 채울 수 없지만 앞서 〈표 2-4〉에서 보았듯이 보통 100개 이상(173개) 나타나게 된다.

그러므로 고객 데이터베이스 구축시 구성되는 정보별로 분리해 데이터베이스를 별도 구축해야 할 것이다. 즉 앞에서 말한 국제 기준에 의거한 RDB(Relational Database) 형태로 구축해 목적 및 필요 사안에 따라 데이터베이스를 추가 구축 · 연계하는 것이 필요하다.

또한 고객 데이터베이스 Layout을 작성할 경우에는 타사 또는 타업종의 데이터베이스를 적극 참고해 End-User의 입장에서 가장 합리적인 데이터베이스 Map을 구성해야 한다(〈그림 2-10〉에서 〈그림

2-20>까지 참조). 방카슈랑스에서 고객 데이터베이스는 마케팅의 성공 여부의 관건이 될 수 있으므로 Layout 작업부터 End-User를 참여시켜 세부적인 사항까지 고려되어야 할 것이다.

그리고 데이터베이스의 Maintenance는 Leading Company가 관리해야 하며 방카슈랑스에서 고객 데이터베이스의 시스템 위치 및 활용 방법에 따라 방카슈랑스의 Leading Company가 결정될 수 있으므로 마케팅 전략 수립 및 시스템 구축시 이 부분을 염두에 두고 시작해야 할 것이다.

〈그림 2-10〉 A생명보험사 고객 데이터베이스 MAP(1)

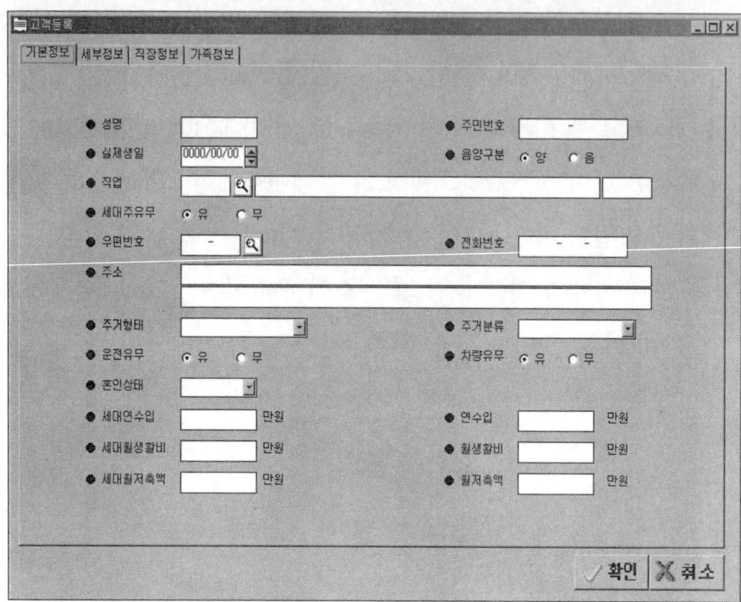
고객등록
기본정보 | 세부정보 | 직장정보 | 가족정보
성명
실제생일 0000/00/00
직업
세대주유무 유 무
우편번호
주소
주거형태
운전유무 유 무
혼인상태
세대연수입 만원
세대월생활비 만원
세대월저축액 만원
주민번호
음양구분 양 음
전화번호
주거분류
차량유무 유 무
연수입 만원
월생활비 만원
월저축액 만원
확인 취소

고객등록
기본정보 | 세부정보 | 직장정보 | 가족정보
휴대폰
E-Mail
취미
종교
결혼기념일 0000/00/00
출신학교
학교명
운전차종
병력
정년퇴직연령 세
선호상품
고객등급
소개자
호출기
팩스번호
관심분야
혈액형
출산예정일 0000/00/00
최종학력
학교/학년
흡연유무
군종
가족수 명
고객구분 가망고객 증원후보
고객과의관계
소개자와의관계
메모
확인 취소

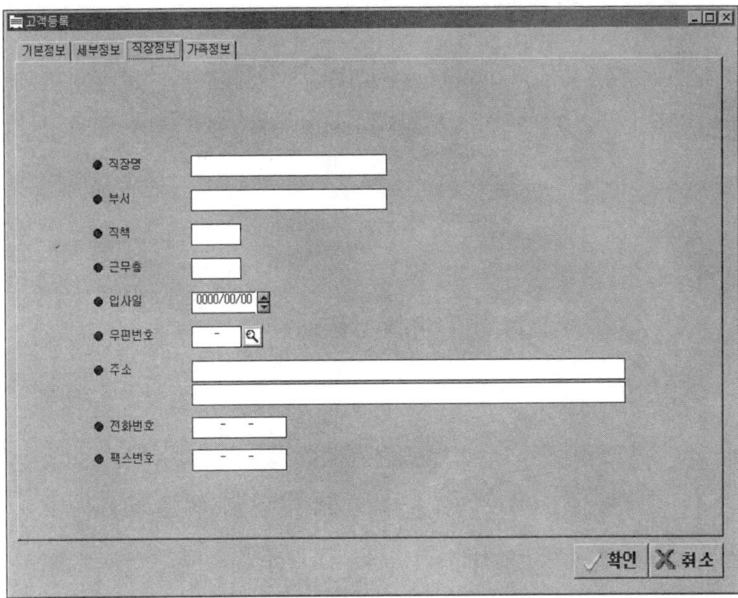

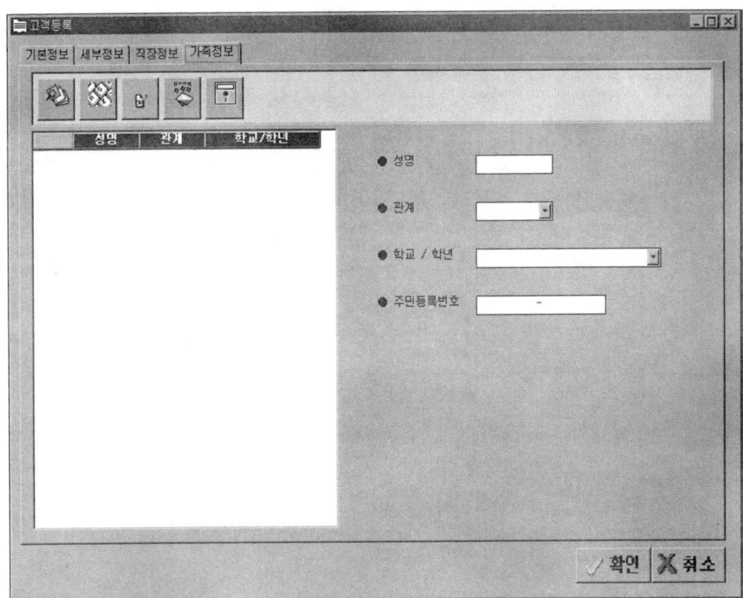

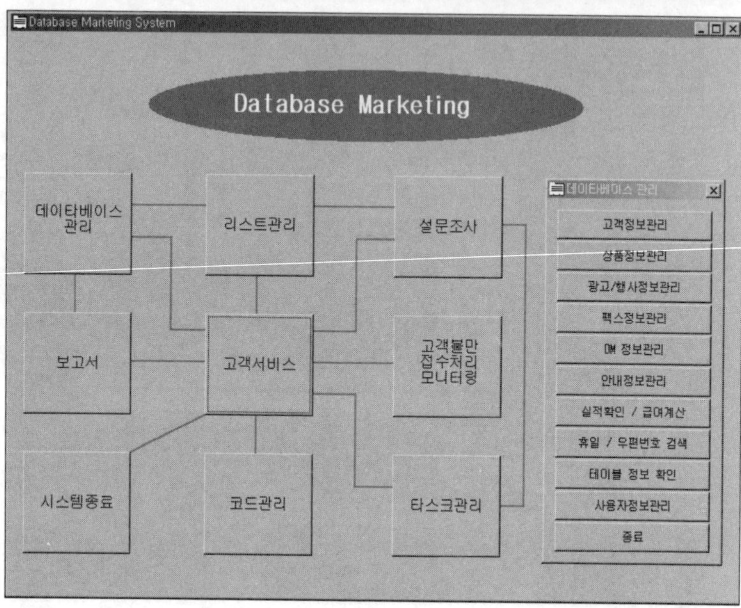
Database Marketing System
Database Marketing
데이타베이스 관리
리스트관리
설문조사
보고서
고객서비스
고객불만 접수처리 모니터링
시스템종료
코드관리
타스크관리
데이타베이스 관리
고객정보관리
상품정보관리
광고/행사정보관리
팩스정보관리
DM 정보관리
안내정보관리
실적확인 / 급여계산
휴일 / 우편번호 검색
테이블 정보 확인
사용자정보관리
종료

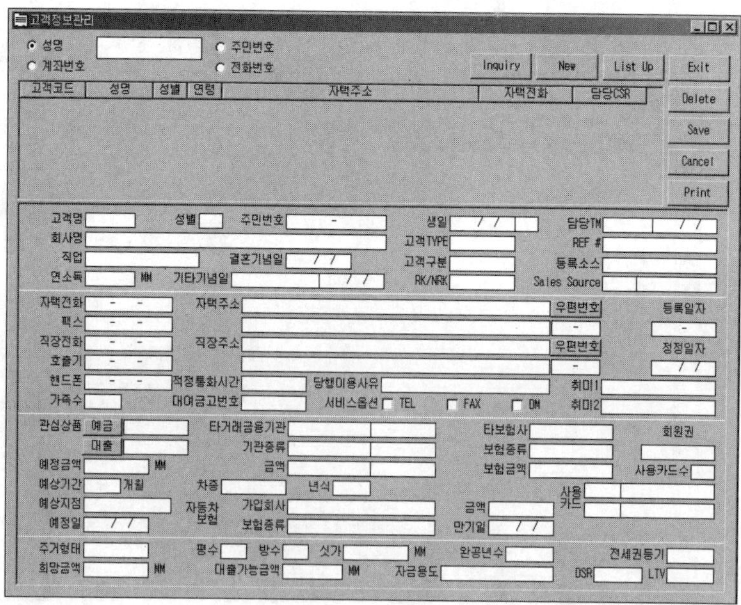
고객정보관리
성명
계좌번호
주민번호
전화번호
Inquiry   New   List Up   Exit
Delete
Save
Cancel
Print
고객코드   성명   성별   연령   자택주소   자택전화   담당CSR
고객명   성별   주민번호   생일   담당TM
회사명   고객TYPE   REF #
직업   결혼기념일   고객구분   등록소스
연소득   MM   기타기념일   RK/NRK   Sales Source
자택전화   자택주소   우편번호   등록일자
팩스
직장전화   직장주소   우편번호   정정일자
호출기
핸드폰   적정통화시간   당행이용사유   취미1
가족수   대여금고번호   서비스옵션   TEL   FAX   DM   취미2
관심상품   예금   타거래금융기관   타보험사   회원권
대출   기관종류   보험종류
예정금액   MM   금액   보험금액   사용카드수
예상기간   개월   차종   년식   사용
예상지점   자동차   가입회사   금액   카드
예정일   보험   보험종류   만기일
주거형태   평수   방수   싯가   MM   완공년수   전세권등기
희망금액   MM   대출가능금액   MM   자금용도   DSR   LTV

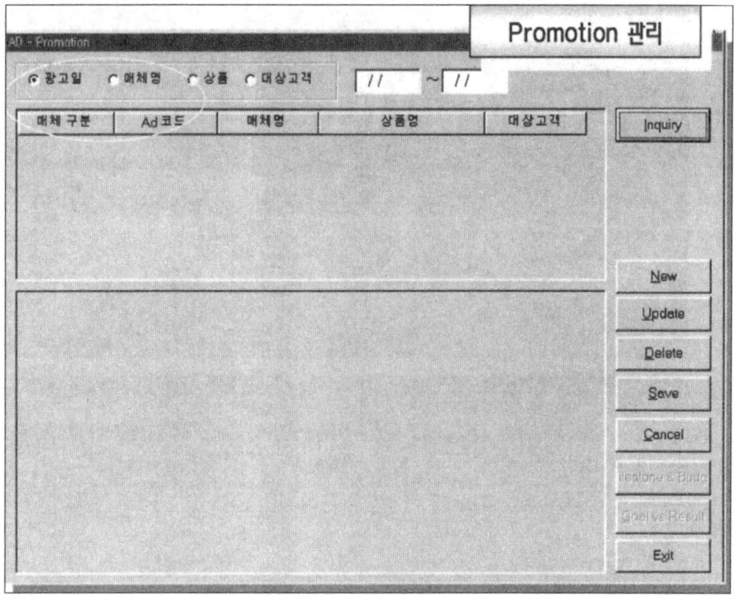

CRMLine v2.0 (1.00.0012.13)
Customer Relationship Management
생명
CRMLine
콜센터 고객관계관리 시스템
사용자 ID :
비밀번호 :
확인
종료

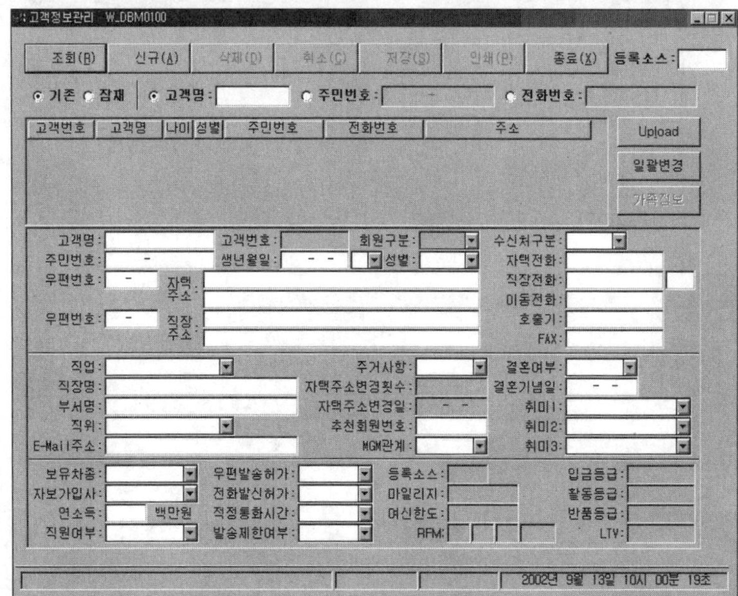

고객정보관리   W_DBM0100
조회(B)   신규(A)   삭제(D)   취소(C)   저장(S)   인쇄(P)   종료(X)   등록소스 :
기존   잠재   고객명 :   주민번호 :   전화번호 :
고객번호   고객명   나이   성별   주민번호   전화번호   주소
Upload
일괄변경
가족정보
고객명 :   고객번호 :   회원구분 :   수신처구분 :
주민번호 :   생년월일 :   성별 :   자택전화 :
우편번호 :   자택주소 :   직장전화 :
이동전화 :
우편번호 :   직장주소 :   호출기 :
FAX :
직업 :   주거사항 :   결혼여부 :
직장명 :   자택주소변경횟수 :   결혼기념일 :
부서명 :   자택주소변경일 :   취미1 :
직위 :   추천회원번호 :   취미2 :
E-Mail주소 :   MGM관계 :   취미3 :
보유차종 :   우편발송허가 :   등록소스 :   입금등급 :
자보가입사 :   전화발신허가 :   마일리지 :   활동등급 :
연소득 :   백만원   적정통화시간 :   여신한도 :   반품등급 :
직원여부 :   발송제한여부 :   RFM :   LTV :
2002년 9월 13일 10시 00분 19초

〈그림 2-16〉 일반적인 텔레마케팅 고객 데이터베이스 MAP(1)

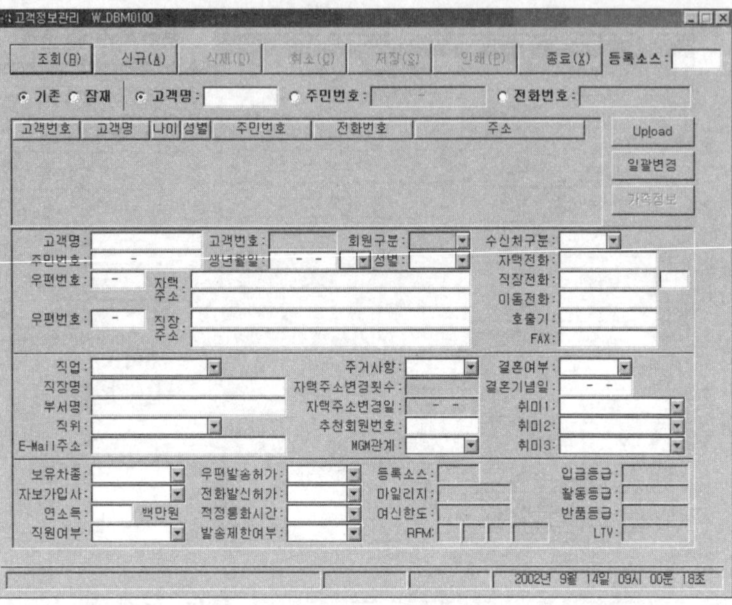
고객정보관리 W_DBM0100
조회(R) 신규(A) 삭제(D) 취소(C) 저장(S) 인쇄(P) 종료(X) 등록소스:
기존 잠재 고객명: 주민번호: 전화번호:
고객번호 고객명 나이 성별 주민번호 전화번호 주소
Upload
일괄변경
가족정보
고객명: 고객번호: 회원구분: 수신처구분:
주민번호: 생년월일: 성별: 자택전화:
우편번호: 자택주소: 직장전화: 이동전화:
우편번호: 직장주소: 호출기: FAX:
직업: 주거사항: 결혼여부:
직장명: 자택주소변경횟수: 결혼기념일:
부서명: 자택주소변경일: 취미1:
직위: 추천회원번호: 취미2:
E-Mail주소: MGM관계: 취미3:
보유차종: 우편발송허가: 등록소스: 입금등급:
자보가입사: 전화발신허가: 마일리지: 활동등급:
연소득: 백만원 적정통화시간: 여신한도: 반품등급:
직원여부: 발송제한여부: RFM: LTV:
2002년 9월 14일 09시 00분 18초

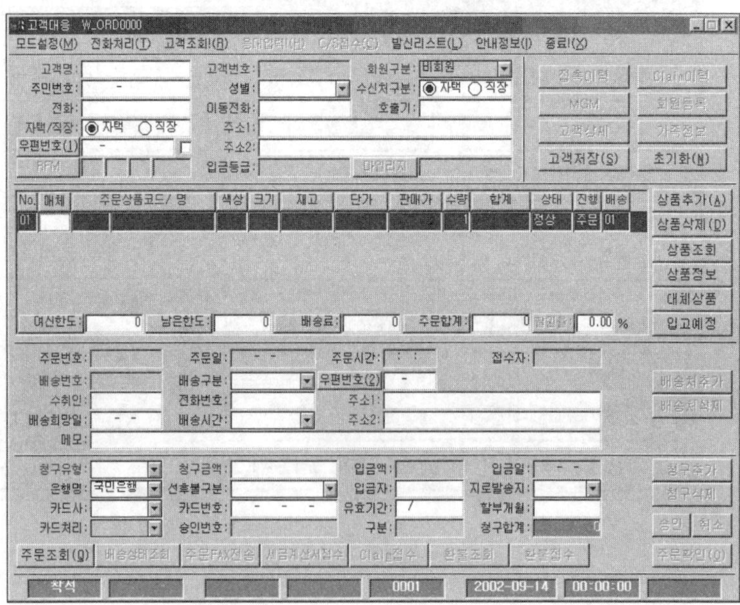
고객대응 W_ORD0000
모드설정(M) 전화처리(T) 고객조회(R) 응대입력(W) C/S접수(C) 발신리스트(L) 안내정보(I) 종료(X)
고객명: 고객번호: 회원구분: 비회원
주민번호: 성별: 수신처구분: 자택 직장
전화: 이동전화: 호출기:
자택/직장: 자택 직장 주소1:
우편번호(1): 주소2:
RFM: 입금등급: 마일리지:
접촉이력 Claim이력
MGM 회원등록
고객상세 가족정보
고객저장(S) 초기화(N)
No. 매체 주문상품코드/명 색상 크기 재고 단가 판매가 수량 합계 상태 진행 배송
01 1 정상 주문 01
상품추가(A)
상품삭제(D)
상품조회
상품정보
대체상품
입고예정
여신한도: 0 남은한도: 0 배송료: 0 주문합계: 0 할인율 0.00 %
주문번호: 주문일: 주문시간: 접수자:
배송번호: 배송구분: 우편번호(2):
수취인: 전화번호: 주소1:
배송희망일: 배송시간: 주소2:
메모:
배송처추가
배송처삭제
청구유형: 청구금액: 입금액: 입금일:
은행명: 국민은행 선후불구분: 입금자: 지로발송지:
카드사: 카드번호: 유효기간: / 할부개월:
카드처리: 승인번호: 구분: 청구합계: 0
청구추가
청구삭제
승인 취소
주문조회(Q) 배송상태조회 주문FAX전송 세금계산서접수 이메일접수 반품조회 반품접수 주문확인(O)
작성 0001 2002-09-14 00:00:00

〈그림 2-17〉 일반적인 텔레마케팅 고객 데이터베이스 MAP(2)

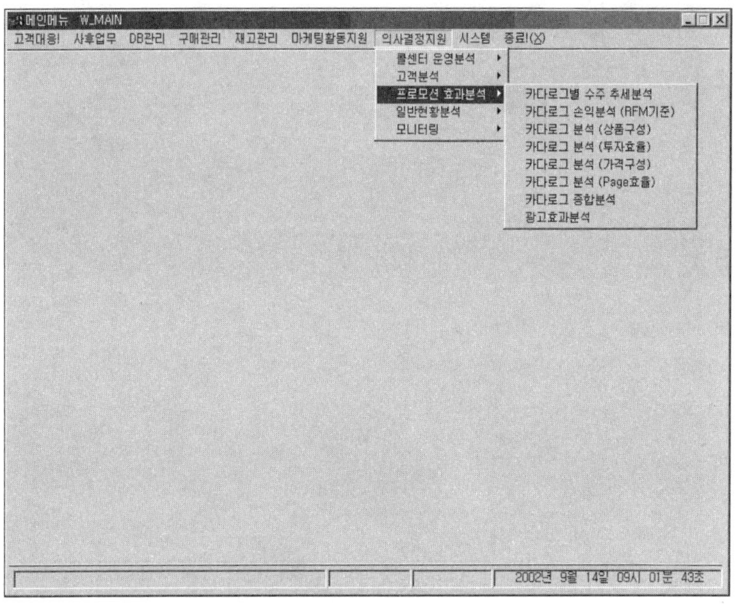
메인메뉴 W_MAIN
고객대응! 사후업무 DB관리 구매관리 재고관리 마케팅활동지원 의사결정지원 시스템 종료!(X)
콜센터 운영분석
고객분석
프로모션 효과분석
일반현황분석
모니터링
카다로그별 수주 추세분석
카다로그 손익분석 (RFM기준)
카다로그 분석 (상품구성)
카다로그 분석 (투자효율)
카다로그 분석 (가격구성)
카다로그 분석 (Page효율)
카다로그 종합분석
광고효과분석
2002년 9월 14일 09시 01분 43초

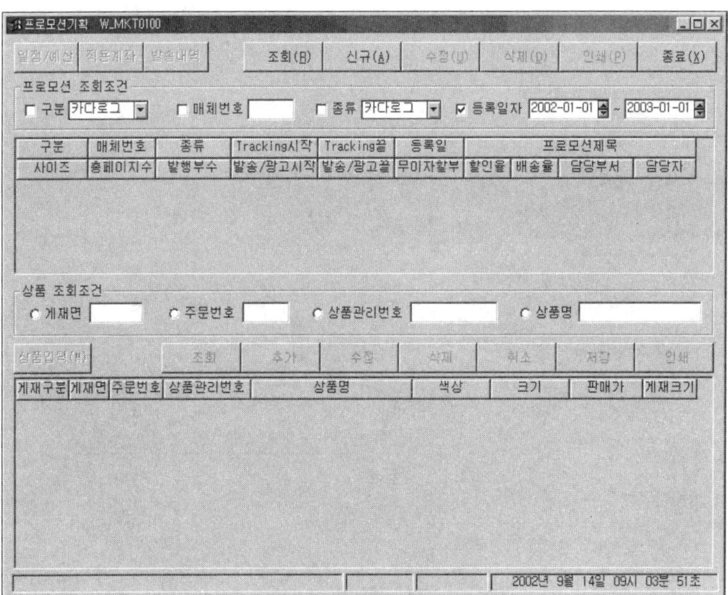
프로모션기획 W_MKT0100
일정/예산 적용계좌 방송내역 조회(B) 신규(A) 수정(U) 삭제(D) 인쇄(P) 종료(X)
프로모션 조회조건
구분 카다로그 매체번호 종류 카다로그 등록일자 2002-01-01 ~ 2003-01-01
구분 매체번호 종류 Tracking시작 Tracking끝 등록일 프로모션제목
사이즈 총페이지수 발행부수 발송/광고시작 발송/광고끝 무이자할부 할인율 배송율 담당부서 담당자
상품 조회조건
게재면 주문번호 상품관리번호 상품명
상품입력(W) 조회 추가 수정 삭제 취소 저장 인쇄
게재구분 게재면 주문번호 상품관리번호 상품명 색상 크기 판매가 게재크기
2002년 9월 14일 09시 03분 51초

〈그림 2-18〉 일반적인 텔레마케팅 고객 데이터베이스 MAP(3)

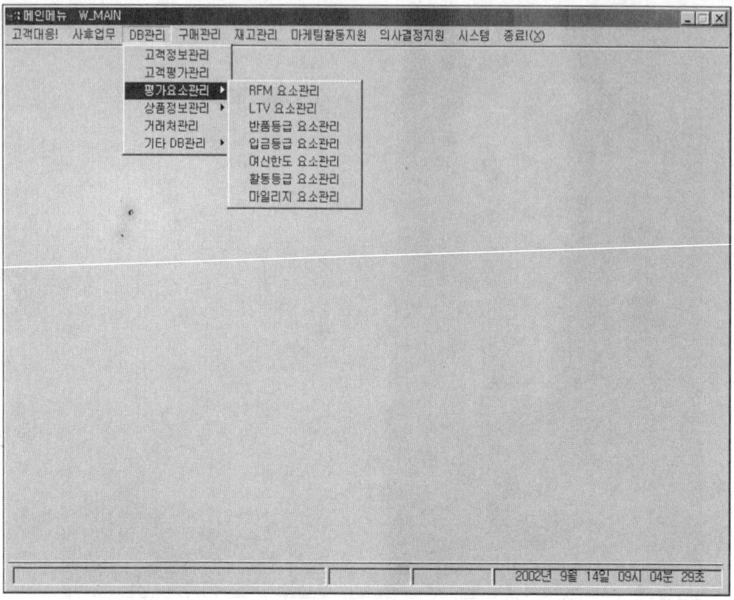

메인메뉴 W_MAIN
고객대응! 사후업무 DB관리 구매관리 재고관리 마케팅활동지원 의사결정지원 시스템 종료!(X)
고객정보관리
고객평가관리
평가요소관리
상품정보관리
거래처관리
기타 DB관리
RFM 요소관리
LTV 요소관리
반품등급 요소관리
입금등급 요소관리
여신한도 요소관리
활동등급 요소관리
마일리지 요소관리
2002년 9월 14일 09시 04분 29초

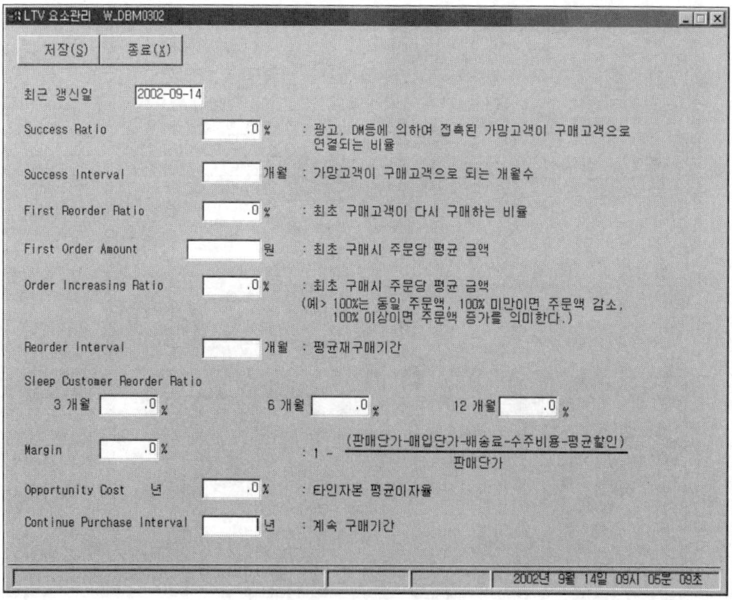

LTV 요소관리 W_DBM0302
저장(S)   종료(X)
최근 갱신일   2002-09-14
Success Ratio   .0 %   : 광고, DM등에 의하여 접촉된 가망고객이 구매고객으로
                                연결되는 비율
Success Interval   개월   : 가망고객이 구매고객으로 되는 개월수
First Reorder Ratio   .0 %   : 최초 구매고객이 다시 구매하는 비율
First Order Amount   원   : 최초 구매시 주문당 평균 금액
Order Increasing Ratio .0 %   : 최초 구매시 주문당 평균 금액
                                (예> 100%는 동일 주문액, 100% 미만이면 주문액 감소,
                                 100% 이상이면 주문액 증가를 의미한다.)
Reorder Interval   개월   : 평균재구매기간
Sleep Customer Reorder Ratio
   3 개월   .0 %   6 개월   .0 %   12 개월   .0 %
Margin   .0 %   : 1 - (판매단가-매입단가-배송료-수주비용-평균할인)
                                         판매단가
Opportunity Cost 년   .0 %   : 타인자본 평균이자율
Continue Purchase Interval   년   : 계속 구매기간
2002년 9월 14일 09시 05분 09초

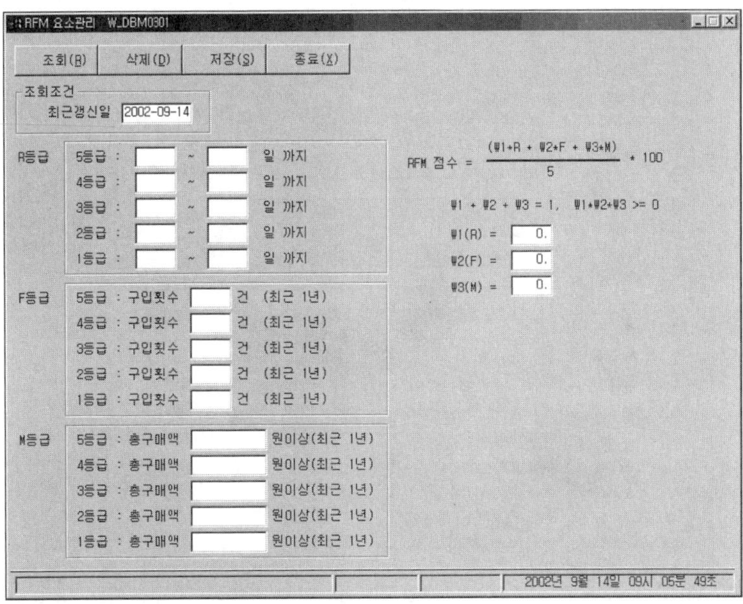
RFM 요소관리 W_DBM0301
조회(R) 삭제(D) 저장(S) 종료(X)
조회조건
최근갱신일 2002-09-14
R등급 5등급 :   ~   일 까지
4등급 :   ~   일 까지
3등급 :   ~   일 까지
2등급 :   ~   일 까지
1등급 :   ~   일 까지
F등급 5등급 : 구입횟수   건 (최근 1년)
4등급 : 구입횟수   건 (최근 1년)
3등급 : 구입횟수   건 (최근 1년)
2등급 : 구입횟수   건 (최근 1년)
1등급 : 구입횟수   건 (최근 1년)
M등급 5등급 : 총구매액   원이상(최근 1년)
4등급 : 총구매액   원이상(최근 1년)
3등급 : 총구매액   원이상(최근 1년)
2등급 : 총구매액   원이상(최근 1년)
1등급 : 총구매액   원이상(최근 1년)
RFM 점수 = (W1*R + W2*F + W3*M) / 5 * 100
W1 + W2 + W3 = 1, W1*W2*W3 >= 0
W1(R) = 0.
W2(F) = 0.
W3(M) = 0.
2002년 9월 14일 09시 05분 49초

활동등급 요소관리 W_DBM0306
저장(S) 종료(X)
최근 갱신일 0000-00-00
전년도 구매 누계액   전년도 구매 누계액
활동등급 A10   원 이상   B3   ~   원
A9   ~   원   B2   ~   원
A8   ~   원   B1   ~   원
A7   ~   원   C2   ~   원
A6   ~   원   C1   ~   원
A5   ~   원
A4   ~   원
A3   ~   원
A2   ~   원
A1   ~   원
2002년 9월 14일 09시 07분 15초

〈그림 2-20〉 일반적인 텔레마케팅 고객 데이터베이스 MAP(5)

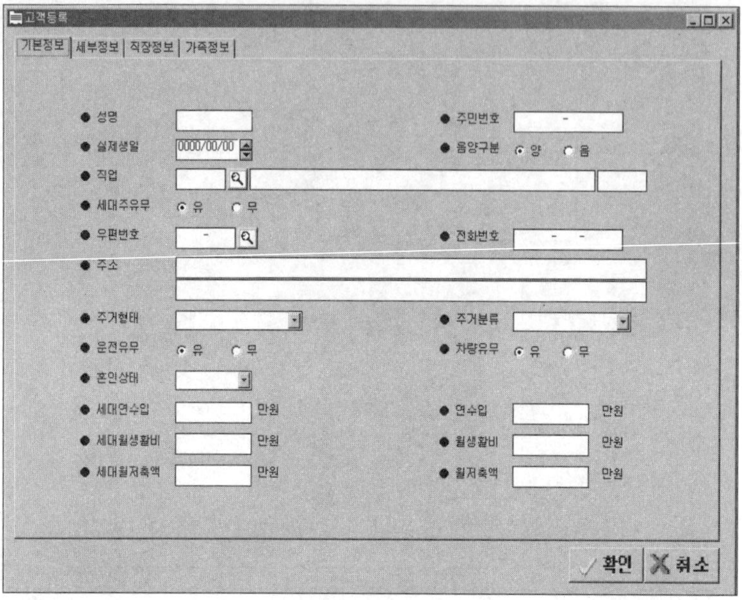
고객등록
기본정보
세부정보
직장정보
가족정보
성명
주민번호
실제생일
0000/00/00
음양구분
양
음
직업
세대주유무
유
무
우편번호
전화번호
주소
주거형태
주거분류
운전유무
유
무
차량유무
유
무
혼인상태
세대연수입
만원
연수입
만원
세대월생활비
만원
월생활비
만원
세대월저축액
만원
월저축액
만원
확인
취소

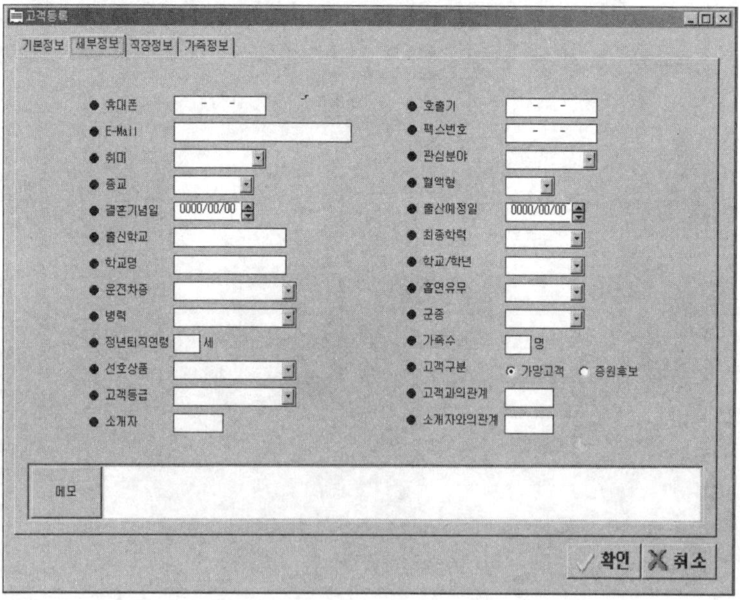
고객등록
기본정보
세부정보
직장정보
가족정보
휴대폰
호출기
E-Mail
팩스번호
취미
관심분야
종교
혈액형
결혼기념일
0000/00/00
출산예정일
0000/00/00
출신학교
최종학력
학교명
학교/학년
운전차종
흡연유무
병력
군종
정년퇴직연령
세
가족수
명
선호상품
고객구분
가망고객
증원후보
고객등급
고객과의관계
소개자
소개자와의관계
메모
확인
취소

3. 데이터베이스 Field의 활용

데이터베이스 마케팅은 확보된 데이터베이스를 얼마나 목적에 부합되게 분식하느냐에 따라 그 성공 여부가 결정된다.

즉 방카슈랑스의 목적을 달성하기 위해 마케팅 전략 수립 및 상품 기획안 수립을 위한 데이터베이스를 분석해야 한다.

데이터베이스를 분석하는 방법은 구매 행동에 따른 고객 Segment 방법으로 가장 고전적인 RFM 분석법과 RFMT 분석법, Scoring 분석법 등이 있다. 속성과 행동에 따른 고객 Segment 방법으로는 Modeling 분석법 등의 여러 가지가 있으나, 그 분석 방법은 필요 상황에 따라 가장 적절한 고객 Segment를 선택하면 될 것이다.

1) 고객의 구매 행동에 따른 데이터베이스 분석법

❏ RFM 분석
- R(Recency)　　　：　최근 구매했는가?
- F(Frequency)　：　얼마나 자주 구매했는가?
- M(Monetary)　：　구매 금액이 얼마나 많은가?

❏ RFMT 분석
- T(Type)　　　　：　어떤 상품을 구매했는가?

❏ Scoring 분석
- 구매 기여도에 따른 고객의 순위로 Segment

❏ Modeling 분석

• 구입행동, 라이프 스타일, 지역 등의 Model을 기준 Segment

즉 RFM 또는 RFMT 분석 방법, Scoring 분석 방법 등은 마케팅
전략 수립 및 실시에 있어 판매 타깃을 설정하는 데 사용할 수 있
다. Modeling 분석 방법은 상품 기획 및 개발, 그리고 마케팅 전
략 수립 및 실시에 동시 적용할 수 있을 것이다. 따라서 Modeling
분석 방법을 적용하기 위해 먼저 라이프 스타일을 Segment하기
위한 데이터베이스 Field 활용을 생각해보기로 한다.

라이프 스타일은 Segment하는 방식에 따라 여러 가지로 나누어
질 수 있으며, 이러한 Segment는 우리의 목적에 적합해야 데이터
베이스의 활용도를 높일 수 있는 것이다.

그러므로 미국의 고객 데이터베이스를 갖고 리스트 서비스나 마
케팅 서비스를 하는 Claritas 사에서 Segment한 미국의 고객 라이
프 스타일(〈표 2-5〉 참조)과 일본의 한큐(阪急) 그룹의 마케팅 연
구회에서 일본의 고객 라이프 스타일을 Segment한 것 〈표 2-6〉
등을 참고해 우리나라의 고객에 적합한 라이프 스타일을 1차적
으로 Segment해야 할 것이다. 〈표 2-6〉의 일본 한큐(阪急) 그룹
의 마케팅 연구회에서 일본의 고객 라이프 스타일을 Segment한
것은 우리나라 현실과 유사한 면이 많이 있으므로 Segment한 내
용을 그대로 마케팅 전략 수립시 타깃 설정에 활용하면 큰 도움
이 되리라 생각되지만, 상품기획 전략에는 고객 데이터베이스를
통한 고객의 Needs를 파악하기 위해 별도의 세부적인 Modeling
이 필요하다.

	분류유형	설명	세대%
1	명문계급(Blue Blood Estates)	미국에서 가장 부유-교외에 거주, 10세대 중 1세대가 백만장자	1.1
2	재산과 두뇌(Money & Brains)	대도시의 부자 소그룹-타운 하우스, 콘도미니엄, 아파트	0.9
3	모피와 뒷자석을 뗄 수 있는 차 (Furs & Station Wagons)	대도시 베드타운의 신진부자	3.2
4	도시 고급주택 구역(Urban Gold Coast)	도시 고급 · 고층 건축지역	0.5
5	풀장과 안뜰(Pools & Patios)	연배의 상위 중산계급-교외의 공동체	3.4
6	대형 고급차 애호파(Two More Rungs)	교외에서 쾌적한 생활-여러 인종의 그룹	0.7
7	젊은 실력자(Young Influentials)	여피-도시주변의 콘도미니엄, 아파트	2.9
8	젊은 교외 거주자(Young Suburbia)	자녀양육-벽촌 교외에 있는 주택	5.3
9	신의 혜택이 풍부한 지역(God' s Country)	프론티어의 고급 신흥도시	2.7
10	우량기업 블루스(Blue-Chip Blues)	가장 부유한 블루칼라 지구	6.0
11	여러 부류의 보헤미안(Bohemian Mix)	대도시 중심부에 사는 소수파 보헤미안-비토니크, 히피, 게이 등	1.1
12	신흥 트랙 하우스(Levittown, U.S.A)	제2차 세계대전 후에 생긴 광역에 퍼진 분양주택	3.1
13	노인 파워(Gray Power)	퇴직 후의 상위 중산계급 공동체	2.9
14	흑인기업가(Black Enterprise)	유력한 흑인-중산계급과 상위 중간계급	0.8
15	새로운 스타트는 지금부터 (New Beginnings)	도시 주변지역의 여러 유형의 싱글(이혼자 포함)-정원 있는 아파트, 손질이 잘 된 아담한 단층집	4.3
16	자녀양육 블루칼라(Blue-Collar Nursery)	자녀 양육하는 중산계급이 많은지역	2.2
17	신진 전원이주자(New Homesteaders)	반 전원적 주택지역-젊은 사람, 중류세대	4.2
18	신 · 인종 박람회(New Melting Pot)	새로운 이민자가 많은 지역-주로 항만도시	0.9
19	시민과 대학관계자(Towns & Gowns)	미국의 대학도시	1.2
20	조합원(Rank & File)	공장지대의 연배 블루칼라	1.4
21	평균적 미국인(Middle American)	중규모 도시거주의 중류, 평균적 세대수	3.2
22	옛날 그대로의 양키가(Old Yankee Rows)	노동계급의 연립식 주택	1.6
23	탄광도시와 옥수수촌(Coalburg & Comtown)	경공업이나 농업의 소도시	2.0
24	엽총과 트럭(Shotguns & Pickups)	미국의 재목과 곡창지대로 이루어진 촌락	1.9
25	마음은 풍족한 컨트리라이프(Golden Ponds)	해안이나 산간, 호반의 오두막 공동체	5.2
26	농업관련 사업(Agri-Business)	주위에 대농장이나 목장이 있는 소도시	2.1
27	지각하는 소수파 민족(Emergent Minority)	주로 도시의 흑인노동자 계급	1.7
28	도시 독신생활 노동자(Single City Bluse)	도시 거주의 가난한 독신	3.3
29	광산과 제광소(Mines & Mills)	생활에 허덕이는 제광소 도시와 광산촌	2.8
30	벽지의 사람들(Back Country Folks)	마을에서 떨어진 가난한 농촌	3.4
31	USA판 여공의 슬픔(Norma Rae-Ville)	주로 남부 하위중산계급 공장가 및 공업지역	2.3
32	작은 도시의 다운타운(Smalltown Downtown)	소규모 공업도시의 중심지역	2.5
33	생활은 편하지 않은 곡창지대(Glain Belt)	전미에서 가장 인구밀도가 적은 시골지역	1.3
34	중공업 종사자(Heavy Industry)	예전부터 공업도시로서 가난한 노동자계급 지역	2.8
35	남주의 가난한 소작인(Share Croppers)	농업이나 경공업에 종사하고 있는 남부의 소촌락	4.0
36	딕시풍 다운타운(Downtown Dixie Style)	특히 남부도시에 있는 옛 그대로의 흑인가	3.4
37	히스패닉 믹스(Hispanic Mix)	스페인어를 말하는 사람들의 지역	1.9
38	담배 거리(Tobacco Roads)	주로 남부전체에 퍼져 있는 흑인 농업공동체	1.2
39	밑바닥 생활(Hard Scrabble)	미국에서 가장 가난한 시골지역	1.5
40	사회의 저변-생활보호자(Public Assistance)	미국 도시 중심부의 게토(빈민가)	3.1

〈표 2-6〉 한큐(阪急) 그룹에서 분류한 일본의 LIFE STYLE 분류(총괄)

<table>
<tr>
<th colspan="6">여성</th>
<th>나이</th>
<th colspan="5">남성</th>
</tr>
<tr>
<td rowspan="2">노후
생활파</td>
<td colspan="3" rowspan="2">Silver Passport</td>
<td colspan="2" rowspan="2">국내 이민족</td>
<td>65</td>
<td rowspan="2">은퇴족</td>
<td rowspan="2">재취직</td>
<td rowspan="2">취미직</td>
<td colspan="2" rowspan="2">Super Rich Silver</td>
</tr>
<tr>
<td>60</td>
</tr>
<tr>
<td rowspan="3">고대
부인</td>
<td rowspan="8">Adult 婆沙羅족(사치족)</td>
<td rowspan="8">전업주부</td>
<td rowspan="8">타블로이드(전단광고)족</td>
<td rowspan="14">현대우물가족</td>
<td rowspan="3">옛소녀족</td>
<td>55</td>
<td rowspan="3">유명 브랜드족</td>
<td colspan="3" rowspan="3"></td>
<td rowspan="14">명문족</td>
</tr>
<tr>
<td>50</td>
</tr>
<tr>
<td>45</td>
</tr>
<tr>
<td rowspan="5">현대
부인</td>
<td rowspan="11">가족우선족</td>
<td>40</td>
<td rowspan="11">가족 우선 족</td>
<td rowspan="5">Pride Man족</td>
<td rowspan="5">Business족</td>
<td rowspan="5">Success road족</td>
</tr>
<tr>
<td>39</td>
</tr>
<tr>
<td>38</td>
</tr>
<tr>
<td>37</td>
</tr>
<tr>
<td>36</td>
</tr>
<tr>
<td rowspan="6">사회
봉사
활동
족</td>
<td rowspan="6">커리어 우먼</td>
<td colspan="2">제2의 청춘</td>
<td>35</td>
<td rowspan="6">아직도 즐기는 족</td>
<td rowspan="6">전문가족</td>
<td rowspan="6">근면족</td>
</tr>
<tr>
<td rowspan="5">재테크족</td>
<td rowspan="5">육아족</td>
<td>34</td>
</tr>
<tr>
<td>33</td>
</tr>
<tr>
<td>32</td>
</tr>
<tr>
<td>31</td>
</tr>
<tr>
<td>30</td>
</tr>
<tr>
<td rowspan="7">Just Age
(적령기)</td>
<td colspan="2" rowspan="7">유명 브랜드족</td>
<td colspan="2" rowspan="7">꿈꾸는 여성족</td>
<td rowspan="4">재산족</td>
<td>29</td>
<td rowspan="8">꿈꾸는 족</td>
<td colspan="2" rowspan="8">일하는 족</td>
<td rowspan="8">아르바이트족</td>
<td rowspan="10"></td>
</tr>
<tr>
<td>28</td>
</tr>
<tr>
<td>27</td>
</tr>
<tr>
<td>26</td>
</tr>
<tr>
<td rowspan="3">순간귀족</td>
<td>25</td>
</tr>
<tr>
<td>24</td>
</tr>
<tr>
<td>23</td>
</tr>
<tr>
<td rowspan="3">College
족</td>
<td colspan="5">이국적 낭만족</td>
<td>22</td>
</tr>
<tr>
<td colspan="5">Just Twenty족</td>
<td>20</td>
<td colspan="4">Just Twenty족</td>
</tr>
<tr>
<td colspan="5">외계인(사고방식 차이)</td>
<td>18</td>
<td colspan="4">흔들흔들족</td>
</tr>
</table>

No	분류	설 명
1	노후생활파	60세 이상 노부인, 고전파, 연금으로 한가로운 생활
2	Silver Passport	60세 이상 적극적인 노부인, 해외여행파, Active Silver
3	국내 이민족	60세 이상 적극적인 노부인, 국내여행파
4	고대 부인	45-55세 보수적 부인, '황송하다' 가 신조
5	현대 부인	36-40세 고학력 부인
6	Adult 婆沙羅족	36-55세 돈 많은 부인, 사치족, 소비와 사치 생활
7	전업주부	36-55세 견실한 부인
8	타블로이드족	36-55세 하루 시작을 전단광고 보는 것부터 시작하는 부인
9	현대 우물가족	36-55세 클럽활동 등으로 사교생활을 즐기는 부인
10	옛소녀족	45-55세 아름다운 부인, 몇 살이 되더라도 청춘
11	사회봉사활동족	30-35세 사회활동에 열성적인 부인, 자원봉사자, 부녀회원
12	커리어 우먼	30-35세 본격적인 직업파, 무엇보다 일이 우선
13	제2의 청춘	35세 전후의 자녀 양육이 끝난 부인, 여자로 돌아가기족
14	재테크족	30-35세의 재테크 노력하는 여성, 증권투자, 부동산투자
15	육아족	30-35세의 자녀를 양육하는 여성, 자녀가 우선
16	가족우선족	30-40세의 가족단위 행동 주부, 휴일은 레저
17	Just Age	23-29세 미혼 여성, 결혼 적령기
18	유명 브랜드족	23-29세의 유명 브랜드 애호 여성
19	꿈꾸는 여성	23-29세의 자택 통근 미혼 여성, 꿈꾸는 City Girl
20	계산족	26-29세의 미혼 직장여성, 전직도 고려하는 여성
21	순간 귀족	23-25세의 미혼 여성, 해외여행 등 청춘 발산
22	College족	전문대, 대학교 학생
23	이국적 낭만족	21-23세의 여행을 좋아하는 미혼여성
24	Just Twenty족	20세, 성인식 맞은 여성
25	외계인	18-19세의 미혼 여성, 사고방식이 부모와 다른 여성

No	분류	설 명
1	은퇴족	Retire족, 60세 이상의 막 정년퇴직한 노인, 은거족
2	재취직족	재취직 보람족, 퇴직 후 재취업 노인
3	취미족	60세 이상의 노후를 취미로 보내는 노인
4	Super Rich Silver	60세 이상의 부자 노인, 상장회사 임원 이상
5	유명브랜드족	45-60세 고급품 선호 남성, 벼락부자, 취미가 많다
6	Pride man족	36-55세의 중소기업 사장, 프라이드가 높다.
7	비즈니스족	36-50세의 중견간부
8	Success Road족	36-55세의 상장회사 부장
9	가족우선족	30-40세의 가족파 남성, 아내에게 권한을 빼앗김
10	아직도 즐기는 족	30-35세의 결혼하지 않은 남성, 만년 모라토리엄 인간
11	전문가족	30-35세의 외래어 직업, 디자이너 · 카피라이터 등
12	근면족	30-35세의 충실한 샐러리맨, 잔업족
13	꿈꾸는 족	21-29세의 놀이파 미혼 남성
14	일하는 족	21-29세의 일을 한번에 끝내는 잔업파
15	아르바이트족	18-29세의 직업 정착을 못하는 미혼 남성
16	명문족	18-55세의 타고난 High Society
17	Just Twenty족	20세, 성인식 맞은 남성
18	흔들흔들족	18-19세의 모라토리엄 남성, 아직 목적은 미정

그러나 아직까지 우리나라 학계나 업계에서 데이터베이스 마케팅에 활용하고자 라이프 스타일을 Segment한 Model 사례를 찾아볼 수 없으므로 「인구관련 통계 및 주택관련 통계, 직업, 소득, 자동차 통계」 등(<표 2-7>에서 <표2-15>까지 관련통계 참조)을 활용해 우리 현실에 적합하고 목적에 부합하는 라이프 스타일 Segment를 별도로 자체 작성해 사용해야 한다.

　금번 이 Manual에서는 라이프 스타일을 연령대별 라이프 스타일과 주거 환경별 라이프 스타일, 그리고 직업 및 소득별 라이프 스타일, 소비 성향별 라이프 스타일, 기타 라이프 스타일로 분류해보았다.

2) 라이프 스타일의 Segment

- 연령대별 라이프 스타일
- 주거환경별 라이프 스타일
- 직업 및 소득별 라이프 스타일
- 소비성향별 라이프 스타일
- 기타 라이프 스타일
- 〈표 2-6-1〉 참조

분 류		설 명
연령대별분류	소외 노인계층	자녀 의존 또는 독거(獨居) 세대
	G세대	Grey Generation, 50~60대, 경제적 여유
	475세대	40대 : 1950년대 출생, 1970년대 대학생, 고급간부
	386세대	30대 : 1960년대 출생, 1980년대 대학생, 중견간부, Opinion Leader
	비(非) 386, 475세대	Blue Color 또는 평범한 근로 소득자
	1318세대	13~18세, N세대, Network 세대, 유행의 원류
주거환경별분류	최고급주택 생활 지역	고급빌라, 서울중심, 별장 소유, 고급 대형주택 소유자
	고급주택 생활 지역	강남지역, 강북 일부 지역, 서울 대형 아파트 소유자
	신흥도시 생활 지역	분당, 일산, 평촌 등 신도시 대형 아파트 소유자
	중산층 생활 지역	서울 중형 아파트, 대도시 대형 아파트, 서울근교 전원주택, 대도시 고급주택 소유자, 서울 중대형 아파트 임차자
	보통사람 생활 지역	서울 소형 아파트, 대도시 중형 아파트, 중소도시 대형 아파트, 대도시 일반주택 소유자, 대도시 대형 아파트 임차자
	서민층 생활 지역	대도시 소형 아파트, 중소도시 중소형 아파트 일반주택 소유자, 서울 소형 아파트 임차자
	저소득층 생활 지역	일반주택 임차자, 임대주택 임차자, 농어촌 대주택 소유자
	빈곤층 생활 지역	농어촌 소주택 소유자, 대도시 빈민촌 거주자
직업및소득별분류	로열 패밀리형 소득자	재벌 오너, 재벌그룹 가족, 재벌 2세, 고급 정치인 및 2세
	신흥 재벌형 소득자	코스닥 등록 벤처기업가
	부동산 재벌형 소득자	부동산 투기 및 신흥 개발 등의 졸부, 부동산 임대업자
	금융 재벌형 소득자	사채업 또는 증권가의 큰손 등
	프리랜서형 전문직 소득자	정치인, 연예인, 프로선수, 펀드매니저, 외환딜러 등
	'사(士)'자형 전문직 소득자	판사, 검사, 변호사, 의사, 약사, 회계사, 변리사, 교수 등 전문직

분　류		설　명
직업및소득별분류	성공형 (근로) 소득자	중형 기업가, 대기업 임원급
	Pride형 (근로) 소득자	소형 기업가, 일반기업 임원급, 대기업 부장급, 서울 자영업자, 고급공무원
	재산가형(근로) 소득자	벤처기업 종사자, 우리사주 소유자
	보통형 (근로) 소득자	지방 자영업자, 대기업 과장급 이하, 일반기업 부장급, 일반공무원, 공장 근로 장기근속자
	저소득형 (근로) 소득자	일반기업 과장급 이하, 대기업 사원, 대농(大農) 종사자, 공장 근로단기근속자
	불규칙형 소득자	일용근로자, 농어촌 종사자, 광업 종사자
	빈곤형 소득자	생활보호대상자, 실업자
소비성향별분류	사치 소비형	외제품 소비애호자, 호텔 등 멤버십 회원권 소유자, 골프 · 콘도 회원권 소유자
	고급 소비형	백화점 상품 소비애호자
	일반 소비형	소매점 상품 소비애호자
	서민(실속) 소비형	대형 할인매장 상품 애호자, 재래시장 애호자
기타분류	최고급형　사치형	외제자동차 소유자
	고급형　과시형	대형자동차 소유자, 3000cc 이상
	일반형　현실형	중형자동차 소유자
	절약형　현실형	소형자동차 소유자, 1500cc 이상
	서민형　실속형	경형자동차 소유자
	레저형　실속형	Jeep, RV 차량 소유자
	개인 만족형	Internet 사용자, e-메일 사용자, 소호족
	사치형　과시형	해외여행자
	재산형　일 만족형	맞벌이부부

〈표 2-7〉 우리나라의 연령대별 인구 통계						(단위: 천명)
연령	총인구	비율(%)	남자	비율(%)	여자	비율(%)
0 ~ 9	6,809	14.4	3,602	15.2	3,207	13.6
10~19	7,084	14.9	3,677	15.5	3,407	14.4
20~34	12,913	27.3	6,603	27.8	6,310	26.8
35~49	11,200	23.7	5,727	24.1	5,473	23.2
50~64	6,149	13.0	2,975	12.5	3,174	13.5
65~74	2,118	4.5	841	3.5	1,277	5.4
75이상	1,062	2.2	339	1.4	723	3.0
총계	47,335	–	23,764	–	23,571	–

(1995년 인구통계 통계청 자료 기준)

〈표 2-8〉 우리나라의 거처별 주택 유형 통계						(단위: 천호)
구 분	단독	연립	아파드	다세대	비주거용	주택이외
거처수	4,337	734	3,454	336	343	48
비율(%)	46.9	7.9	37.3	3.6	3.7	0.5

(1995년 주택통계 통계청 자료 기준)

〈표 2-9〉 우리나라의 주택 규모별 주택 유형 통계					(단위: %)
주택규모	7평미만	7~9	9~14	14~19	19~29
비율(%)	0.5	2.4	13.0	26.1	36.2
주택규모	29~39	39~49	49~69	69~99	99평이상
비율(%)	10.1	5.2	4.1	1.7	0.6

(1995년 주택통계 통계청 자료 기준)

<table>
<tr><td colspan="3">〈표 2-10〉 우리나라의 직업별 인구 통계</td><td>(단위: 천명)</td></tr>
<tr><td colspan="2">직업군</td><td>인원</td><td>비율(%)</td></tr>
<tr><td colspan="2">입법공무원, 고위 임직원 및 관리</td><td>763</td><td>4.2</td></tr>
<tr><td colspan="2">전문가</td><td>1,028</td><td>5.7</td></tr>
<tr><td colspan="2">기술공 및 준 전문가</td><td>2,011</td><td>11.2</td></tr>
<tr><td colspan="2">사무직원</td><td>2,090</td><td>11.6</td></tr>
<tr><td colspan="2">서비스 근로자 및 상점과 시장 판매근로자</td><td>3,539</td><td>19.7</td></tr>
<tr><td colspan="2">농업 및 어업 숙련근로자</td><td>2,794</td><td>15.5</td></tr>
<tr><td colspan="2">기능원 및 관련 기능근로자</td><td>2,474</td><td>13.8</td></tr>
<tr><td colspan="2">장치, 기계 조작원 및 조립원</td><td>1,998</td><td>11.1</td></tr>
<tr><td colspan="2">단순 노무직 근로자</td><td>1,216</td><td>6.8</td></tr>
<tr><td colspan="2">기타</td><td>75</td><td>0.4</td></tr>
<tr><td colspan="2">총계</td><td>17,988</td><td>–</td></tr>
</table>

(1995년 주택통계 통계청 자료 기준)

<table>
<tr><td colspan="3">〈표 2-11〉 우리나라의 종사자의 지위별 인구 통계</td><td>(단위: 천명)</td></tr>
<tr><td colspan="2">종사자의 지위</td><td>인원</td><td>비율(%)</td></tr>
<tr><td colspan="2">임금 및 봉급 근로자</td><td>10,932</td><td>60.8</td></tr>
<tr><td colspan="2">고용원이 없는 자영업자</td><td>3,876</td><td>21.5</td></tr>
<tr><td colspan="2">고용원을 둔 사업주</td><td>1,289</td><td>7.2</td></tr>
<tr><td colspan="2">무급 가족 종사자</td><td>1,890</td><td>10.5</td></tr>
<tr><td colspan="2">미상</td><td>0.7</td><td>0.0</td></tr>
<tr><td colspan="2">총계</td><td>17,988</td><td>–</td></tr>
</table>

(1995년 주택통계 통계청 자료 기준)

<표 2-12> 우리나라의 월 소득 계층별 가구 분포 통계 (단위: %)

소득 계층군	비율(%)
400만 원 이상	6.9
300만 원 ~ 400만 원	10.8
250만 원 ~ 300만 원	10.8
200만 원 ~ 250만 원	17.7
150만 원 ~ 200만 원	21.8
120만 원 ~ 150만 원	12.2
100만 원 ~ 120만 원	6.9
80만 원 ~ 100만 원	4.7
60만 원 ~ 80만 원	3.9
40만 원 ~ 60만 원	2.3
20만 원 ~ 40만 원	1.2
20만 원 미만	0.7

(1996년 인구통계 통계청 자료 기준)

<표 2-13> 우리나라의 근로소득자 과세표준별 인구 통계 (단위: 천명)

근로소득자의 과세표준군	인 원	비율(%)
8,000만 원 초과	7	0.1
4,000만 원 ~ 8,000만 원	60	0.9
1,000만 원 ~ 4,000만 원	1,690	24.3
1,000만 원 이하	5,187	74.7
총계	6,944	–

(1997년 국세청 자료 기준)

〈표 2-14〉 우리나라의 종합소득 과세표준 계층별 인구 분포 통계		(단위: 명)
종합소득 과세표준군	**인 원**	**비율(%)**
5억 원 초과	1,685	0.1
3억 원 ~ 5억 원 이하	2,244	0.2
1억 원 ~ 3억 원 이하	24,312	1.9
8,000만 원 ~ 1억 원 이하	13,415	1.1
4,000만 원 ~ 8,000만 원 이하	76,568	6.1
1,000만 원 ~ 4,000만 원 이하	335,126	26.7
1,000만 원 이하	800,669	63.9
총 계	1,254,019	–

(1997년 국세청 자료 기준)

〈표 2-15〉 우리나라의 자가승용차 보유 통계		(단위: 대)
승용차 규모	**보유 대수**	**비율(%)**
대형승용차	672,623	8.6
중형승용차	3,084,001	39.2
소형승용차	3,500,499	44.5
경형승용차	604,698	7.7
총 계	7,861,821	–

(2000년 1월 건설교통부 통계 자료 기준)

이렇게 라이프 스타일을 Segment하고도 고객 데이터베이스의 일부 Field 내용에 따라 고객의 성향, 즉 속성을 또 세분화해 분류할 수 있을 것이다. 또한 이것을 상품 기획 및 마케팅 전략 수립에 적극 활용할 수 있을 것이다(〈표 2-16〉 참조). 뿐만 아니라 라이프 스타일 외에 지리 인구통계학적(Geo-Demographics)으로 고객을 Segment해볼 수도 있을 것이며, 이 또한 상품 기획 및 마케팅 전략 수립에 적극 활용할 수 있을 것이다(〈표 2-17〉 참조).

	Field명	활용방법
고객의 개인정보 Field	성별	경제적 보장 준비의 인식, 소비 성향, Approach 활용
	결혼여부	경제적 보장 준비의 인식, 생활 방식, 필요 상품, 소비 성향
	학력	경제적 보장 준비의 인식, 생활 방식, 소비 성향
	종교	개인 성향, 생활 방식
	취미	개인 성향, 필요 상품, Approach 활용
	특기	개인 성향, 필요 상품, Approach 활용
	관심분야	개인 성향, 필요 상품, Approach 활용
	혈액형	개인 성향, Approach 활용
	주거구분	생활 방식, 필요 상품
	주거상태	재정적 규모, 생활 방식, Approach 활용
	주거규모	재정적 규모, 생활 방식
	운전차종	재정적 규모, 생활 방식, 필요 상품, Approach 활용
	연수입	재정적 규모, 생활 방식, 필요 상품, 소비 성향
	월생활비	재정적 규모, 생활 방식, 소비 성향
	월저축액	재정적 규모, 생활 방식, 필요 상품, 소비 성향
	금융자산	재정적 규모, 자산 운용 방식, 필요 상품
	부동산	재정적 규모, 자산 운용 방식, 필요 상품, Approach 활용
	배우자직업	재정적 규모, 생활 방식, 필요 상품, Approach 활용
	자녀직업	재정적 규모, 생활 방식, 필요 상품, Approach 활용
	e-메일	지식 수준, 생활 방식, Approach 활용
	장해여부	필요 상품, 생활 방식
	최종거래	Target 결정, 생활 방식, Approach 방법 결정
	고객속성	Target 결정, Approach 방법 결정
	확보경로	Approach 방법 결정

Field명	활용방법
예금종류	필요 상품
만기일	Approach 활용
총저축액	재정적 규모, 소비 성향
대출종류	필요 상품
총대출액	재정적 규모
대출목적	생활 방식, 필요 상품, 소비 성향
이자금액	재정적 규모
연체여부	생활 방식
계좌수	재정적 규모, 개인 성향, 고객 충성도
최초거래	고객 충성도, Target 결정
거래빈도	생활 방식, 개인 성향
대여금고	재정적 규모, 생활 방식
월 평균잔액	필요 상품, 소비 성향
현금카드	생활 방식, 개인 성향
Access	생활 방식, 개인 성향
신용정보	타깃 결정, 생활 방식
기여등급	생활 방식, 고객 충성도, 타깃 결정
거래지점	Approach 활용
타 은행	재정적 규모, 생활 방식, Approach 활용, 고객 충성도
신용카드	생활 방식, 필요 상품, 소비 성향
현금 서비스	재정적 규모, 생활 방식, 필요 상품, 소비 성향

(표 왼쪽 세로: 은행의 고객정보 Field)

A. FINANCIALLY ACTIVE
(재정적으로 활동적인 부류)

1. 성년 자녀를 둔 부유한 가정
2. 부유한 가정
3. 자녀가 어린 맞벌이 부부
4. 학생과 성년 자녀를 둔 부유한 가정
5. 학생 자녀를 둔 맞벌이 부부
6. 자녀가 출가한 부유한 가정
7. 퇴직한 부유한 가정

B. Financially Informed
(재정적으로 지식이 많은 부류)

8. 성년 자녀를 둔 자리 잡힌 가정
9. 1~2자녀를 둔 도시의 부유한 가정
10. 자녀가 출가한 시골지역 가정
11. 교외 또는 시골의 나이든 가정
12. 교외 지역의 가정
13. 성인 2명이 직업을 가진 자리잡힌 가정
14. 군인 가족
15. 부유한 농장주 또는 농부
16. 성년 자녀를 둔 부유한 자영업자
17. 젊은 전문인 미혼 또는 가족
18. 자식이 모두 출가한 나이든 부부
19. 어린 자녀를 둔 주택을 소유한 가정
20. 아파트에 사는 부유한 가정

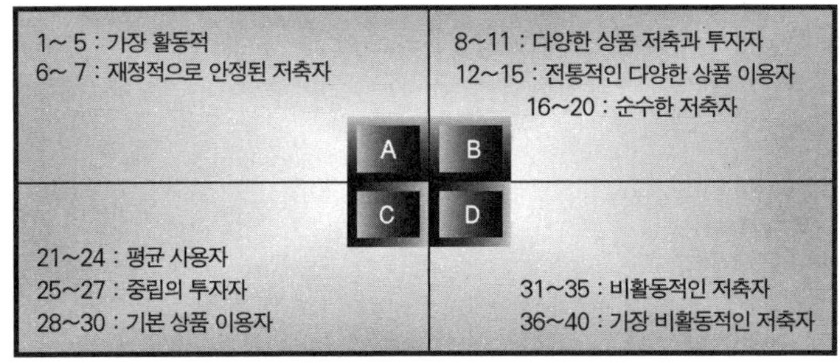

C. Financially Conscious
(재정적으로 의식이 있는 부류)

21. 임차주택에 사는 젊은 전문가 성인,학생
22. 자녀가 출가한 시골 사는 나이든 가정
23. 곤궁한 지역 임차아파트에서 사는 젊은 가정
24. 애완동물을 키우는 독신 여성
25. 농촌 가정,소자작농,소작농 가정
26. 임차주택에서 사는 젊은 성인
27. 공공임대주택에 사는 대가족, 모(母)가 부업함
28. 공공임대주택에 사는 소가족 , 모(母)가 부업함
29. 1~2자녀를 둔 곤궁한 지역 거주 가정
30. 공공임대주택의 협소한 주거환경 노인 가정

D. Financially Passive
(재정적으로 소극적인 부류)

31. 젊은 성인
32. 공공임대주택에 사는 자리 잡힌 가정
33. 대도시 구(舊)시가지 과밀지구에 사는 젊은 가정
34. 자녀가 출가하고 공공임대주택에 사는 가정
35. 공공임대주택에 사는 젊은 대가족
36. 빈민가 주택에 사는 대가족
37. 영구임대주택에 사는 노인
38. 빈민가 주택에 사는 생활보호대상자 가정
39. 곤궁한 지역 임차아파트에서 사는 성년 자식을 둔 가족
40. 영구임대주택에 사는 가정

제3장

방카슈랑스 상품 전략

방카슈랑스 상품 이해 | 유럽의 방카슈랑스 상품 현황
방카슈랑스 상품 전략의 성공요소 | 방카슈랑스 상품 전략
방카슈랑스 상품 내용

방카슈랑스 상품 이해

　방카슈랑스 상품이라고 하면 은행상품과 보험상품이 복합된 상품을 판매하는 것, 즉 협의적인 의미로만 생각할 수 있다. 하지만 사실 은행의 고객 DB를 활용, 이미 보험사에서 판매하던 보험상품을 판매하는 것과 은행상품과 Tie-in-sale 또는 조건부로 보험상품을 연계 판매하는 것까지 광의적으로 해석해야 할 것이다.

　그리고 방카슈랑스는 1차적으로 은행 고객 타깃으로 보험상품의 구매자로 전환하고자 하는 것이 주목적이며, 2차적으로는 은행과 연계한 새로운 Promotion을 통한 고객 데이터베이스를 확대해 상품 판매를 극대화시키고자 하는 것이 최선의 목표일 것이다.

❏ 방카슈랑스의 상품 판매 유형

- 은행 고객 DB를 활용, 이미 보험사에서 판매하던 상품을 판매
- 은행상품과 Tie-in-sale로 보험상품을 결합 판매
- 은행상품과 조건부로 보험상품을 연계 판매
- 은행상품과 보험상품이 복합된 상품을 판매

그 동안 은행상품 판매는 거리가 가까운 은행 창구를 고객 스스로 찾아와, 자신에게 필요한 상품을 가입하는, 즉 구매하는 형태가 보편화되어 있었다. 이러한 사유는 독점적인 특정 상품 판매권한, 여수신 금리의 형식적인 자율화, 상품 인허가에 대한 금융감독기관의 관행 등 우리나라 관치금융의 문제 때문에 은행의 자율경쟁 체제가 아직까지 정착하지 못한 결과로 나타난 것이다. 따라서 상품 또는 서비스보다 '은행 창구와 고객의 실물적인 거리' 같은 차별화되지 않은 일반적 사유로 인해 고객이 은행을 선택하는 주요 요인이 돼왔다.

그러나 IMF 구제금융이후 은행의 해외 매각 등 금융권의 구조조정을 통해 고객의 은행 선택 기준은 은행의 신뢰도와 경영 전략 등으로 변화하고 있다. ATM, Tele Banking, PC Banking, Cyber Banking 등 은행창구의 업무가 새로운 Access System에 따라 변하고 있다. 방카슈랑스에 대한 상품 전략을 과거 은행의 관행처럼 고객을 창구에서 기다리는 Reactive Order Taking 마케팅으로 전략을 수립한다면 그 결과는 불을 보듯 뻔한 것이다. 이러한 패러다임의 변화는 새롭게 방카슈랑스를 도입하고자 하는 우리에게 많은 시사점을 주고 있다. 방카슈랑스 상품은 이러한 금융 환경의 변화와 다변화·세분화되는 고객의 Needs를 은행 고객 데이터베이스를 통해 정확하고 세밀하게 분석함으로써 '고객 중심적'인 상품과 업무 시스템, 판매 채널, 서비스를 반영한 Positive·Proactive 마케팅으로 전략을 수립할 필요가 있다.

❏ 고객 중심적인 Positive 마케팅 전략이 필요

- 은행 선택 기준의 변화

- '가까운 은행' 개념 변화

❏ 은행 선택의 기준 변화

- 은행의 신뢰도와 경영 전략

- ATM, Tele Banking, PC Banking, Cyber Banking 등

- 고객 편의를 위한 일반적인 서비스

- 고객의 부가가치를 포함한 실질적인 이익

❏ 과거의 '가까운 은행' 의 개념 변화

- 과거에는 고객과의 실물적인 거리

- 현재에는 고객 편의 및 고객중심 여부로 정신적인 거리

유럽의 방카슈랑스 상품 현황

영국의 경우 방카슈랑스 도입 초기에는 고객이 원하는 상품이 무엇인지, 은행과 고객과의 관계를 어떻게 하면 강화시켜 고객 만족 경영을 할 것인지보다는 오히려 은행 입장에서 방카슈랑스를 도입해 얻을 수 있는 부수적인 이익에만 초점을 맞추어 상품을 개발하고 판매를 했다.

그러한 마케팅은 고객이 원하지 않는 상품을 강매하는 형태로 나타나고, 결국 생산성을 저하시켜 방카슈랑스 도입의 의미를 퇴색시켰다. 하지만 그 후 은행 고객 데이터베이스의 라이프 스타일 등에 따른 Profile을 분석해 기존의 고객이 원하고 그들에게 인기 있는 상품이 무엇인지를 파악, 판매하는 데이터베이스 마케팅을 도입해 오늘날의 방카슈랑스로 정착하게 되었던 것이다.

방카슈어러는 대부분 6개 미만의 주요 상품으로 업무를 시작해 2~3년에 걸쳐 10개의 상품까지 개발 판매를 할 수 있었다. 그러나 현재 약 80% 고객은 6개 주요 상품만으로도 만족하고 있으며, 10개의 상품으로는 약 95%의 고객을 만족시킬 수 있는 것으로 나타나고 있다.

- 보통 6개 미만의 주요 상품으로 시작
- 2 ~ 3년 간 10개의 상품까지 개발

□ 방카슈어러의 판매 상품 수와 고객 만족

- 약 80%의 고객이 6개 주요 상품으로 만족
- 약 95%의 고객이 10개 주요 상품으로 만족

방카슈어러는 새로운 고객을 위해 금융 또는 재정적인 설계에 바탕한 상품을 개발하기에 앞서 **기존 고객을 기반으로 담보대출을 상환하거나 상환을 보장하는 상품으로 우선 개발 판매를 시작했다.**

이와 같이 방카슈어러는 실질적으로 고객이 필요로 하는 상품을 중심으로 판매할 수밖에 없다. 따라서 초기부터 연금보험을 판매하지 않더라도 장기적으로는 연금보험이 방카슈어러의 주요 판매 상품으로 떠오를 가능성이 높다.

□ 유럽 방카슈어러의 판매 상품 유형

- Mortgage Endowment(저당양로보험)

  −담보대출의 상환수단으로 담보대출금액과 보장금액이 동일

- Mortgage Protection(저당보장보험)

- Term Assurance(정기보험)

- Permanent (Whole Life) Protection(종신보장보험)

- Regular Savings Plan(정기저축 Plan)

- Investment Bond : Unit-Linked(Unit 채권 투자)
- Investment Bond : Guaranteed(보증 채권 투자)
- Personal Pension(개인연금)

프랑스에서는 은행계 생명보험 자회사 형태의 방카슈랑스 상품과 기존 보험사에서 판매하는 저축성 보험상품의 내용이 서로 비슷하다. 단지 수수료 부분에서 방카슈랑스가 가격 경쟁력이 높은 것으로 나타나고 있다. 우리나라의 노후복지 연금보험과 비슷한 일시급부와 연금급부가 가능한 금융형 상품으로서 위험보험료가 부가되지 않은 순수 저축성 보험으로 판매하고 있다(〈표 3-1〉 참조).

독일의 경우에는 은행 창구 판매와 보험사 외무원, 중개인, 대리점 등을 통한 판매에 대해 일반적으로 보험료를 동일하게 적용하고 있기 때문에 가격경쟁이 이루어지지 않고 있다.

은행 창구 판매시 보험료를 동일하게 적용하는 이유로는 두 가지를 들 수 있다. 첫째, 은행의 경우 보험 판매에 대한 일정 수수료를 확보하는 것이 목적이므로 제휴 생명보험사의 보험료를 그대로 적용하고 있다. 둘째, 무리한 가격 경쟁을 피하고 보험료를 안정화시켜 실적 확대를 모색하고 있다. 한편 은행계 생명보험 자회사의 경우 은행 창구 판매에 따른 신계약비 부문의 비용 절감을 보험료에 반영하지 않고 해약 환급금에 반영함으로써 계약자에게 기존 보험사보다 높은 해약 환급금을 지급, 경쟁력 우위를 점하고 있다(〈표 3-2〉 참조).

구분		방카슈랑스	기존보험사
취급회사		Credit Agricole의 생보자회사 Predica	AXA
상 품 명		CONFLUENCE	LIBERTE
납입방법		정기납	자유납
납입기간		8년 이상시 세제우대	8년 이상시 세제우대
최저보험료 (최저예탁금)		연 3,600프랑 / 월 300프랑/ 분기 900프랑	900프랑
최저보증이율		4.5%	4.5%
운용배당률		당년도 운용수익의 85%	당년도 운용수익의 100%
수수료	가 입	없음	200프랑
	원금예탁	예탁금 3.5%(급부 지급시)	예탁금 3.5%(급부 지급시)
	운용자산	운용자산의 0.2%(매년)	운용자산의 0.8%(매년)
계약자 대출		원칙적으로 불가능	3,600프랑 이상 잔고시 운용, 자산의 90% 가능, 수수료 0.8%
해 약		5,000프랑 이상 잔고시, 5,000프랑 이상 수수료 없음	3,600프랑 이상 잔고시, 1프랑 이상 수수료 없음
만기보험금 선택		일시금, 종신연금,확정연금, 혼합연금, 자유수취연금	일시금, 종신연금, 확정연금, 혼합연금, 자유수취연금
사망보험금		사망 해당년도의 운용자산잔고, 단 최저보증이율 8% 보험금 수취인으로 계약 전환가능(유료)	사망 해당년도의 운용자산잔고, 단 최저보증이율 7% 보험금 수취인으로 계약 전환가능(무료)

출처: Les Dossiers de L'epargne, Guide d'Achat 95

〈표 3-2〉 독일 보험의 해약 환급금 비교			(단위 : DM)
경과년수	독일은행생명	라인지방 공영보험	차 액
1년	544	0	544
5년	4,482	2,915	1,567
10년	10,352	8,972	1,380
20년	25,793	24,904	889
만기	57,200	57,310	—

* 양로보험, 남성 27세~60세 만기, 월납 보험료 100DM
출처 : 양사 보험설계서에서 발췌

❏ 독일은행생명(독일은행의 자회사)의 양로보험의 경우

- 책임준비금 적립은 질멜 방식을 사용하는데, 그 비율을 0.6%로 책정(통상3.5%), 초기 신계약비 집행을 적게 하여 해약 환급금 비율을 높였으며 이는 배당에도 반영되고 있다.

방카슈랑스 상품 전략의 성공요소

1. 일반적인 마케팅 시스템

'마케팅 시스템'이란 판매하고자 하는 상품의 기획, 그리고 어떻게 판매할 것인지를 분석하는 판매 단계, 그 후의 After Service까지 모든 단계를 총망라한 것을 체계적으로 구축하는 전략적 시스템을 말하며, 이에 관한 일반적인 모델은 〈그림 3-1〉과 같이 요약할 수 있다.

즉 처음 판매하고자 하는 상품에 대한 아이디어와 컨셉(개념)을 세우고 과연 그 상품은 수요가 있겠는지, 판매를 하려면 어떻게 상품을 구성해야 하는지, 그 상품 판매 타깃을 어떻게 정할 것인지와 같은 문제를 research하고 데이터베이스를 이용 분석, 수요 예측 및 상품 기획을 통해 고객 중심적인 가장 적절한 상품을 개발해야 할 것이다. 이렇게 해 상품을 개발했다고 하더라도 구체적인 마케팅 전술이 실행되지 않는다면, 아무리 고객의 Needs에 부합한 상품이라고 하더라도 판매를 할 수 없으므로 결국 그 상품은 사장되고 마는 것이다. 또한 구체적인 마케팅 전술에 따라 새로운 상품 판매를 하더라도 사무 처리가 미흡하거나, 판매점 내부의 인지도가 성숙되지 않았거나, 고객에 대한 Before Service나 After Service가 소홀할 경우에도 그 상품은 고객이 외면함으로써 결국 상품 판매에 실패하게 되는 경우가 발생할 수 있는 것이다.

이와 같이 '마케팅 시스템'은 총체적으로 이루어져야 한다. 이는 결국 고객의 데이터베이스를 근간으로 기획되고 실행되어야만 철저하고 체계적인 마케팅이 이루어질 수 있는 것이다. 이러한 일반적인 '마케팅 시스템'은 방카슈랑스 도입에 있어서도 동일하게 적용되는 것이다. 특히 방카슈랑스는 이미 확보하고 있는 은행 고객 데이터베이스를 얼마나 업그레이드해 효과적으로 분석 활용할 수 있는지(제2장 5절 '고객 데이터베이스 활용 전략' 참조), 즉 상품기획 및 전술적인 마케팅 기획이 성공의 열쇠라고 할 수 있을 것이다.

〈그림 3-1〉 일반적인 마케팅 시스템의 모델

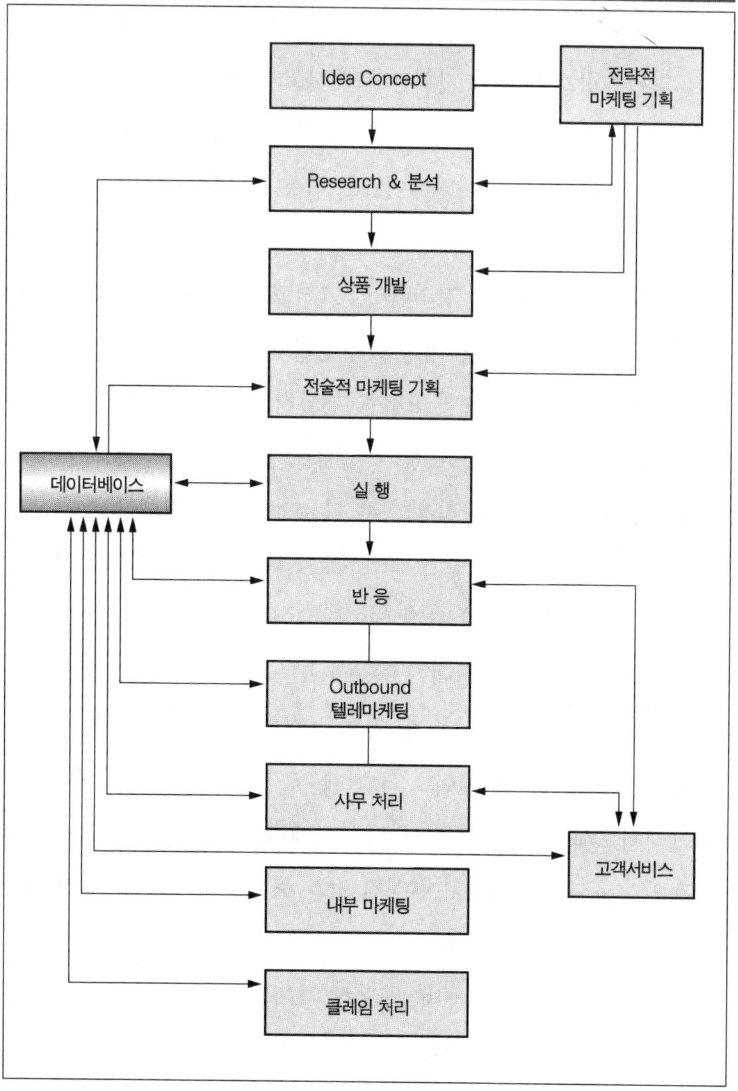

* 151 Secrets of Insurance Direct Marketing Practices Revealed. By Donald R. Jackson

2. 상품 기획 및 개발 프로세스

　방카슈랑스의 상품 기획은 판매하고자 하는 마켓에 속한 고객의 Profile, 즉 고객의 성향과 고객의 트랜드(Trend)를 이미 확보하고 있는 은행 고객의 데이터베이스를 활용, 분석 및 측정이 이루어져야 한다. 즉 마켓에 대한 철저한 분석을 통해 어떠한 상품이 고객 Needs에 부합하는지 정의한다. 그리고 보험에 대한 보장급부, 즉 상품에 대한 Benefit를 어떻게 구성할 것인지를 결정하고 따져보아야 한다. 그런 다음 보험 요율을 개발하고 보험 수리(數理)상의 문제는 없는지, Underwriting상의 문제는 없는지, 어떻게 하면 Under-writing을 효율적으로 활용할 수 있는지 등을 결정해야 한다.

　이러한 마켓 분석 및 고객의 Needs를 정의하려면 단순히 보유하고 있는 인구통계적인 고객 데이터베이스만을 활용하지 말고, DM, TM 등을 통해 마켓에 대한 Research를 실시해야 한다. 아울러 은행의 업무상 추가로 파악할 수 있는 고객의 성향, 속성, 구매정보 등과 같은 기록을 데이터베이스 Field에 추가하는 등 데이터베이스를 업그레이드해 살아 있는 고객 데이터베이스를 활용해야만 정확한 고객의 Needs가 분석되고 현실감 있는 보험상품이 개발 될 것이다.

　그 다음 보장급부, 즉 Benefit이 구성되면 방카슈어러가 얻을 수 있는 Profit Model을 개발, 상품에 부가할 특약을 정의하고 부가 보험료, 즉 사업비 규모의 기준을 설정해야 한다.

　이렇게 상품 개발이 완료되면 그 보험에 가입할 고객의 생애가치, 평생 구매금액, 즉 Lifetime Value를 측정해 고객에게 적합한 마케팅 전략을 수립 실행하면 된다(〈그림 3-2〉 참조).

고객 Profile과 트랜드 측정과 같은 마켓 분석은 현재의 은행 고객이 지속적으로 관계가 유지된다는 전제 하에 이루어지는 것이다. 이러한 분석은 데이터베이스를 기초로 한 마켓 Segment가 수반되어야 한다(제2장 5절 'Customer 데이터베이스 활용 전략' 에서 상세하게 설명했음).

마켓 Segment에는 라이프 사이클, 라이프 스타일, Life Stage에 따라 segment하는 등 여러 가지 방법이 있다. 하지만 상품 개발을 위해서는 고객의 라이프 스타일과 Life Stage에 중점을 두고 연구해 볼 필요가 있다.

라이프 스타일에 대해서는 제2장 '데이터베이스 Field 활용' 부분에서 설명했으므로, 이 장에서는 Life Stage에 대해 살펴보도록 한다.

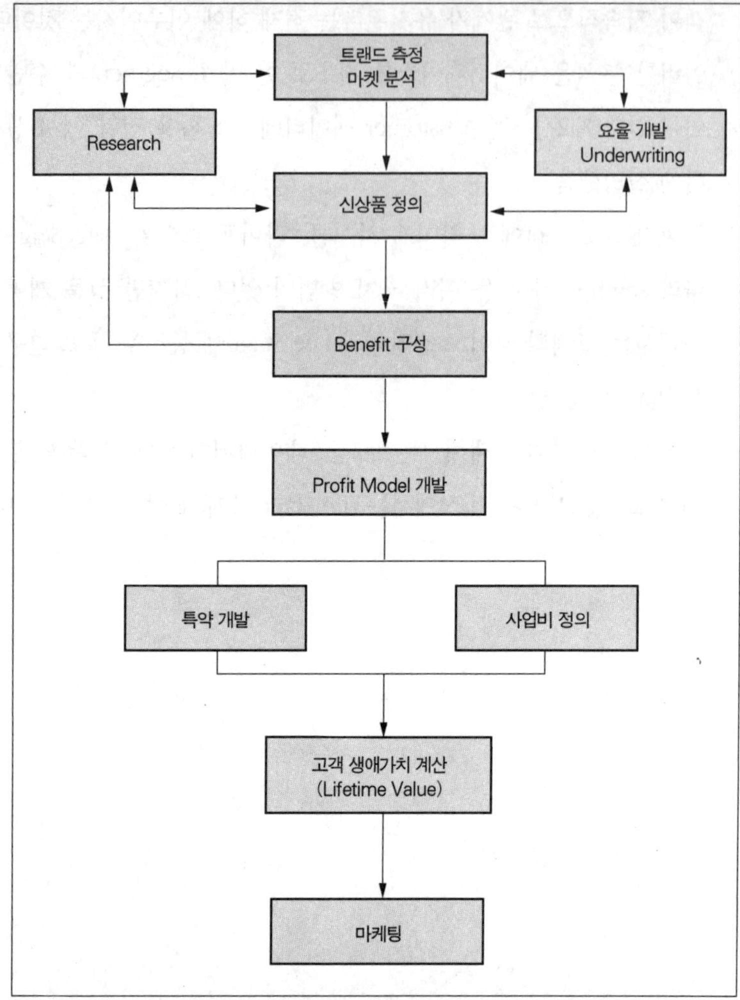

* 151 Secrets of Insurance Direct Marketing Practices Revealed. By Donald R. Jackson

3. Life Stage Event

라이프 사이클, 라이프 스타일, Life Stage 등은 모두 일반 대중을 구별할 수 있는 부분으로 나누기 위해 사용되는 것으로, 일반적으로 4~5개로 분류, 사용했다. 그러나 인간의 삶이 그전보다 변화의 기회가 많아지고 분류의 기술 또한 발달함에 따라 최고 20개 이상으로 분류하는 경우도 있다. 이러한 분류는 데이터베이스를 분석하는 기준으로 활용되고 있다.

1) 일반적인 Life Stage의 분류

- 21세 미만
- 미혼자
- 결혼한 자
- 자녀가 있는 가족
- 퇴직자

Life Stage는 삶을 변화시키는 moment이다. 따라서 보험상품에 대한 구매욕구 및 경향도 Life Stage에 따른 Event에 의해 달라지며, 과거 생명보험에 대한 고정관념, 즉 '생명보험은 구매되는 것이 아니라 팔리는 것이다' 라는 개념도 Life Stage Event에 의해 불식될 수 있는 것이다. Life Stage Event는 고객의 전형적인 구매 자극의 요인이 되는 것이다.

이와 같이 Life Stage Event는 그것이 발생될 때마다 고객으로 하여금 재정적 · 금전적인 상황을 재검토함으로써 Life Plan을 수정 또는 재정립하게 하는 계기가 될 수 있는 것이다.

그러므로 여기서는 Life Stage Event를 연대기(年代期) 형태로 살펴보고자 한다. 왜냐하면 10대는 장차 방카슈랑스의 고객이 될 수 있을 뿐 아니라 현재의 고객일 수도 있기 때문이다.

2) Life Stage 분류

❑ 12세 미만 — 초등학생 시절
- 방카슈랑스의 미래 잠재고객
- 조기 교육에 따른 자금 수요자
- 재산 상속의 자금 수요자
- 최근 교육, 사회문제 등으로 상해보험의 대상으로 급부상

❑ 10대 — 중 · 고등학생 시절, 1318세대, N세대, M세대
- 최초 스스로 은행계좌 개설
- 은행계좌 개설시 Long term
- 자본주의적 사고에 처음 접하게 되며 현재 소비의 주축
- 부모 세대의 경험으로부터 많은 영향
- Image 마케팅의 대상
  - 일본의 토마토은행, 영국의 에그(Egg)은행 등
- 최근 10대 마케팅의 대상 군단(群團)

❏ 대학생 · 재수생

- 가정에서의 1차적인 생활적 독립
- 저축보다 소비 위주의 생활로 항상 자금부족
- Lifetime 중 가장 Active한 시기
- 학자금 대출 등으로 은행의 로열티를 제고
- 다중 은행 거래로 은행 비교

❏ 취업

- 가정에서의 2차적인 경제적 독립
- 인생의 경제적 계획 수립
- 부모에 대한 경제적 보답
- 주거래 은행 결정
- 학자금 대출 상환

❏ 최초의 담보 또는 신용 대출

- 주요 경제적인 책임, 즉 의무 발생
  - 대부분 30세 이하, 신혼 초부터 시작
- 대출금 상환 자금의 준비 필요
  - 사망시 대출금의 상환 → 생명보험
  - 실직, 사고 등 소득 상실시 대출금의 상환 → 소득보상보험
  - 불치병에 걸렸을 때 대출금의 상환 → 암 등의 질병보험
  - 담보물권의 손실시 대출금의 상환 → 화재 · 손해보험
- 대출자 및 상환 자금 준비 필요성 증가
  - 자영업자의 증가

-1인 가구의 증가

-독신 여성의 담보 대출 증가

-이혼의 증가로 고령 여성의 담보대출 증가

❏ 결혼과 신혼 생활

• 부모로부터 완전한 독립체 구성

• 배우자 상호간의 경제적 보호 준비 필요

-맞벌이와 무관하게 여성의 보장 필요성 대두

❏ 자녀 출산

• 자녀에 대한 양육 의무, 특히 경제적 의무의 시작

-부모의 사망, 질병, 영구적인 장해, 실직 등의 변수

-최소한 자녀의 경제적 자립 시기까지 의무

• 자녀 추가 출산시 양육 의무 증가

-일부 가정 1가족 2자녀에서 3자녀로 증가

-세번째 자녀 늦둥이 붐

• 자녀 교육열에 의한 사교육비 준비

-조기 교육비

-학원, 과외 등 사교육비

-가처분 소득의 실질적 감소

❏ 맞벌이 부부

• 맞벌이 소득 수준에 맞는 삶의 수준 유지

-부부 중 한 명 사망, 질병 등으로 소득 상실시 경제적 준비

- 가정주부의 가사노동에 대한 경제적 가치 인정 필요

  -사망, 질병 등으로 노동력 상실에 대한 경제적 준비

❏ 담보대출의 상환

- 가처분 소득의 증가

  -담보대출 상환 준비금에 대한 가처분 소득 증가

❏ 자녀 결혼

- 자녀에 대한 경제적 부담 감소

  -가처분 소득이 증가

  -경우에 따라 결혼 비용으로 실질적인 가처분 소득 감소 가능

❏ 50세 이상 — The Gray 마켓, G(Golden Age)세대

- 인생의 안정기

  -자녀 결혼, 손자 · 손녀 출산 등으로 안정적인 가정 생활

  -자녀 결혼, 담보대출 상환 등의 경제적 의무 소멸

- 여생에 대한 질 높은 삶의 강력한 욕구

  -노부부만의 경제적 노후 계획 최종수립

  -상속, 증여 등의 사전 준비

❏ 정년 퇴직

- 노동력은 있으나 기회 상실로 정기적인 소득 상실

  -개인적 노후 준비에 대한 경제적 지원 시작 시기

- 새로운 소득에 대한 자금 계획

−퇴직금 등 가처분 소득 증가분에 대한 자금 계획

−개인적 준비한 연금에 대한 자금 계획

❑ 60세 이상 ― The Elderly 마켓

• 최저 생활자금 및 개인적 준비 자금의 소득 대체

−공적부조의 사회보장 지원

−개인적 준비 연금 수급

• 평온한 여생과 사후(死後)를 대비한 자금 계획

−여생에 대한 건강 보장 및 만약의 사태에 대비한 간호,

보호 준비

−재산 양도 등 상속세에 대한 계획

−장례식 비용 등 사후에 따른 경제적 준비

인생의 모든 것은 순조롭게만 진행되는 것이 아니다. 갑작스러운 변화에 의해 우리의 인생이 달라지는 경우를 종종 볼 수가 있다.

이러한 변화는 외부적인 요인에 의해 어쩔 수 없이 당하는 경우도 있지만, 우리의 내부적인 요인에 의해 인생의 변화를 겪게 되는 경우도 있다. 미래의 경제적인 문제에 대해 재검토하고, 다시 구체적인 계획을 수립 조정해야 하는 경우가 대부분이다.

3) 주요변화의 요인

❑ 이혼(離婚)

• 현재 결혼한 10쌍 중 3쌍이 이혼. 1998년, 1일 339쌍 이혼

- 쌍방이 각자의 새로운 상황에 맞는 경제적 준비 필요

❑ 재혼(再婚)
- 이혼 남녀의 재혼율 8%대로 증가 추세
- 새로운 인생에 대한 경제적 준비 필요

❑ 사별(死別)
- 상실감의 극복 및 유가족을 위한 경제적 능력 변화
- 상속에 관련한 경제적 조치 필요

❑ 명예퇴직 및 이직(移職)
- 명예퇴직금 등 가처분 소득의 증가
- 이직에 따른 퇴직금 등 가처분 소득의 증가

❑ 이사(移徙)
- 주택의 크기 변화에 따른 경제적인 부담 변화
  - 규모를 크게 할 경우 추가자금 필요
  - 규모를 축소할 경우 여유자금 발생

❑ 기타 다른 요소
- 개인적인 상황에 따른 변화
  - 새로운 사업의 개시
  - 타 사업과의 제휴 체결
  - 사업의 성공

-사업의 쇠퇴

-사업의 파산 또는 도산

-주택의 소유권 회복

-복권 당첨 등

• 외부적인 상황에 따른 변화

-금융기관의 영업정지 등 파산

-주식시장의 붕괴 및 활황

-정부의 경제 정책의 변화

-금융권의 이자율의 변화

-정부의 정권 교체 등

4) 일반적인 Life Stage 분류에 따른 경제적 수요 및 Benefit 수요

구 분	주요 경제적 수요	Benefit 수요
21세 미만	• 사교육 학자금 • 공교육 학자금 • 레저 생활 자금 • 일반적인 소비 자금 • 질병 치료	• 사교육비 보장 • 공교육비 보장 • 레저 활동 보장 • 질병 치료비 보장
미혼자	• 결혼 자금 • 주택 임차 자금 • 자동차 구입 자금 • 레저 생활 자금 • 자기 계발 자금 • 질병 치료	• 주택임차 대출 상환 보장 • 자동차 할부금 상환 보장 • 레저 활동 보장 • 질병 치료비 보장
기혼자	• 일반 생활 자금 • 레저 생활 자금 • 주택 구입 자금 • 자동차 구입 자금 • 부부 부양 자금 • 질병 치료	• 주택구입 대출 상환 보장 • 주택임차 대출 상환 보장 • 자동차 할부금 상환 보장 • 레저 활동 보장 • 부부 부양 자금 보장 • 질병 치료비 보장
자녀가 있는 가족	• 자녀 양육 자금 • 사교육 학자금 • 공교육 학자금 • 주택 이전 자금 • 질병 치료	• 사교육비 보장 • 공교육비 보장 • 자녀 양육비 보장 • 주택이전 대출 상환 보장 • 질병 치료비 보장
퇴직자	• 퇴직 후 생활 자금 • 노후 생활 자금 • 자녀 결혼 자금 • 사후 정리 자금 • 질병 치료	• 노후 생활 자금 보장 • 자녀 결혼 자금 보장 • 사후 정리 자금 보장 • 질병 치료비 보장

5) Life Stage Event별 경제적 변화 및 Benefit 수요

구 분	주요 경제적 수요	Benefit 수요
12세 미만	• 조기 교육 자금 대상 • 사교육 자금 대상 • 집단적 최초 사회 생활 • 질병 치료	• 조기 교육비 보장 • 사교육비 보장 • 사회 생활 자금 보장 • 질병 치료비 보장
10대	• 적극적인 소비 활동 시작 • 조기 교육 자금 대상 • 사교육 자금 대상 • 자본주의 사회 생활 시작 • 커뮤니케이션 세대 • 네트워크 세대 • 1318세대 • 질병 치료	• 조기 교육비 보장 • 사교육비 보장 • 사회 생활 자금 보장 • 질병 치료비 보장
대학생 재수생	• 공교육 자금 필요 • 소비 활동 정점 • 개인적 레저 생활 • 최초 경제적 활동 시작 • 자기 계발 활동 • 독립 욕구 세대 • 질병 치료	• 공교육비 보장 • 레저 활동 보장 • 질병 치료비 보장
취 업	• 독립적인 경제 활동 • 경제적 자립 계획 수립 • 주거래 은행 결정 • 자기 계발 활동	• 부모 질병 치료비 보장 • 유고(有故)시 부모 생활 보장
최초 담보 · 신용 · 대출	• 대출 상환 의무 • 이자 납입 의무 • 신용거래 의무 • 상환 보증 의무	• 대출 상환 보장 • 신용 거래 보장
결혼과 신혼	• 주택 임차 • 주택 구입 • 자동차 구입 • 적극적 레저 생활 • 부부 부양 의무 • 질병 치료	• 주택 임차 대출 상환 보장 • 주택 구입 대출 상환 보장 • 자동차 할부금 상환 보장 • 레저 활동 보장 • 부부 부양 자금 보장 • 부부 질병 치료비 보장

구 분	주요 경제적 수요	Benefit 수요
자녀 출산	• 자녀 양육 의무 • 자녀 질병 치료 의무 • 자녀 교육 의무	• 자녀 양육비 보장 • 자녀 질병 치료비 보장 • 자녀 교육 자금 보장
맞벌이 부부	• 자녀 위탁 양육 • 생활 수준의 상향 • 고급 자동차 구입 • 레저 활동의 다양화 • 주택 이전 • 전직 또는 이직 • 질병 치료	• 자녀 양육비 보장 • 자녀 질병 치료비 보장 • 자녀 교육 자금 보장 • 부부 부양 자금 보장 • 레저 활동 보장 • 부부 질병 치료비 보장 • 자동차 할부금 상환 보장 • 주택 구입 대출 상환 보장
담보 · 신용 대출 상환	• 대출 관련 자금 여력 • 이자 납입 완료	• 가처분 소득 수익 보장
자녀 결혼	• 자녀 결혼 자금 필요 • 제2의 식구 증가 • 자녀 양육 의무 종결 • 레저 생활의 고급화 • 부부만의 생활 • 질병 치료	• 자녀 결혼 자금 보장 • 제2의 식구 경제력 보장 • 레저 활동 보장 • 부부 부양 자금 보장 • 부부 질병 치료비 보장
50세 이상	• 3세대 생활 • 자녀의 경제적 의무 소멸 • 재산 상속 계획 수립 • 전직 또는 이직 • 퇴직금 자금 계획 수립 • 노령 질병 치료	• 손자 생활 자금 보장 • 노령 질병 치료비 보장
정년 퇴직	• 퇴직 후 노후 생활 시작 • 새로운 일 시작 • 퇴직금 자금 계획 집행 • 개인연금 수급 시작	• 노후 생활 자금 보장 • 퇴직금 수익 보장
60세 이상	• 국민연금 수급 시작 • 개인연금 수급 시작 • 재산 상속 구체화 • 노령 질병 치료 • 사후 정리 계획 수립	• 노후 생활 자금 보장 • 노령 질병 치료비 보장 • 사후 정리 자금 보장 • 손자의 생활자금 보장

6) Life 주요 변화 요인에 따른 경제적 변화 및 Benefit 수요

구 분	주요 경제적 수요	Benefit 수요
이혼	• 경제력 감소 또는 무능 • 생활력 감소 또는 무능 • 부부 부양 의무 소멸 • 자녀 양육 의무 변경 • 자녀 교육 의무 변경 • 질병 치료	• 자녀 양육비 보장 • 자녀 교육자금 보장 • 개인적 생활자금 보장 • 질병 치료비 보장
재혼	• 경제력 증가 • 생활력 증가 • 부부 부양 의무 발생 • 자녀 양육 의무 변경 • 자녀 교육 의무 변경 • 질병 치료	• 자녀 양육비 보장 추가 • 자녀 교육 자금 보장 추가 • 부부 부양 자금 신규 보장 • 질병 치료비 신규 보장
사별	• 경제력 감소 또는 무능 • 생활력 감소 또는 무능 • 배우자 경제적 독립 • 유자녀 양육 의무 변경 • 유자녀 교육 의무 변경 • 사망보장 급부 • 상속 등 재산 분할 • 유족 질병 치료	• 사후 정리자금보장 • 배우자 생활자금 보장 • 유자녀 생활자금 보장 • 유족 질병 치료비 보장 • 유자녀 양육비 보장 • 유자녀 교육자금 보장
명예퇴직 또는 이직	• 명예 퇴직금 발생 • 일반 퇴직금 발생 • 월 소득 변경 • 공적보험 혜택	• 노후 생활 자금 보장 • 자녀 양육비 보장 • 자녀 결혼 자금 보장 • 퇴직금 수익 보장
이사	• 주택 규모 변화 • 주택구입 추가 자금 필요 • 주택 매매 여유자금 발생	• 주택구입 대출 상환 보장

이와 같이 Life Stage Event별로 새로운 경제적 변화가 일어나며, 그에 따라 경제적 수요도 달라지며 새롭게 수요가 창출하게 된다. 이러한 가운데 보장급부, 즉 Benefit에 대한 수요가 자연스럽게 발생하게 되는 것이다(〈그림 3-3〉 참조).

그러나 보험의 필요성에 대한 고객의 이해는 우리의 상상을 초월할 정도로 전 근대적이고 무지한 편이다.

그러므로 방카슈랑스를 도입하면서 이러한 이해를 불식시키기 위해서는 상품 내용의 디자인부터 판매, 마케팅 자료까지 고객의 보험에 대한 인식을 제고할 수 있는 체계적인 준비가 필요하다. 즉 상품을 고객이 이해하기 쉽게 설명 할 수 있도록 하고 항상 변화하는 고객의 Needs를 충족시키기 위한 융통성을 가져야 한다.

❏ 고객의 생명보험에 대한 전형적인 인식과 태도

- 그런 일은 나한테는 생기지 않을 거야
- 만약 나에게 무슨 일이 생기면 내 가족이 나를 돌볼 거야
- 난 그런 것은 필요하지 않아
- 그런데 돈을 쓸 여유가 없어
- 생명보험은 너무 복잡하다
- 보험사 보험금을 지급하지 않을지도 모른다
- 큰 일이 생기면 정부에서 보조금을 지급할지도 모른다

고객기념일 DB구축 '맞춤서비스'

@테크

이벤트기반 마케팅(EBM)

마케팅 홍수의 시대다. 기업마다 자기 회사를 알리고 상품을 하나라도 더 팔며 서비스하기 위해 안간힘을 쓴다. 아침에 신문을 펼치면 각종 광고 전단물이 쏟아져 나오고 우편함에는 우편홍보물(DM)들이 가득하다. 사무실로는 물품 구매를 권하는 전화가 걸려온다.

그런데도 정작 나에게 필요한 정보는 쉽게 찾기 어려운 게 현실이다. 그러다 보니 은행에서 보내오는 적금 안내우편물이나 카드사에서 보내오는 통신판매 광고물이 공해로 느껴지기까지 한다. 기업이 보내는 정보가 받는 사람에게는 당장 필요치 않은 것이기 때문이다. 기업 입장에서도 이러한 캠페인들의 반응률이 4~6% 수준에 그치기 때문에 투입된 비용에 비해 실익이 적다.

이런 와중에 최근 이벤트기반 마케팅(EBM)이 관심을 끌고 있다. 이벤트기반 마케팅은 고객이 필요로 하는 것을 적절한 시기에 제시함으로써 마케팅 효과를 올리고자 하는 것이 목적이다.

'적절한 시기란 어떤 것일까. 이벤트기반 마케팅에서는 고객의 요구가 변화하는 것을 알 수 있는 특정한 사건이나 행동을 이벤트로 정의한다. 예를 들어 승진 결혼 출산 생일, 적금의 만기나 해약 등이 이벤트가 될 수 있다. 이러한 이벤트는 고객에 대한 정보를 파악하거나 고객의 거래행동을 데이터화해 패턴을 분석해봄으로써 찾아낼 수 있다.

이벤트기반 마케팅은 고객관계관리(CRM)개념이 보급되면서 고객에 대한 다양한 정보가 DB에 보관되고 분석됨으로써 보다 활발하게 사용되고 있다.

간단한 예를 들어보자. A은행은 꾸준히 거래해 온 홍길동씨가

결혼-출산-생일-승진 특정사건등 이벤트화 기업-고객 '해피투게더'

어느날 2000만원을 출금한 사실을 알게 됐다. 평소 거액거래가 없었던 홍길동씨의 거래는 이벤트로 파악됐고 다음날 은행에서는 전화를 통해 홍길동씨가 아파트를 분양받기 위한 계약금으로 출금한 사실을 확인하게 됐다.

은행에서는 즉시 홍길동씨에게 적합한 몇 가지 주택대출 상품을 알리고, 홍길동씨가 은행과 거래해 온 실적에 맞는 우대금리를 제시했다. 그 결과 홍길동씨는 다른 은행에 가지 않고도 매우 유리한 조건의 주택대출을 제 때 받을 수 있게 됐다.

이처럼 이벤트기반 마케팅은 기본적으로 기업과 고객 모두에게 도움이 된다. 은행은 고객의 주요 변화사항에 대해 신속하고 유연하게 대처함으로써 고객이 다른 은행이 아닌 자기 은행에서 대출받도록 유도할 수 있었다. 또한 고객은 자가가 필요로 할 때 유익한 정보와 제안을 받을 수 있었다.

이벤트기반 마케팅을 보다 체계적이고 다양하게 실현하기 위해서는 여러가지 기술적인 조건이 갖춰져야 한다. 의미있는 이벤트를 정의하기 위해서는 고객에 대한 다양한 정보가 데이터베이스화돼 축적돼야 한다. 축적된 정보를 면밀히 분석하기 위해서는 데이터마이닝과 같은 통계적인 기법도 충분히 활용돼야 한다.

실제로 이벤트기반 마케팅을 체계적으로 실행하기 위해서는 데이터웨어하우스·마이닝시스템·캠페인관리시스템·통합 메시징 시스템(UMS) 등이 구축되고 유기적으로 이용되는 것이 유리하다. 물론 이러한 시스템이 일부 부족하더라도 이벤트기반 마케팅이 수행될 수 있음은 당연한 이야기이다.

정보의 홍수시대라고 할 수 있는 요즈음 기업과 고객 모두에게 도움이 될 수 있는 이벤트기반 마케팅이 보다 많이 쓰여지길 기대해 본다.

현진석 DMS 사장 jshyun@dms-lab.co.kr

4. 상품 개발의 성공요소

앞에서 살펴보았듯이 Life Stage는 삶을 변화시키는 Moment로 나타나 있다. 이러한 Moment는 결국 보험상품의 구매 동기와 연관이 있다. 결국 보험상품의 구매 동기는 환경 변화에 따른 불안정한 미래에 대비하는 심리적 안정과 삶의 질에 대한 Needs와 연관되는 것으로 나타난다. 그러므로 보험상품을 개발하려면 인간의 근본적인 Needs와 보험상품에 대한 구매 동기를 분석해야 한다. 그 다음 고객의 이해도를 높일 수 있는 방안을 모색, 고객이 손쉽게 보험상품에 접근하고, 그 동안의 보험에 대한 고정관념을 불식함으로써 스스로 보험상품을 선택할 수 있게 해야 할 것이다.

1) 인간의 Needs에 대한 분석

- 심리적인 Needs
- 안전에 대한 Needs
- 애정에 대한 Needs
- 수용에 대한 Needs
- 존경에 대한 Needs
- 자아성취에 대한 Needs

2) 보험상품의 구매 동기 분석

- 재정적인 수입 또는 저축

- 명성의 획득
- 자녀와 가족을 위한 지원
- 자기 개발
- 흥미
- 시간과 노력의 절감
- 손실의 예방

  (Andi Emerson, "마케팅 Copy Writers")

3) KISS의 원칙 — Keep It Simple Stupidly

☐ 고객과 판매자가 손쉽게 알 수 있는 상품
- 극히 제한적인 옵션
- 단순한 보험 요율 적용
- 간단한 Underwriting

  −최소한의 Underwriting 또는 NO Underwriting

☐ 심플한 상품 보장 내용

☐ 고객이 인지하고 있는 가치에 대한 보장

☐ 심플한 확인 절차 및 가입 절차

☐ 심플한 보험금 청구 절차 및 지급 절차

  그러나 방카슈랑스의 경우에는 일반 보험상품과 달리 은행과 업무제휴를 통해 이루어지는 것이다. 따라서 외부 고객, 즉 일반 보험 가입자만을 염두에 두고 상품을 개발해서는 안 된다. 내부 고객인 은행도 만족을 시켜야만 방카슈랑스의 상품으로서 적합한 것이다.

그러므로 은행의 주요 업무와 간단하게 연계해 판매할 수 있는 보험상품부터 개발, 판매를 해야 한다. 그 후 단계별로 복합적인 Benefit을 줄 수 있는 상품으로 다각화할 필요가 있다.

4) 상품 개발시 유의할 점

❑ 은행이 얻을 수 있는 이점을 최대한 반영해야 한다
- 일반 고객에게 추가 서비스를 제공하는 형태
- 대출 리스크의 관리 도구로 이용
- 대출자에게 추가 서비스를 제공하는 형태
- 추가 서비스를 통한 고객의 이탈 감소, 즉 단골고객화

❑ 고객이 얻을 수 있는 이점을 최대한 반영해야 한다
- 보험상품에 대한 접근의 용이성
  - 간편한 청약, 간단한 보험금 청구 및 지급
- 그룹 가격〔군단(群團)보험료〕으로 인한 가입비용 효율화
- 가족 보호에 대한 Needs 충족
- One Stop Financial Shopping Service

방카슈랑스 상품 전략

1. 일반적인 방카슈랑스 상품 전략

앞에서 살펴본 것처럼 우리의 방카슈랑스 상품 전략은 우선 고객을 이해하고 고객의 인간적인 Needs, Life Stage별 Needs 등을 파악해야 한다. 고객의 Needs에 가장 부합하는 Benefit를 줄 수 있는 상품을 개발하는 것이 가장 중요하다. 하지만 방카슈랑스 마케팅 특성상 내부 고객의 만족을 간과해서는 성공을 장담하기가 어려운 것이다. 그러므로 외부 고객의 Needs와 함께 내부 고객에 대한 Needs를 파악, 상품을 개발해야 할 것이다. 결국 은행과 제휴된 업무에 대해 원만한 협조가 이루어지고 은행 내부의 방카슈랑스 마케팅에 대한 성숙된 분위기가 조성돼야만 실질적으로 성공할 수 있을 것이다. 따라서 어느 한쪽에만 비중을 두어 상품을 개발할 수는 없을 것이다.

1) 제휴 은행에 메리트를 줄 수 있는 상품

❑ 은행의 금융 상품과 논리적 결합 필요

❏ 은행의 수익 구조에 Plus

- 예금과 대출에 대한 마진

- 자산 운용 수익

- 기타 수수료

- 신용카드 사업 수익

- 부가 서비스로 인한 고객의 Lifetime Value 극대화

2) 상품 개발의 Approach

❏ 신용 관련 보험

- 일반적인 신용 대출금과 신용카드 대출금에 대한 보장

- 사망, 장해 등으로 인한 대출 상환능력 상실에 대한 보장

- 대출금 잔액과 동일한 체감형 보장

❏ Mortgage 관련 보험

- 주택 등 일반 담보 대출금에 대한 보장

- 사망, 장해 등으로 인한 대출 상환능력 상실에 대한 보장

- 대출금 잔액과 동일한 체감형 보장

❏ 개인연금과 관련 보험

- 은행의 개인연금신탁 제도의 보완

- 개인연금의 종신연금 수령 보장

- 개인연금의 연금 수령 후 사망시 상속 보장

❏ 고객 서비스 관련 보험

　• 은행의 멤버십 고객, 우수고객 서비스

　• 신용카드 우수고객 서비스

　• 최소한 보험의 보장 기간만큼은 이탈 고객 미발생

❏ 절세(節稅) 관련 보험

　• 은행의 이자소득세 부과제도 보완

　• 보험의 장기유지 혜택인 이자소득세 감면제도 활용

❏ 기타 전략적 제휴 보험

　• 해외유학 관련 보험

　• 해외 어학연수 관련 보험

　• 결혼(Honeymoon) 관련 보험

❏ 향후 개발가능 보험

　• 개인 의료보장 관련 보험

　• 장례 관련 사후정리 보험

　• 노인 치매(Alzheimer) 및 중풍 개호 보험

　• 1일 상호부금(一日 相互賦金) 보험

　• 기타 향후 개발가능 보험

　　－체감형 종신 양로보험과 은행의 업무 연계

　　－체감형 정기보험과 은행의 업무 연계

　　－은행의 자산 운용기법과 연계한 뮤추얼 펀드 보험

　　－상속, 증여세 세제혜택 관련 보험

-60세 이후의 특정 질병 치료보장 보험 등

2. Life Stage별 방카슈랑스 상품 전략

Life Stage별 방카슈랑스에는 앞에서 살펴본 각 Stage별 Benefit에 따른 상품 전략이 필요하다. 이러한 상품 전략은 내부 고객인 은행의 Needs를 충분히 반영, 가장 적절한 상품으로 개발되어야 하며 은행의 내부 고객 만족을 통한 마케팅 시스템과 연계되었을 때, 고객의 Life-time Value를 극대화시키고 방카슈랑스의 시너지 효과를 나타낼 수 있을 것이다. 그러나 일부 Life Stage별 Benefit 수요는 그 Stage에서 직접 혜택을 원하는 것이다. 하지만 그 Stage에서 준비하는 것이 아니라 훨씬 이전 Stage에서 사전 경제적 준비를 해야만 해당 Stage에서 혜택을 받을 수 있는 것이 있다. 따라서 이러한 Benefit 수요는 마케팅 전략 수립시 시의적절한 Stage를 선택, 데이터베이스 Mining을 통한 해당 고객을 Approach해 적극 판매하는 형태의 전략 수립이 필요하다.

1) 사전 준비가 필요한 Benefit

- 노후 생활자금 보장
- 질병 치료자금 보장
- 노령 질병 치료자금 보장
- 자녀 결혼자금, 학자금 등 저축을 통한 자금 보장
- 절세(節稅) 등의 수익 보장
- 연령별 보험료 차등의 경우 저연령대에 준비 등

2) 일반적인 Life Stage 분류에 따른 상품 전략

구 분	주요 상품 전략
21세 미만	• 일반 재해 및 상해치료자금 보장 상품 • 부모 유고시 사교육비 보장 상품 • 부모 유고시 공교육비 보장 상품 • 부모 유고시 유자녀 생활 자금 보장 상품 • 질병 치료자금 보장 상품
미혼자	• 주택 임차 대출 후 유고에 의한 상환 보장 상품 • 자동차 할부금 유고에 의한 상환 보장 상품 • 일반 재해사고시 보장 상품 • 교통 재해사고시 보장 상품 • 질병 치료자금 보장 상품
결혼한 자	• 주택 임차 대출 후 유고에 의한 상환 보장 상품 • 주택 구입 대출 후 유고에 의한 상환 보장 상품 • 자동차 할부금 유고에 의한 상환 보장 상품 • 부부 일반 재해사고시 보장 상품 • 부부 교통 재해사고시 보장 상품 • 부부 질병 치료 자금 보장 상품
자녀가 있는 가족	• 부모 유고시 사교육비 보장 상품 • 부모 유고시 공교육비 보장 상품 • 부모 유고시 자녀 양육 자금 보장 상품 • 부모 유고시 유자녀 생활 자금 보장 상품 • 주택 이전 구입 대출 후 유고에 의한 상환 보장 상품 • 자녀 및 부부 질병 치료자금 보장 상품
퇴직자	• 노후 생활 자금 보장 상품 • 부모 유고시 자녀 결혼자금 보장 상품 • 노령 질병 치료자금 보장 상품 • 사후 정리자금 보장 상품

3) Life Stage Event별 상품 전략

구 분	주요 상품 전략
12세 미만	• 일반 재해 및 상해 치료자금 보장 상품 • 부모 유고시 사교육비 보장 상품 • 부모 유고시 공교육비 보장 상품 • 부모 유고시 유자녀 생활 자금 보장 상품 • 질병 치료자금 보장 상품
10대	• 일반 재해 및 상해 치료자금 보장 상품 • 부모 유고시 사교육비 보장 상품 • 부모 유고시 공교육비 보장 상품 • 부모 유고시 유자녀 생활자금 보장 상품 • 질병 치료 자금 보장 상품
대학생	• 일반 재해 및 상해 치료자금 보장 상품 • 부모 유고시 공교육비 보장 상품 • 부모 유고시 유자녀 생활자금 보장 상품 • 질병 치료자금 보장 상품 • 일반 재해사고시 보장 상품 • 교통 재해사고시 보장 상품
재수생	• 부모 질병 치료자금 보장 상품 • 일반 재해사고시 보장 상품 • 교통 재해사고시 보장 상품
최초담보 · 신용대출	• 주택 임차 대출 후 유고에 의한 상환 보장 상품 • 주택 구입 대출 후 유고에 의한 상환 보장 상품 • 자동차 할부금 유고에 의한 상환 보장 상품
결혼과 신혼	• 주택 임차 대출 후 유고에 의한 상환 보장 상품 • 주택 구입 대출 후 유고에 의한 상환 보장 상품 • 자동차 할부금 유고에 의한 상환 보장 상품 • 부부 일반 재해 및 상해 치료자금 보장 상품 • 부부 질병 치료자금 보장 상품 • 부부 일반 재해 사고시 보장 상품 • 부부 교통 재해 사고시 보장 상품

구 분	주요 상품 전략
자녀 출산	• 부모 유고시 사교육비 보장 상품 • 부모 유고시 공교육비 보장 상품 • 부모 유고시 유자녀 생활자금 보장 상품 • 자녀 질병 치료자금 보장 상품
맞벌이 부부	• 부부 질병 치료자금 보장 상품 • 부부 일반 재해사고시 보장 상품 • 부부 교통 재해사고시 보장 상품 • 부부 일반 재해 및 상해 치료자금 보장 상품 • 주택 구입 대출 후 유고에 의한 상환 보장 상품 • 자동차 할부금 유고에 의한 상환 보장 상품
담보 · 신용 대출 상환	• 절세 보장 상품 • 자산 운용수익 보장 상품
자녀 결혼	• 부모 유고시 자녀 결혼 자금 보장 상품 • 제2의 식구 유고시 유자녀 생활 자금 보장 상품 • 일반 재해 및 상해 치료자금 보장 상품 • 부부 질병 치료 자금 보장 상품 • 일반 재해사고시 보장 상품 • 교통 재해사고시 보장 상품 • 부모 유고시 자녀 결혼자금 보장 상품 • 제2의 식구 유고시 유자녀 생활자금 보장 상품 • 일반 재해 및 상해 치료자금 보장 상품 • 부부 질병 치료자금 보장 상품 • 일반 재해사고시 보장 상품 • 교통 재해사고시 보장 상품
50세 이상	• 손자의 일반 재해 상해 치료자금 보장 상품 • 손자의 부모 유고시 사교육비 보장 상품 • 손자의 부모 유고시 공교육비 보장 상품 • 손자의 부모 유고시 유자녀 생활자금 보장 상품 • 손자의 질병 치료자금 보장 상품 • 노령 질병 치료자금 보장 상품

구 분	주요 상품 전략
정년퇴직	• 노후 생활자금 보장 상품 • 절세 보장 상품 • 자산 운용수익 보장 상품
60세 이상	• 노후 생활자금 보장 상품 • 노령 질병 치료자금 보장 상품 • 사후 정리자금 보장 상품 • 손자의 일반 재해 및 상해 치료자금 보장 상품 • 손자의 부모 유고시 사교육비 보장 상품 • 손자의 부모 유고시 공교육비 보장 상품 • 손자의 부모 유고시 유자녀 생활 자금 보장 상품 • 손자의 질병 치료자금 보장 상품일반 • 재해사고시 보장 상품 • 교통 재해사고시 보장 상품 • 일반 재해 및 상해 치료자금 보장 상품

4) Life 주요 변화 요인에 따른 상품 전략

구 분	주요 상품 전략
이 혼	• 부 또는 모 유고시 사교육비 보장 상품 • 부 또는 모 유고시 공교육비 보장 상품 • 부 또는 모 유고시 유자녀 생활 자금 보장 상품 • 자녀 및 본인 질병 치료자금 보장 상품 • 일반 재해 상해 치료자금 보장 상품
재 혼	• 부모 유고시 사교육비 보장 상품 • 부모 유고시 공교육비 보장 상품 • 부모 유고시 유자녀 생활 자금 보장 상품 • 자녀 질병 치료자금 보장 상품 • 부부 질병 치료자금 보장 상품 • 부부 일반 재해사고시 보장 상품 • 부부 교통 재해사고시 보장 상품 • 부부 일반 재해 및 상해 치료자금 보장 상품
사 별	• 사후 정리자금 보장 상품 • 유족 질병 치료자금 보장 상품 • 일반 재해사고시 보장 상품 • 교통 재해사고시 보장 상품 • 부 또는 모 유고시 사교육비 보장 상품 • 부 또는 모 유고시 공교육비 보장 상품 • 부 또는 모 유고시 유자녀 생활자금 보장 상품
명예퇴직 또는 이직	• 노후 생활자금 보장 상품 • 부모 유고시 유자녀 생활자금 보장 상품 • 부모 유고시 자녀 결혼자금 보장 상품 • 절세 보장 및 자산운용 수익 보장 상품
이 사	• 주택 구입 대출 후 유고에 의한 상환 보장 상품 • 절세 보장 상품 및 자산운용 수익 보장 상품

방카슈랑스 상품 내용

1. 신용 관련 보험

1) 신용카드 보험(Creditor Insurance), 마이너스 통장보험

(1) 상품의 수요

신용카드는 사용자의 신용도에 따라 매월 사용금액 한도와 현금 서비스 한도를 결정한다. 사용금액에 대해 보통 50여 일 이상 자금을 대출해주는 역할을 하고 있다. 특히 외국의 신용카드는 대부분 사용금액의 최소 결재금액(예 : Citi Bank 5%)만 상환해도 신용카드의 계속 사용이 가능한 Revolving Card를 활용하고 있다. 이것이 국내에도 도입되고 있으며(〈그림 3-5〉 참조) 또한 신용카드 사업자들은 소매금융에 대한 수익성으로 카드 사용자에 대한 신용대출 사업을 확대하는 추세에 있다(〈그림 3-6〉참조).

그러나 만약 신용카드 사용자가 사망, 장해, 불치병 등의 사고로 인해 소득이 상실될 경우 유족 또는 가족, 보증인에게 채권을 행사해야 하므로 사용자 및 가족, 보증인의 경제적인 손실을 가져올 수 있다. 또한 사업자의 입장에서는 대량의 부실 채권으로 전환되어 사업의 위기를 맞이할 수도 있는 것이다(〈그림 3-7〉 참조). 특히 최근 들어 신용카드의 신규회원 가입시에는 보증인조차 입보(立保)하지 않는 경우가 대부분이다. 따라서 더욱 높은 리스크를 지니고 있는 것이다. 각 은행이 도입하고 있는 마이너스통장의 경우도 신용카드 보험과 유사하게 대출상태에서의 피보험자의 사망, 1급 장애 등에 대한 보장으로 상품화할 수 있다.

(2) 상품의 내용

일반 구매 부분은 제외하고 현금 서비스 및 사용자 대출금액을 기준으로 재해사고나 질병으로 인한 사망 또는 제1~3급 장해시와 암 진단시 등에 대출금액만큼 보장을 하는 상품으로 구성할 필요가 있다. 질병으로 인한 사망 또는 제1~3급 장해를 입은 경우에는 신체적인 Underwriting이 필요하므로 대중적으로 판매해야 하는 본 상품에는 다소 어려움이 있다. 따라서 보장에서 제외하고 상품 구성을 하는 것이 타당하다고 생각된다.

또한 암 진단에 대한 보험 요율을 산출해 보험료에 미치는 영향이 클 경우에는, 암 진단을 제외한 순수 재해사고 보장만으로 구성해도 상품에 대한 수요를 창출할 수 있을 것이다.

□ 재해사고로 인한 사망 또는 1~3급 장해시 보장

□ 질병으로 인한 사망 또는 1~3급 장해시 보장

□ 암 진단시 보장

　• 만기 환급형보다 순수 보장형으로 판매

- 사업주 부담의 대량 판매일 경우 재해사고로만 한정 판매
- 1998년 우리나라 5대 사망원인

(단위 : 인구 10만 명당)

구 분	1위	2위	3위	4위	5위
사 유	뇌혈관질환	심장질환	운수사고	간질환	위암
사망률(%)	74.0	38.7	25.7	24.8	23.9

(3) 상품의 판매 대상

- 신용카드 사용자, 갱신자, 신규 가입자
- 신용카드 사업자

(4) 상품의 판매 방법

- 신용카드 사용자, 갱신자, 신규 가입자
  - 신규 가입자는 최초 가입시 보험 가입
  - 사용자 및 갱신자는 마일리지에 따른 보험료 부담 차등
- 신용카드 사업자
  - 신규가입 회원 확보 서비스로 사업자 보험료 부담
  - Membership, 우수고객 서비스로 사업자 보험료 부담
  - 사업자의 보험료 부담은 전액 또는 일부 차등 부담 등
- 사용 한도액과 현금 서비스 한도액으로 보장 금액 설정
- 현금 서비스는 처음 사용시 자동 가입 형태
- 재해사고 보장만 구성할 경우 보험료 소액

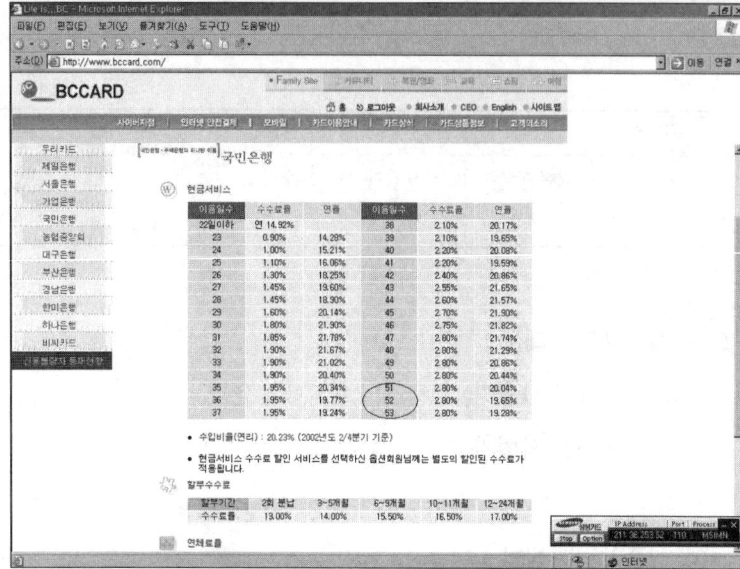

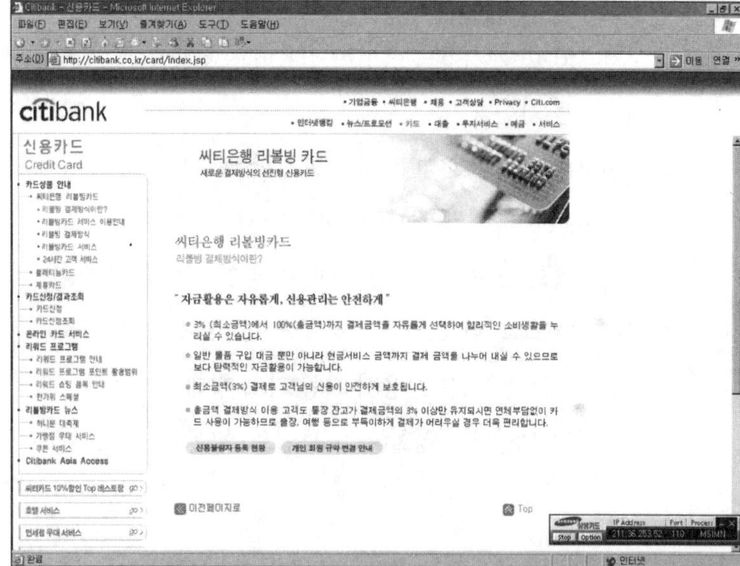

〈그림 3-6〉 신용카드사 대출(LOAN) 서비스

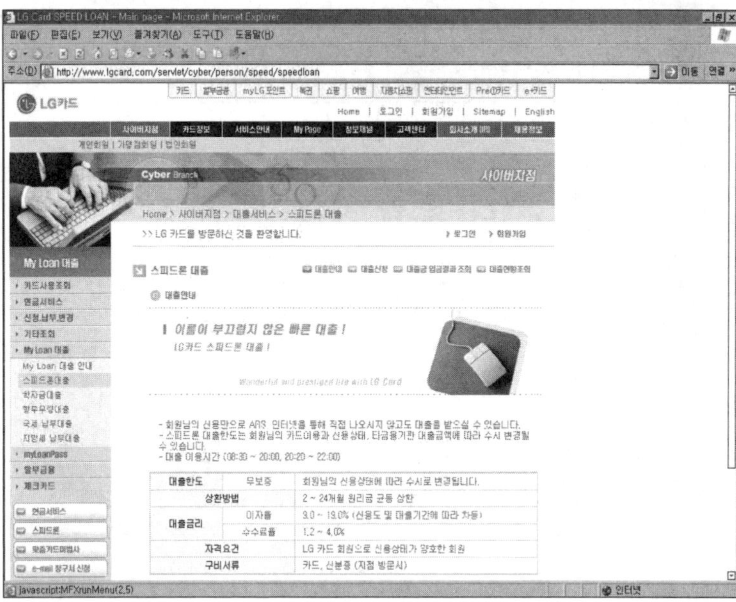

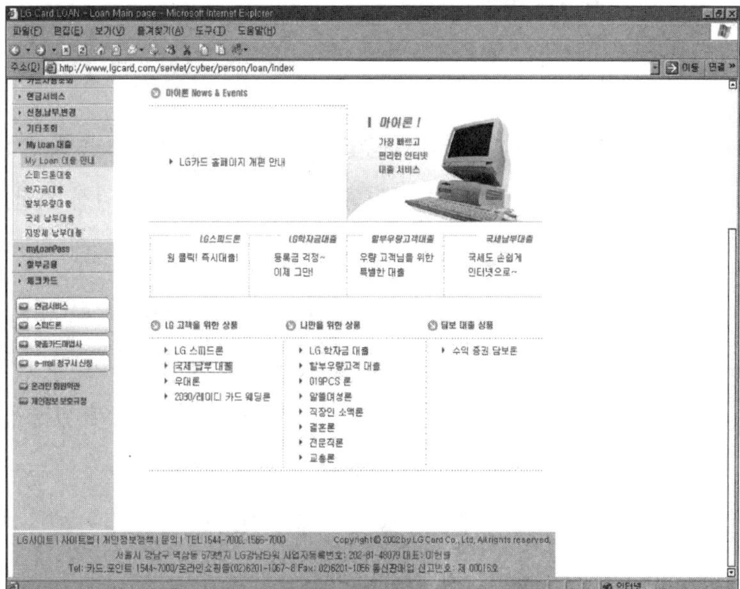

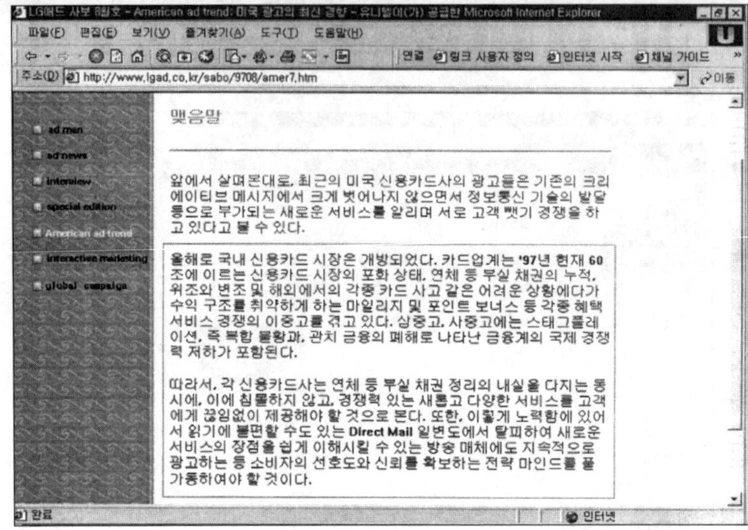

2) 상호부금 대출 보험

(1) 상품의 수요

일반적으로 소매 금융의 주중을 이루는 것 중 하나는 은행의 상부부금 저축이다. 이 저축을 가입하는 고객의 주목적은 일정 기간, 즉 은행의 요구기간 경과 후 대출을 목적으로 하는 경우가 대부분이다(〈그림 3-8〉 참조). 따라서 상호부금 저축으로 많은 고객이 대출을 받고 있다. 하지만 사망 또는 장해, 불치병 등의 진단으로 인해 지속적인 소득이 상실될 경우, 대부분 경제적인 준비가 되어 있지 않아 엄청난 경제적인 손실을 가져올 수가 있다. 은행의 경우에는 유족 또는 가족, 보증인에게 채권을 행사해야 하므로 자칫 잘못하면 대량의 부실한 채권으로 전환되어 소매금융마저 부실화될 수 있는 소지가 있다. 그러므로 요즘 기업금융의 손실 일부를 소매금융에서 보전하고 있는 은행의 현실에 비추어볼 때는 아주 중요한 사안이 될 것이다. 또한 보험은 이와 같이 계약금액을 모두 불입하지 않고, 일정 금액을 대출해주는 제도가 없으므로 보험과 같이 구성해 판매할 경우에는 보험사의 주고객도 판매의 대상이 될 수 있다. 현재에도 보험에 가입한 많은 고객이 보험사에 문의하는 사례가 많으므로 충분한 수요가 예상된다.

(2) 상품의 내용

상호부금 저축에 가입하고 고객의 필요에 의해 대출을 받을 경우, 대출금액을 기준으로 재해사고 및 질병으로 인한 사망 또는 제1~3급 장해와 암 진단시 등에 대출금액만큼 보장을 하는 상품으로 구성할 필요가 있다. 질병으로 인한 사망 또는 제1~3급 장해시의 경우에는 신체적인 Underwriting이 필요하다. 따라서 대중적으로 판매를 하는 은행의 경우에는 다소 어려움이 있다. 하지만 신계약 시스템(제2권 제4장 참조)에 의한 해결을 모색하면 충분히 가능하며, 상호부금의 경우 대부분 소액 단기대출이므로 대량 판매를 위해 보장에서 제외시켜 상품 구성을 하는 것도 하나의 방법이라고 생각된다. 또한 암 진단에 대한 보험 요율을 산출해 보험료에 미치는 영향이 클 경우에는, 암 진단을 제외한 순수 재해사고 보장만으로 구성해도 상품에 대한 수요를 창출할 수 있을 것이다.

그러나 보험사에서 판매를 할 경우에는 모든 보장을 구성하는 것이 타당하며 가입금액은 상호부금 저축을 통한 대출금액을 기준으로 판매를 하면 될 것이다.

□ Creditor Insurance와 보장내용 동일

□ 질병 및 암에 대한 보장은 신계약 시스템으로 해결

□ 만기 환급형보다 순수 보장형으로 판매

□ 은행 판매의 경우에는 재해사고로만 한정하는 것도 하나의 방법

(3) 상품의 판매 대상

□ 상호부금 저축 가입자 중 대출자

□ 상호부금 저축 판매 사업자

□ 상호부금형 대출을 원하는 자(보험사에서 판매시)

(4) 상품의 판매 방법

□ 상호부금 저축 가입자 대출시

- Tie-in-Sale 형태

- 대출금액에 따라 가입금액 결정

□ 상호부금 저축 판매 사업자

- 신규 가입자 확보 서비스로 사업자 보험료 부담

- 멤버십, 우수고객 서비스로 사업자 보험료 부담

- 사업자의 보험료 부담은 전액 또는 일부 차등 부담 등

- 대출금액에 따라 가입금액 결정

□ 재해사고 보장만 구성할 경우 보험료 소액

□ 보험사 판매시

- 질병 및 암 관련 보장 구성 판매

- 상호부금 대출 예상금액에 따라 가입금액 결정

〈그림 3-8〉 은행의 상호부금 저축

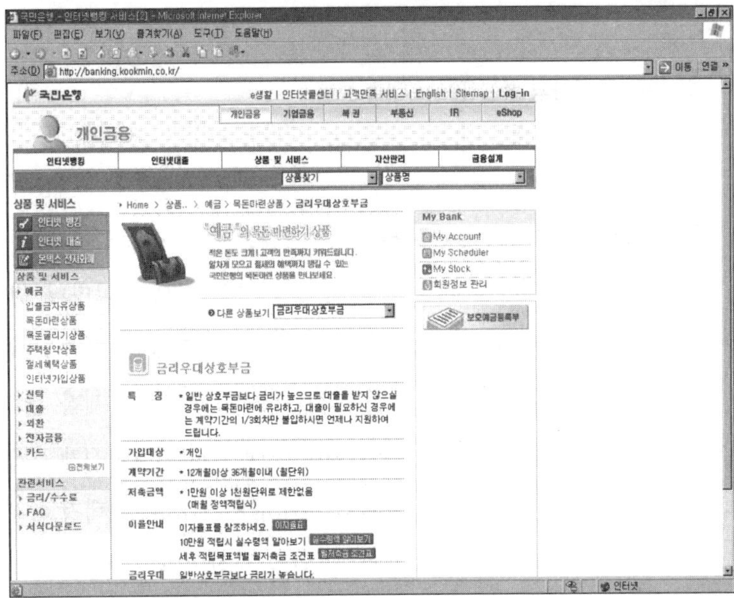

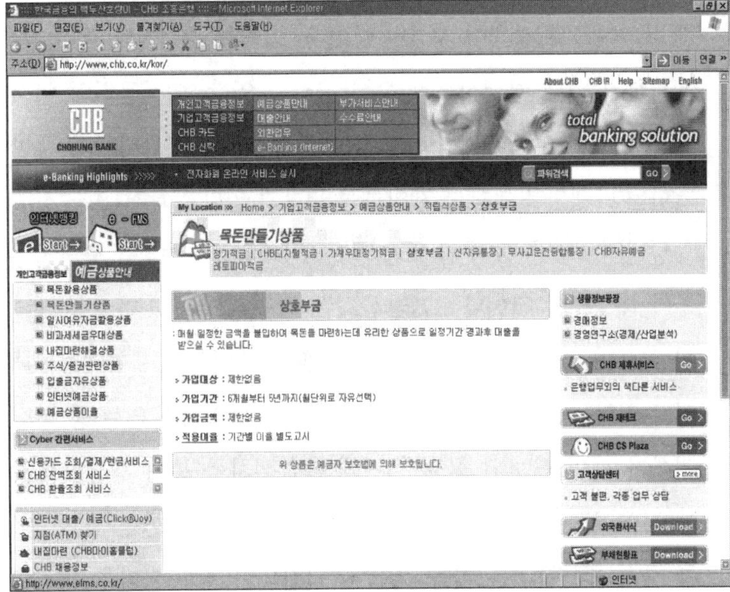

2. Mortgage 관련 보험

1) 주택 구입자금 종신(평생) 대출 보험

(1) 상품의 수요

아직까지 우리나라는 주택이 주거보다는 재산 형성의 목적을 지니고 있으며 '우리집'에 대한 수요가 대단한 것으로 나타나 있다. 그러므로 주택은행이 독점적으로 판매하던 주택청약 관련 저축을 2000년 3월 1일부터 모든 은행이 취급할 수 있도록 규제가 완화되었다. 그에 따라 각 은행의 예금 유치 경쟁이 치열하게 전개되고 있다(〈그림 3-9〉 참조). 왜냐하면 시장의 규모가 크고 주택청약 관련 저축은 타 저축보다 훨씬 장기적인 안정 자산이며 은행의 Brand와 경쟁력, 자산규모 증가에 영향을 줄 정도로 시장 선점의 효과가 크게 나타나므로 경쟁이 치열한 것이다. 이러한 주택청약 관련 저축을 유치하기 위해 경쟁적으로 수신 금리의 인상, 여신금리의 인하 등 일상적인 출혈적 마케팅만을 하고 있으므로 방카슈랑스를 통한 차별화된 마케팅을 은행에 제안해볼 필요가 있다.

일반적으로 주택 구입 또는 분양시 대출로 부족액을 충당하는 경우가 대부분일 것이다. 그러나 모든 대출은 5년, 10년 등 대출기한이 있으며, 그 기한 내 일정액을 상환하고 연장하는 형태로 이루어지고 있다. 대출기간 동안 장기간 이자를 납입하지 않는 등 부실 채권화가 되면 담보된 물권을 경매등의 절차를 통해 채권확보를 하는 것이 일반적인 사례일 것이다. 그런데 대출 기한은 사실 종신토록 규정해도 문제는 없을 것이다. 기간의 장기화에 따른 채권의 부실화를 우려하고 자금의 회수, 확보를 통해 고금리로 기업금융 등을 활용하고자 하는 목적으로 대출기한을 장기화하지 못하고 있을 것이다.

또한 법적으로 시중은행들은 3년 이상 장기대출의 원금상환 방식을 규제하던 은행법 조항〔구(舊) 은행법 31조 2항 "3년을 초과하는 대출금은 1년 이하의 할부납입으로서 정기적으로 변제되어야 한다"(2000년 4월 22일부로 폐지)〕의 문제로 장기대출을 하지 못하고 있었다. IMF 체제 이후 오히려 기업금융의 수익에 대한 부분은 개인과 소매금융보다 못한 것으로 나타나고 있다. 따라서 결국 은행은 소매금융의 규모를 확대시켜야 할 것이다. 그 중 가장 안정적인 주택 금융에 주력해야 하기 때문에 단기의 자금 회수 · 확보는 의미가 없는 것이다.

사실 종신 대출을 하더라도 우리나라 국민성으로 볼 때 우연한 사고를 제외하고 종신까지 대출을 받을 사람은 많지 않을 것이며 중도에 모두 상환을 하게 될 것이다. 채권의 부실화는 담보 물건이 감가상각되는 가치 하락 외에는 별다른 문제가 없을 것이다.

그러므로 방카슈랑스를 도입, 주택 구입자의 사망보험과 연계해 대출을 할 경우, 종신토록 대출을 실시해도 채권에 관한 문제는 발생하지 않는다. 오히려 고객 차별화에 따른 많은 수요를 창출할 수 있으며, 나아가 기존 고객의 차별화된 서비스로 방카슈랑스를 통해 보험사에서 은행에게 제공하는 최대의 Profit이라 할 수 있을 것이다.

(2) 상품의 내용

주택청약 관련 저축을 가입하고 주택분양 또는 구입시 대출을 받

을 경우 대출금액을 기준으로 재해사고 및 질병으로 인한 사망 또는
제1~3급 장해시와 암 진단시에 대출금액만큼 보장을 하는 상품으
로 구성할 필요가 있다. 질병으로 인한 사망 또는 제1~3급 장해를
입은 경우에는 신체적인 Underwriting이 필요하다. 따라서 신계약
시스템(제2권 제4장 참조)에 의거해 보험청약을 하도록 하고, 보험
기간 및 납입기간은 종신으로 하며 만약 중도에 대출금을 일부 상
환할 경우에는 보험 가입금액을 감액, 대출잔액과 보험의 보장금액
이 항상 동일하도록 서비스를 하면 납입 보험료를 낮추어줄 수 있
는 것이다.

- □ 재해사고로 인한 사망 또는 1~3급 장해시 보장
- □ 질병으로 인한 사망 또는 1~3급 장해시 보장
- □ 암 진단시 보장
- □ 질병 및 암에 대한 보장은 신계약 시스템으로 해결
  - 주택 구입자가 질병 등으로 보험 가입이 불가능할 때는 종신 대출 불가, 등기의 명의를 배우자로 변경
- □ 보험기간 및 납입기간은 종신
- □ 만기 환급형보다 순수 보장형으로 판매
- □ 대출 상환시 보장 및 보험료 체감형

(3) 상품의 판매 대상

- □ 주택청약 관련 저축 가입자 중 주택 분양 및 구입자금 대출자
- □ 주택청약 관련 저축 판매 사업자

(4) 상품의 판매 방법

□ 주택청약 관련 저축 가입자 주택 분양 및 구입자금 대출시

- Tie-in-Sale 형태
- 대출금액에 따라 가입금액 결정

□ 주택청약 관련 저축 판매 사업자

- 신규 가입자 확보 서비스로 사업자 보험료 부담
- 멤버십, 우수고객 서비스로 사업자 보험료 부담
- 사업자의 보험료 부담은 전액 또는 일부 차등 부담 등
- 대출금액에 따라 가입금액 결정

□ 일부 상환시 대출금액과 보장금액 동일한 형태로 체감

□ 추후 일반 담보대출까지 확대

□ 우수고객의 경우 무담보, 신용대출까지 확대

〈그림 3-9〉 은행의 주택청약 관련 저축

주택청약 시장 춘추전국시대

한빛銀 새로운 강자로 부상

주택청약시장이 주택은행의 독점체제가 무너져 춘추전국시대를 방불케하고 있다.

지난 3월 27일 주택청약예금이 주택은행외에 타행에서도 가능하게 되자 각 행들은 전력을 기울여 주택청약시장에서 세를 늘려나가고 있다.

한빛은행은 청약예금액이 3월 27일부터 이달 29일까지 8천1백37억원을 기록해 같은 기간 주택은행의 증가액 3천7백82억원보다 4천3백55억원이 더 많았다.

국민은행과 조흥은행 역시 청약예금액이 각각 6천3백17억원과 3천9백72억원으로 주택은행보다 많았다.

앞으로 적립될 규모를 추정할 수 있는 주택부금 계좌수에 있어서도 한빛은행은 주택은행의 14만9천1백37좌보다 2천7백52좌가 많은 15만1천8백89좌를 기록해 한빛은행이 주택청약시장에 새로운 강자로 부상하고 있음을 보여줬다.

국민은행은 12만3천8백69좌로 나타나 한빛, 주택은행 다음으로 가입계좌수가 많았다.

이에 대해 국민은행관계자는 "국민은행이 처음 청약예금을 받기 시작했을 때 타행보다 금리가 1% 낮았으며 지금은 타행들도 청약예금금리를 내려 상황이 비슷해졌으나 곧 역전시킬수 있을 것으로 본다"고 말했다.

김정민 기자

jmkim@financialdaily.co.kr

5월말 현재

	청약부금		청약예금	
	계좌수	액수(억)	계좌수	액수(억)
신한	35,705	216	35,180	2,999
서울	54,409	139	28,291	2,171
국민	123,869	313	77,436	63,173
조흥	91,353	217	54,602	3,972
한빛	151,889	511	99,205	8,137
주택	149,137	663	75,938	3,782

2000년 5월 31일 금융산업일보

〈그림 3-10〉 은행의 주택청약 관련 저축

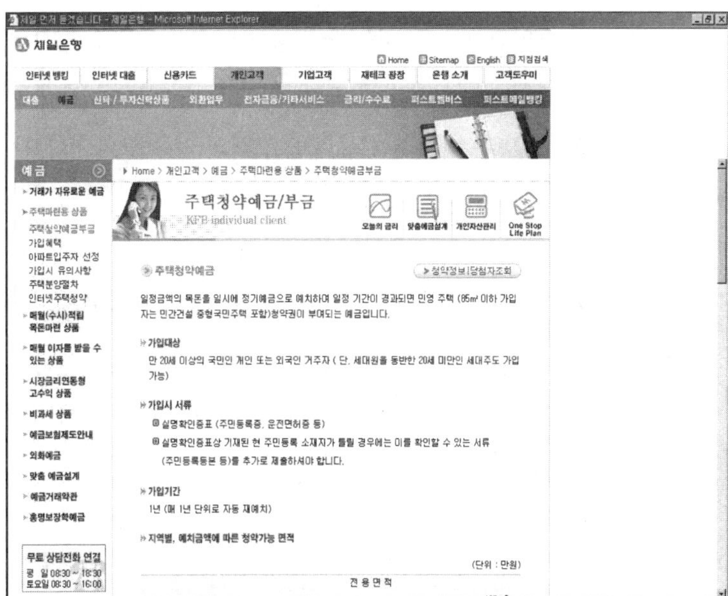

3. 개인연금 관련 보험

1) 개인 종신연금(노후보장 종신연금) 보험

(1) 상품의 수요

현재 은행에서 판매하고 있는 개인연금 신탁 및 노후생활 연금신탁의 경우 5년 이상 연 단위 확정연금 형태다. 따라서 연금의 기본 개념이자 고유 기능인 종신 연금형과 상속 연금형이 결핍되어 연금으로서 제기능을 다하지 못하고 있다(〈그림 3-11〉 참조).

전국민 연금시대에는 모든 고객이 공적자금과 사적자금의 수급으로 노후생활을 안정적으로 보내야 한다. 공적연금에 부합하게 사적연금인 개인연금 또한 종신형으로 판매되어 진정한 노후연금으로 역할을 할 수 있도록 해 고객 Needs를 충족시켜야 할 것이다. 그러므로 은행의 개인연금 신탁 또는 노후생활 연금 신탁과 보험사의 개인 종신연금 보험과 공통으로 판매를 할 경우, 타 은행과 충분한 경쟁력을 가질 수 있다. 따라서 신규가입 고객의 만족을 극대화시킬수 있을 것이다.

그러나 기존 고객의 경우에는 그렇지 못하다. 그러므로 은행의 연금신탁에 가입한 고객을 대상으로 개인 종신 연금 전환 보험을 개발 판매할 경우, 충분한 수요가 예측된다. 하지만 개인연금 신탁의 경우 이자소득세 면제의 문제가 발생하므로 만기 전까지 특약 형태로 부가하는 방안도 검토할 필요가 있다.

(2) 상품의 내용

 은행의 개인연금 신탁 또는 노후생활 연금 신탁과 보험사의 개인
연금의 종신형, 상속형의 보험을 1 대 1로 가입하는 형태가 가장 무
난한 경우다. 연금 가입자는 대부분 본인 또는 부부의 노후 경제적
안정을 위한 목적을 가지고 있다. 따라서 위험 보장을 위한 위험보험
료 비율만큼 수익률이 감소될 수 있으므로 연금 개시 전, 즉 제1보험
기간 중 사망, 장해 등의 보장은 최소화하는 것이 타당할 것이다.

 그리고 이미 은행의 개인연금 신탁 또는 노후생활 연금 신탁에 가
입한 45세 이하 고객은 은행 신탁 만기 후 연금 보험으로 전환해 60
세 연금개시 연령 잔여기간만큼 종신형 연금 보험을 재가입하는 형
태의 종신연금 전환 특약을 부과함으로써 은행의 개인연금 신탁의
이자소득세 면제 혜택을 수혜하는 동시에, 고객의 Needs인 종신연
금을 수령할 수 있도록 상품을 구성하면 그 수요를 창출할 수 있을
것이다.

□ 연금 개시 전 재해사고로 인한 사망 또는 1~3급 장해 보장
□ 연금 개시 전 질병으로 인한 사망 또는 1~3급 장해 보장
□ 연금 개시 후에는 순수한 연금 지급만 보장
□ 연금 수익률을 위해 연금 개시 전 보장은 최소화
□ 은행의 연금 신탁은 실적 배당, 보험은 금리 연동형

(3) 상품의 판매 대상

□ 30대 후반부터 50대 초반까지의 고객
□ 은행 연금 신탁 가입자 중 45세 이전에 가입한 자

(4) 상품의 판매 방법

- 은행과 보험사 공동상품으로 Endorsed 마케팅
  - DM, Brochure, Leaflet 등에 양사의 로고 기재
  - 양사 대표의 추천사 등의 Letter
  - 은행 연금 신탁 가입자 특약 판매시에는 은행장 추천서
- 보험증권 및 연금신탁 통장은 통합발행 활용
  - 은행 통장식 간이 보험증권에 동시 기재
  - 보험증권에 은행 연금 신탁 가입사항 기재
- 방카슈랑스 연금의 경우 분리계정 처리
  - 별도 상품 코드로 관리
  - 은행 신탁 부분은 독자적으로 운용
  - 보험 부분은 보험사에서 독자적으로 운용
  - 은행 신탁의 경우 자산운용 능력에 따라 실적 배당
- 은행의 실적배당 기산 및 보험의 부리(附利)기간에 따라 정산
  - 1일 정산 또는 월 단위 정산 시스템
- 약관대출은 복합 한도 설정으로 공통 운영
  - 은행 신탁의 경우 보험의 저축 부분의 일부 형태
  - 계약자 입장에서는 보험의 약관대출 한도보다 증액

<그림 3-11> 은행의 연금 신탁 관련 저축

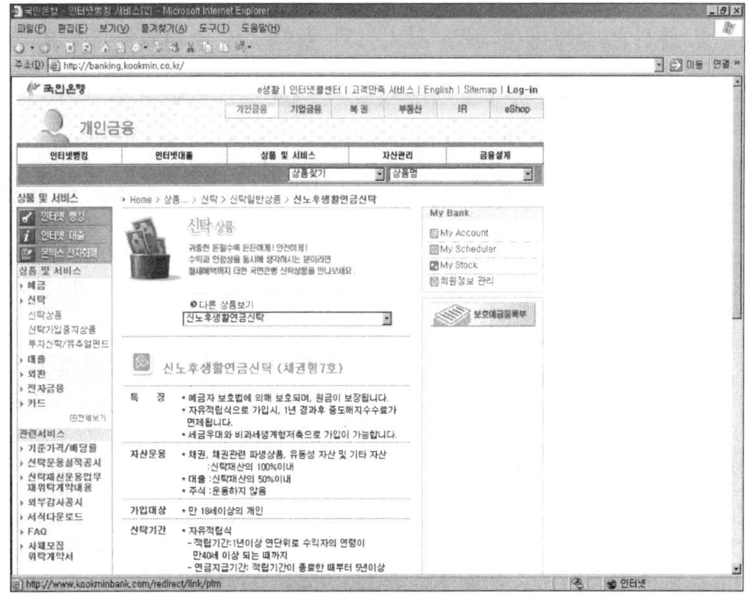

4. 고객 서비스 관련 보험

1) 특약형 특정 부분 보장보험

(1) 상품의 수요

특약형 특정 부분 보장보험은 현행 한 개의 상품에서 재해 관련 및 질병 관련한 보장을 사망, 장해, 입원 등으로 세분화한 것이다. 즉 한 개의 보험에서 모든 것을 완벽하게——사실 완벽하지도 못하면서 ——보장하는 형태의 복잡한 상품을 탈피해 단순 사망보장 또는 단순재해상해, 교통상해, 남녀 3대 암, 개호 보장 등 단일 Benefit을 구성한 방카슈랑스에 적합한 보험을 말한다. 이러한 상품은 맨투맨 형태의 판매를 지양하고 그룹형 또는 기업주의 고객 서비스, 사원복지 차원에서 일괄 가입하는 형태로 판매를 해야 할 것이다.

특히 오늘날에는 고객 서비스의 일환으로 전개되는 Event, 우수회원 마일리지, 멤버십 서비스 등의 경품과 사은품의 품목이 다양화되어 있다. 그 중에 보험 보장과 관련된 경품 및 사은품이 보편화되어가고 있으므로(〈그림 3-11〉 참조), 은행 및 신용카드사, 증권회사, 통신회사, 통신판매사, 포털 또는 허브 사이트의 DB 마케팅사 등을 수요처로 할 수 있다.

또한 인터넷 보험으로 전환해 사이버상에서 특정 회원에게 개별 판매도 가능할 것이다(〈그림 3-12〉 참조).

(2) 상품의 내용

앞에서 제안한 신용카드 보험, 상호부금 대출보험, 주택 구입자

금 종신대출 보험도 제휴 은행의 우수고객 서비스 보험으로 판매할
수 있다. 하지만 마켓셰어를 확대하기 위해서는 좀더 다양한 형태의
상품이 필요할 것이다.

그러나 일괄 판매의 형태이므로 신계약 Underwriting을 거쳐야
하는 상품은 지양하고 피보험자의 동의 부분은 고객과의 협정으로
대신하는 형태로 상품을 구성해야 한다.

- □ 교통 재해사고로 인한 사망 또는 1~3급 장해시 보장
  - 교통기관, 사고상황, 사고일자 등에 따라 세분
- □ 일반 재해사고로 인한 사망 또는 1~3급 장해시 보장
- □ 일반 사망시 보장
  - 주보험으로 판매시에는 보장 최소화
- □ 남녀 3대 암 진단 및 사망 보장
- □ 치매(Alzheimer), 중풍 등의 개호 보장 — VIP 용
- □ 정기 건강진단 급부 보장 — VIP 용
- □ 의료보험 미적용 진단자금 보장 — VIP 용
- □ 보장부분을 세분화한 특약형
- □ 보험료 단체 요율 적용, 단 질병 관련 보장은 제외
- □ 순수 보장형

(3) 상품의 판매 대상

- □ 은행 및 신용카드사, 증권회사, 통신회사, 통신판매사
  - 포털 또는 허브 사이트의 DB 마케팅사의 회원
- □ 일반 기업의 사원복지 관련 기업주 부담 시장 대상

□ 인터넷 보험으로 전환한 사이버 회원

(4) 상품의 판매 방법

□ Event, 우수회원 마일리지, 멤버십 서비스 등

• 경품과 사은품으로 판매

• 다건소액(多件少額) 판매 형태

□ 당 보험가입자에게 제휴 은행 거래시 특전 Service와 연계

• 제휴 은행 마일리지 서비스, 수수료 할인 등

□ Stage별 Benefit에 따라 특약 조립(Order-Made)형 판매

• 해당 그룹별 상품 다양화

• Stage별 Benefit에 따른 고객 만족

□ VIP 고객 등과 같이 고객 등급에 따른 차별화 판매

□ 보험기간 5년 이상의 중ㆍ장기 판매

• 보험기간 동안은 고객 이탈을 방지하는 효과

□ 납입기간은 단기 일시납 형태로 판매

• 기업주 부담의 경우이므로 계약 유지관리의 문제 방지

□ 인터넷 판매일 경우에는 특약 조립 가능한 상품

• 인터넷 접속 및 제휴 사이트의 연령 등을 감안해 제언

• 고객이 선택할 수 있는 특약을 2~3가지로 제한

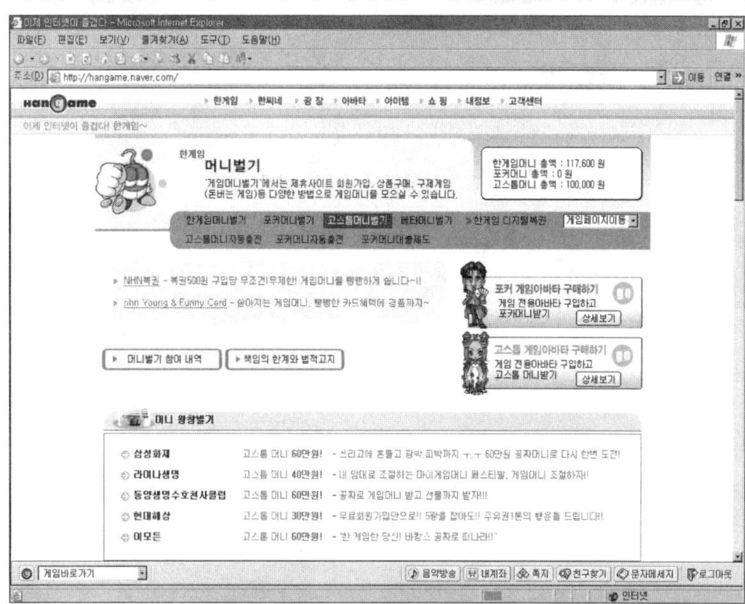

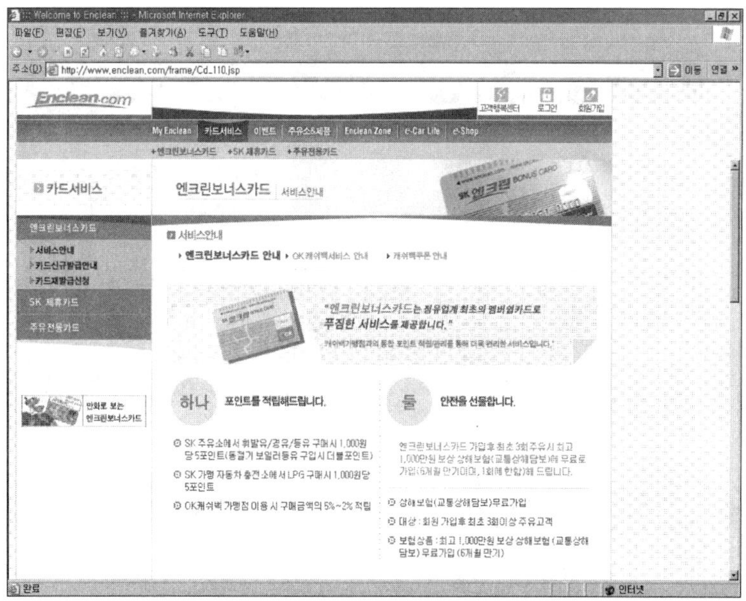

〈그림 3-13〉 인터넷 사이트의 보험 보장 사은품(2)

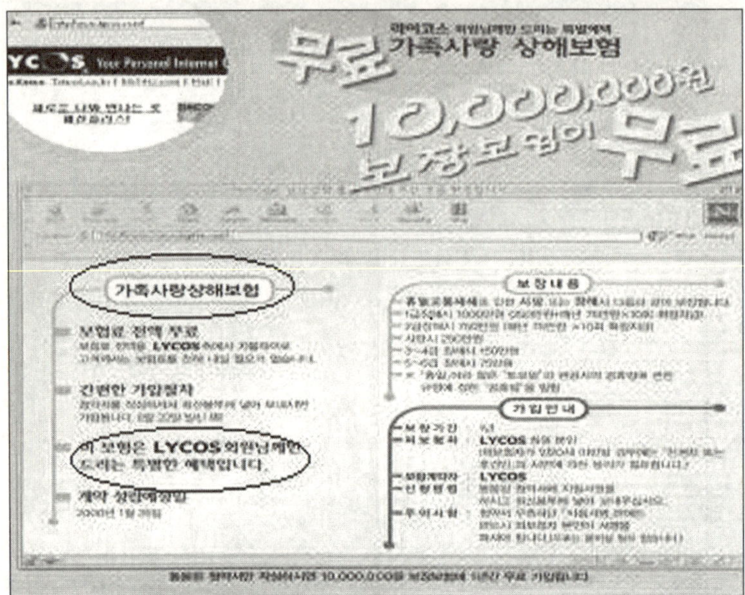

2000년 정기 포인트 사은행사

인터넷보험 '빛 좋은 개살구'

보장기간 짧고 보장범위 작아
실제 사고시 보장 한계 있어

최근 생보사들이 인터넷 홈페이지와 텔레마케팅을 통해 판매하기 시작한 초저가 인터넷 보험상품을 잇따라 내놓고 있으나 보장기간이 대부분 짧고 보장범위도 축소돼 실제로 보장을 받는다는 것이 거의 불가능한 것으로 알려져 논란이 되고 있다.

23일 생보업계는 최근 생보사들이 인터넷 전용상품으로 하루에 보험료 100원 정도만 내면 최고 1억원의 보험금을 받을 수 있는 상품들을 내놓고 인기몰이를 하고 있으나 실제로는 보장범위가 너무 좁아 보험금을 타는 것이 사실상 불가능한 것으로 나타났다.

인터넷 보험상품의 경우 설계사 수수료와 제비용 등을 줄여 보험료를 낮춰 판매하는 상품으로 생보사들은 이 상품을 팔면 팔수록 손해라는 입장을 보여주고 있지만 설계사 수수료율은 5~10%에 불과한게 현실이다.

또 최고 1억원까지 보험금을 보장한다고 홍보하고 있지만 휴일에 발생한 교통사고, 그것도 '뺑소니'가 아니고서는 보상이 불가능해 보상을 받은 사람이 거의 없는 것으로 알려졌다.

이처럼 인터넷상품 구조에 많은 문제가 있음에도 불구하고 생보업계는 인터넷 보험이 보험료가 싸고 가입에 따른 큰 부담이 없기 때문에 소비자에게는 매력적인 보험상품이라고 홍보하고 있다.

이와 관련해 생보업계 관계자는 "월 1만원 정도의 비용으로 2~3개 인터넷 전용보험에 가입할 수 있다"며 "보험료가 저렴한 만큼 보장이나 보험금은 적지만 계약자들에게는 가입에 부담이 적어 각 생보사들이 적극 유치에 나서고 있다"고 밝혔다.

한편 인터넷 전용상품으로는 교통상해보험을 꼽을 수 있는 데 지난달부터 인터넷상에서만 가입신청을 받는 '대중교통상해보험'(대신생명)과 '세이프존보험'(금호생명) 등이 대표적이다.

대중교통상해보험은 보험료 2,705원만 내면 3년간 교통사고로 사망시 1억원의 보험금이 지급되고 1급장해시에는 5,000만원이 지급된다.

또 세이프존보험은 2,150원(여성은 620원)의 보험료만 내면 교통재해로 사망했을때 1천만원을 1년간 보장해준다.

조윤성 기자
yscho@financialdaily.co.kr

2000년 5월 24일 금융산업일보

5. 절세(節稅) 관련 보험

1) 양로 저축성 보험

(1) 상품의 수요

금융 상품은 이자소득세와 상속세, 증여세 등의 세금과 직접적인 관련이 있다. 이러한 세금의 절세 방안은 여러 가지로 검토해볼 수 있으나 대부분 국가적인 차원에서의 정책적인 세제 혜택을 주는 것 외에는 법제도 범위 내에서 절세를 하는 방법을 찾아야 한다.

우선 정책적인 세제 혜택은 보험의 경우 2000년 말까지 5년 경과 후 이자소득이 발생할 경우에는 비과세, 즉 이자소득세를 면제해주고 있으며(2001년부터는 7년 경과), 금리의 하향 추세로 이자소득이 감소하면서 이러한 상품에 대해 고객의 관심이 고조되고 있다. 하지만 은행의 경우에는 대부분 단기 저축이어서 해당 사항이 거의 없으며 다만 세금우대 상품만 판매하고 있는 실정이다.

그러므로 보험과 같이 장기 저축을 주축으로 하는 상품과 연계, 공동상품을 개발하면 이자소득세의 절세 효과를 나타낼 수 있다. 또한 사전 상속에 의한 증여세도 면제될 수 있는 방법이 있으므로 고객의 Needs를 충분히 만족시킬 수 있을 것이다.

(2) 상품의 내용

은행의 저축 부분, 즉 실적배당 부분과 보험의 저축성 부분과 같은 금리 연동형 상품을 1 대 1로 부과해 상품을 구성하며 보험기간은 최소 5년 이상(2001년부터 7년 이상)으로 하고 보험을 주보험으로 해 은행 저축부분은 저축특약 형태로 상품을 구성한다.

그리고 보험 부분은 예정이율의 부리가 은행의 실적배당보다 적을 수 있으므로, 보장 부분은 재해보장만을 부과하고 위험보험료를 최소화해 상품을 구성한다. 만약 공금리의 하향 및 금융 시장의 불안 등으로 은행의 실적 배당이 감소할 경우, 보험의 금리 연동 **일변부리로 인하여** 다소 그 차이를 보전할 수 있을 것이다.

- □ 교통 재해사고로 인한 사망 또는 1급 장해시 보장
  - • 저축이 주목적이므로 위험보험료를 최소화
- □ 은행의 저축이 아니라 보험상품으로 인가
- □ 은행의 저축 부분을 저축 특약화
  - • 주보험의 1 대 1 고정 부가
- □ 일시납 및 월납 판매 가능
  - • 일시납의 경우 운용 수익률이 높으므로 주 판매대상
- □ 적용이율 및 부리 기간
  - • 은행의 경우에는 6개월 복리이율 적용
  - • 보험의 경우에는 일변부리 이율 적용
- □ 사업비 절감 부분을 해약 환급금에 반영

(3) 상품의 판매 대상

- □ 세금 절세를 위한 비근로자
- □ 가처분 소득 증가자
- □ 은행의 신탁 가입자

(4) 상품의 판매 방법

- 은행과 보험사 공동상품으로 Endorsed 마케팅
  - DM, Brochure, Leaflet 등에 양사의 로고 기재
  - 양사 대표의 추천사 등의 Letter
  - 은행 연금 신탁 가입자 판매시에는 은행장 추천서
- 방카슈랑스 저축 보험의 경우 분리계정 처리
  - 별도 상품 코드로 관리
  - 은행 저축 부분은 독자적으로 운용
  - 보험 저축 부분은 보험사에서 독자적으로 운용
- 은행의 실적배당 기산 및 보험의 부리 기간에 따라 정산
  - 1일 정산 또는 월 단위 정산 시스템
- 약관대출은 복합 한도 설정으로 공통 운영
  - 계약자 입장에서는 보험의 약관대출 한도보다 증액
- 증여세 면제는 금액에 따라 다르며 일정 금액은 10년
  - 상속세 면제 목적일 경우에는 15년 3개월 납입
  - 일시납은 가입 시점, 월납은 만기 시점을 기산점
  - '상속 및 증여세 관련 법률' 참조

상속 및 증여세율(법 제26조와 제56조)

과세표준금액	적용 세율
1억 원 이하	과세표준의 10%
1억 ~ 5억 원	1,000만 원+1억 원을 초과하는 금액의 20%
5억 ~ 10억 원	9,000만 원+5억 원을 초과하는 금액의 30%
10억 ~ 30억 원	2억4,000만 원+10억 원을 초과하는 금액의 40%
30억 원 초과	10억 4,000만 원+30억 원을 초과하는 금액의 50%

증여재산의 공제 범위 (법 제53조)

- 거주자가 다음 각 호의 1에 해당하는 자로부터 증여를 받은 경우에는 다음 각 호의 구분에 따른 금액을 증여세 과세 가액에서 공제한다.

이 경우 당해 증여 전 10년 이내에 공제 받은 금액과 당해 증여 가액에서 공제 받을 금액의 합계액이 다음 각 호에 규정하는 금액을 초과하는 경우에는 그 초과하는 부분은 이를 공제하지 아니한다.

〈개정 1998.12.28〉

1. 배우자로부터 증여를 받은 경우에는 5억 원

2. 직계존비속(증여자가 직계존속인 경우 그 직계존속의 배우자를 포함)부터 증여를 받은 경우에는 3,000만 원. 단, 미성년자가 직계존속으로부터 증여를 받은 경우에는 1,500만 원

3. 배우자, 직계존비속이 아닌 친족에게 증여를 받은 경우에는 500만 원

결국 10년 이내에 상기 금액을 증여를 해도 과세가 되지 아니한다.

납세자의 사기 기타 부정한 행위로 상속세, 증여세를 포탈하는 경우로서 다음 각 호의 1에 해당하는 경우에는 제1항 제4호의 규정에도 불구하고(즉 상속 및 증여세는 국세를 부과할 수 있는 기간이 15년), 당해 재산의 상속 또는 증여가 있음을 안 날부터 1년 이내에 상속세 및 증여세를 부과할 수 있다. 다만 상속인(소유자를 포함)이나 증여자 및 수증자가 사망한 경우와 포탈 세액 산출의 기준이 되는 재산 가액이 50억 원 이하인 경우에는 그러하지 아니한다.

(부칙에 따라 2000년 1월 1일부터 법 적용)

탈법적으로 상속세 및 증여세를 포탈하려고 할 경우에는 총 세액 산출 금액이 50억 원 이하이면 국세 부과 제척기간 15년과 자진신고 기간 3개월을 포함해 15년 3개월이 경과해야 한다.

그러나 앞장에서 보았듯이 배우자, 자녀의 경우에는 10년 이내에 일정 금액을 증여해도 과세가 되지 아니한다. 즉 배우자는 5억 원, 성년 자녀는 3,000만 원, 미성년 자녀는 1,500만 원을 증여해도 합법적으로 세금을 면제받을 수 있으므로 양로 저축성보험, 즉 절세 보험으로 적극 판매해도 될 것이다.

그러나 세대를 넘은 손자의 증여는 법 제27조(세대를 건너뛴 상속에 대한 할증과세)의 문제로 불가능하다.

6. 기타 전략적 제휴보험

1) 해외유학 및 어학 연수, 교육 관련 보험

(1) 상품의 수요

우리나라 부모의 자식에 대한 교육열은 전세계적으로 유명하다. 심지어 국적법에 의한 출생지 국적취득원칙에 따라 미국 시민권 획득을 위해 출산 해외여행이 성행할 정도로 자식에 대한 교육열은 대단하다.

정부의 조기유학 허용 및 과외금지 조치 해제 등과 공교육에 대한 학부모의 불신 등으로 해외유학은 IMF 체제가 시작된 해를 제외하고 매년 증가 추세에 있다.

해외유학 및 연수는 현재 특정 상류계층에 국한되고 있지만 그 수요가 점차 중산층까지 확대돼가고 있는 상황으로 해외유학 및 관련 보험의 수요는 향후 지속적으로 증가하게 될 것이다.

그러나 유학관련 정보, 고액의 학비와 체류비, 유학시 의료보험 미비, 수속 등 고객의 Needs는 있다. 하지만 좀처럼 단일 기관에서 상품화하기 어려운 복합상품(금융상품 + 서비스)의 특성을 갖고 있는 이 부분을 방카슈랑스를 통한 중·장기적인 계획에 의거, 설계·추진한다면 상당히 잠재력 있는 시장으로 성장할 것이다.

또, 해외유학 보험은 고소득자를 타깃으로 판매하고, 어학 연수 보험 등의 상품은 중산층을 타깃으로 판매하는 차별화 마케팅으로 그 수요를 확대해갈 수 있다.

〈표 3-3〉 초·중·고등학생별 조기 유학생 변동 추이				(단위: 명)
연도	초등	중등	고등	총계
1996	5,011	4,619	2,843	12,473
1997	4,776	3,872	3,362	12,010
1998	5,678	3,025	2,035	10,738

출처 : 교육부

❏ 유학생 보험과 Health Insurance 제도

유학생들의 주요 유학 대상국인 미국을 비롯한 선진국들은 의료 보장제도가 실시되고 있으나 유학생에게는 어떠한 혜택이 주어지지 않는다.

그리고 현지 대학들은 대부분 입학 조건으로 해외 유학생에게 유학생 보험이나 Health Insurance를 반드시 가입하도록 하고 있다. 이러한 유학생보험이란 유학생활 중에 발생하는 우연한 사고나 질병으로부터 경제적 손실을 보장하는 유학생에게 필수적인 보험이다. 보장 내용은 재해 사망, 후유장해, 상해 의료비, 질병 치료비, 질병 사망시 보장 등 약관에 따라 보장하고 있으며 현지 대학에서 요구하는 Health Insurance 제도는 각 대학마다 다소의 차이는 있으나 대개의 경우 기본적으로 요구하는 조건은 상해 및 질병 치료비, 긴급 후송비, 유해 본국 송환비 등이다.

그러나 현지 대학의 Health Insurance 보험료는 일반 보험보다 2~4배까지 가격이 높기 때문에 출발 전에 국내에서 유학생 보험에 가입하는 것이 경제적이다. 그런데 대부분 유학 전문 학원 또는 여행사를 통해 외국계 회사인 AIG, CHUBB, ING 등에 보험을 가입하고 있는 실정이다.

(2) 상품의 내용

해외유학을 위한 학자금 및 체류비 등 목돈 마련은 은행의 적금 또는 신탁형으로 상품을 구성하고 부모 유고시에 따른 해외유학 비용은 보험의 부모 사망,장해 급부로 충당을 하도록 한다. 더 나아가 유학생보험을 대체할 수 있는 보장, 즉 유학생활 중에 발생하는 재해 사망, 후유 장해, 상해 의료비, 질병 치료비, 질병사망 보장, 항공기 납치 사망 등 유학생에게 필수적인 보험과 유사한 보장으로 현지 대학에서 요구하는 Health Insurance 제도를 대체할 수 있는 보장으로 구성한다.

□ 학부모의 사망 · 장해시 해외 유학 자금 보장
- 재해사망, 일반사망, 재해 장해 1~3급 장해
- 암 등 주요 질병 진단

□ 해외유학 중 사망, 장해, 입원, 진단 보장
- 유학생 보장 부분은 특약형으로 해외유학시 추가 가입
- 당 보험 최초 가입시 무(無)보험료 부가 특약화
- 유학생 보장 특약은 유학 직전월 가입
- 보험기간은 유학 체류기간
- 순수 보장형 특약으로 개발 저보험료화
- 보험료 납입은 일시납, 미경과시 미경과 보험료 환급
- 항공기 납치 사망, 장해 보장은 별도 특약으로 부가

□ 단기어학 해외연수 상품은 별도 개발

(3) 상품의 판매 대상

□ 적금식의 경우에는 초등학생 자녀의 부모

□ 신탁식의 경우에는 중 · 고등학교 자녀의 부모

□ 은행의 목적 불분명의 신탁자금 예치자 중 자녀 미유학자

(4) 상품의 판매 방법

□ 은행과 보험사 공동상품으로 Endorsed 마케팅

• DM, Brochure, Leaflet 등에 양사의 로고 기재

• 양사 대표의 추천사 등의 Letter

• 은행 신탁 가입자에게 보험 판매시에는 은행장 추천서

□ Top Brand 마케팅

• 항공사, 여행사, 해외유학원, 어학원, 국제화물운송사 등

• 공통회원제 운영

• 회원정보 Bank Portal Site 운영

• 회원 유학 전문상담 서비스

• 회원(학부모 포함) 여행 관련 서비스 및 할인

• 외화 환전 및 송금 Service 및 수수료 할인

• 국제화물 운송 서비스 및 할인

• 기숙사, 공항 픽업 서비스 등

□ 보험증권 및 적금, 신탁 통장은 통합 발행 활용

• 은행 통장식 간이 보험증권에 동시 기재

• 보험증권에 은행 적금, 신탁 가입사항 기재

• 영문 보험증권 발행

□ 방카슈랑스 유학 보험의 경우 분리계정 처리

- 별도 상품 코드로 관리
- 은행 적금, 신탁 부분은 은행에서 독자적으로 운용
- 보험 부분은 보험사에서 독자적으로 운용
- 은행 적금,신탁의 경우 운용능력에 따라 실적 배당
□ 은행의 실적배당 기산 및 보험의 부리 기간에 따라 정산
- 1일 정산 또는 월 단위 정산 시스템
□ 약관대출은 복합 한도 설정으로 공통 운영
- 은행 적금, 신탁의 경우 보험의 저축 부분의 일부 형태
- 계약자 입장에서는 보험의 약관대출 한도보다 증액
□ 주보험의 보험기간은 해외유학 만료 시기로 산정 판매
□ 은행의 적금, 신탁은 해외유학 전까지를 만기
□ 해외 어학연수일 경우에는 유학자의 특약 단기 가입
- 주보험, 은행의 적금 · 신탁은 최초 만기일
- 특약은 단기 어학연수 후 재가입 가능

2) 결혼(Honeymoon) 설계 보험

(1) 상품의 수요

1998년 통계청의 인구동태 조사에 의하면 하루 1,005쌍, 연간 36만 7,000쌍이 결혼을 했다고 한다. 결혼정보 전문회사인 (주)선우가 1999년 예측한 통계치에 의하면 1999년 한 해에 결혼하겠다는 사람이 최고 71만에서 최저 36만 쌍으로 나타났다고 한다.

결혼은 '인륜지대사'라고 할 만큼 인생의 중대한 일이므로 독신 가정이 늘고 있더라도 한 해의 결혼 수요는 대단한 규모로 지속되고

있다. 그 중 결혼 후 대부분의 사람이 신혼여행을 떠나고 있으며 (주)선우의 통계에 의하면 해외 신혼여행이 54.4%, 국내 신혼여행이 45.6%로서 해외 여행이 조금 앞서고 있는 실정이다. 그러므로 여행 시 안전사고와 해외 이동에 따른 전염병, 풍토병 등과 비행기, 배(船) 등의 평상시 잘 이용하지 않는 교통수단에 대한 위험에 노출되어 있어 좀더 많은 리스크를 지니고 있다.

결국 위험에 노출되어 있다는 사실을 인지한 고객은 스스로 위험 대비를 하기 위해 보험에 가입을 하게 되지만 결혼과 같은 경사스러운 일에서는 그러한 리스크를 간과하기가 쉽다. 따라서 결혼계획을 설계해 준비를 대행하는 제휴사와 패키지 상품으로 리스크 관리를 하는 것으로 판매를 하면 충분한 수요가 발생할 것이다.

(2) 상품의 내용

결혼자금 적금ㆍ신탁 또는 신혼 주택적금ㆍ신탁 등의 신혼과 관련된 방카슈랑스 상품으로서, 은행의 경우 일정 기간 또는 일정액을 불입한 경우에는 결혼자금 목적의 대출을 할 수 있도록 상품을 구성한다. 보험의 경우에는 신혼여행시 노출되는 리스크를 보장하는 형태, 즉 재해사망, 장해, 비행기, 배(船)의 교통재해 보장, 전염병, 풍토병 등의 보장으로 구성하고, 신혼여행 기간만 보장을 하는 상품으로 보험료는 일시에 납입하는 것으로 해 가입자 기준의 부부형 보험으로 결혼 몇 년 전부터 예비 신랑ㆍ신부를 대상으로 Before 마케팅을 시행한다.

□ 은행 적금의 경우에는 반드시 상호부금형 대출 가능토록

□ 재해로 인한 사망 또는 장해 1~6급 보장

□ 비행기, 배(船)의 교통재해시 2~3배 보장

- 위험률 적용 보험 요율 산출 후 보장 배수 결정

□ 전염병, 풍토병에 한해 질병 보장

- 현 사업방법서상 전염병은 재해로 인정

- 풍토병 또한 전염병과 같이 재해 수준의 리스크

□ 보험기간은 7박 8일 등의 신혼여행 기간

- 출발일 0시부터 도착일 24시 기준

□ 순수 보장형, 일시납

(3) 상품의 판매 대상

□ 결혼자금 적금 · 신탁 또는 신혼 주택 적금 · 신탁 가입자

□ 남자 26~33세 대상, 총인구 약 337만 9,000명(1999년) 중 미혼

□ 여자 23~30세 대상, 총인구 약 330만 1,000명(1999년) 중 미혼

(4) 상품의 판매 방법

□ 은행과 보험사 공동상품으로 Endorsed 마케팅

- DM, 브로셔, 리플릿 등에 양사의 로고 기재

- 양사 대표의 추천사 등의 Letter

- 은행 고객 중 미혼자녀 있는 자에게는 은행장 추천서

□ Top Brand 마케팅

- 결혼정보회사, 항공사, 여행사 등

- 공통회원제 운영

- 회원 정보 Bank Portal Site 운영

- 회원 해외여행 상담 서비스
    - 외화 환전 및 수수료 할인
    - 공항 픽업 서비스 등
- □ 보험증권 및 적금, 신탁 통장은 통합발행 활용
    - 은행 통장식 간이 보험증권에 동시 기재
    - 보험증권에 은행 적금 · 신탁 가입사항 기재
    - 여행 전, 즉 은행 적금 · 신탁 가입시 발행
- □ 방카슈랑스 결혼 설계 보험의 경우 분리계정 처리
    - 별도 상품 코드로 관리
    - 은행 적금 · 신탁 부분은 독자적으로 운용
    - 보험 부분은 보험사에서 독자적으로 운용
    - 은행 적금 · 신탁의 경우 운용능력에 따라 실적 배당
- □ 은행의 실적배당 기산 및 보험의 부리 기간에 따라 정산
    - 1일 정산 또는 월 단위 정산 시스템

7. 향후 개발 가능 보험

1) 개인 의료보장 관련 보험

□ 상품의 내용

40대 이후의 질병에 의한 사망률이 증가하면서 개인적인 건강진단에 대한 수요가 많아지고 있다. 그러나 건강진단의 비용의 문제로 인해 선뜻 건강진단을 못하는 경우가 발생하고 있으며, 전

국민이 의료보험을 가입 혜택을 받고 있으나 사실 병원 진료 후 치료 목적이 아닌 경우 의료보험 혜택을 받을 수 없는 진단항목이 의외로 많이 발생된다. 따라서 병원 치료 후 의료비에 대한 부담이 가중되어 정밀검사를 통한 조기 질병 발견 및 치료에 걸림돌로 작용하고 있다.

이러한 현실을 볼 때 정기 건강진단에 대한 진단비는 은행의 적금 형태로 준비를 하고, 의료보험 미적용 진찰을 위한 특수검사 등의 진단비는 보험에서 보장을 하는 형태의 보험을 개발 의료보험으로 해결 못하는 틈새 시장을 공략할 수 있을 것이다.

물론 이러한 상품은 손실 보상형으로 손해보험에 가까우나 의료보험에 미적용 되는 사례를 분석해 의료 행위에 의한 특정 질병의 진단시 필요한 항목 중 미적용되는 부분을 발췌 해당 질병의 진단비 명목으로 급부를 설정하면 상품의 구성 및 보험 요율을 산정할 수 있을 것으로 사료된다.

2) 장례 관련 사후 정리 보험

❑ 상품의 내용

우리나라 장례는 조상숭배 사상과 명당 선호의 영향을 받아 개인 묘지 중심의 매장이 관행화되어 있으며, 장례용품, 장례 서비스와 묘지 구입 등 장례와 관련된 비용이 지속적으로 증가하고 있다.

보건복지부의 통계에 따르면 연간 장묘 관련 총비용 규모는 약 1조 6,156억 원에 달하며, 이를 건당 장묘비용으로 환산하면 약 638만 원 정도로 추정된다. 따라서 장례비용의 절감과 바람직한 장묘 문화의 정착을 위한 국민의식의 전환 및 장묘 문화의 올바른 가치관 정립이 이루어져야 하지만 조상 숭배와 명당 선호의 사상은 쉽게 불식되지 않을 것으로 판단이 되므로 보험상품 개발시 충분한 수요를 지니게 될 것이며, 장례 토털 서비스 업체와 제휴 판매시 마케팅 전략에도 도움이 될 것이다.

과거의 상조보험과 유사하게 사망시의 보장 급부를 설정하고 고객의 사망 후 사망보험금을 장례비로 충당하고 잔여액은 은행에 예치해 묘지 및 납골당 관리의 비용으로 충당하는 형태의 상품으로 개발하며, 사회 시류(時流)에 편승, 일명 납골당 보험으로 별도 상품을 개발하는 것도 하나의 방법이다.

3) 노인 치매(Alzheimer) 및 중풍 개호 보험

❑ 상품의 내용

통계청의 통계자료에 의하면 우리나라 인구 중 65세 이상의 노인이 전체 인구 중 1997년 6.3%에서, 2000년이면 약 7.1%에 해당되며 2021년이면 약 14%에 달하게 된다고 한다.

뿐만 아니라 65세 이상 노인인구의 급증에 따라 1997년 생산 가능 인구 100명이 노인인구 9명을 부양하던 것이 2000년에는 10명, 2020년에는 19명으로 크게 증가하게 된다고 한다.

이렇게 사회가 노령화되면서 노령에 질병을 앓고 따돌림을 당하는 사례가 사회 문제화되고 있는 실정이며, 그 중 특히 치매와 중풍 등으로 인해 사회복지 시설 등에 버려지는 노인들이 점점 늘어 가고 있는 것이다. 이러한 부분은 보험의 공공성의 이미지와 부합하게 사망, 치매(Alzheimer), 중풍의 특정 보장 부분만을 구성한 보험으로 개발시 사회에 대한 회사 이미지 제고 및 보험에 대한 수요도 충분할 것으로 생각된다. 치매와 중풍은 고소득자들도 두려워하는 질병으로서 은행의 고소득자를 대상으로 판매가 가능하며, 진단시 보험금을 은행에 예치해 치매 치료 전문병원과 연계 치료비를 직접 납입하는 시스템으로 판매를 하는 마케팅 전략도 가능하다.

4) 1일 상호부금 보험

❑ 상품의 내용

현재 각 보험사의 저축성 상품을 식당, 가게 등 일반 자영업자가 가입한 보험 중 많은 부분이 비공식적으로 일일납 형태의 보험으로 판매되고 있으며 이러한 보험은 일납(日納)판매가 금지된 보험 사업방법서상의 문제로 보험사의 민원 발생시 보험료 납입 기간에 상관없이 전건 납입보험료를 환급해주는 현실로 나타나 있으나 합리적인 해결책을 찾지 못하고 있는 실정이다.

그러나 이러한 문제는 방카슈랑스로 해결을 모색할 수 있을 것으로 생각되며, 이것은 은행의 판매보다는 보험사의 설계사 조직을 활용한 하나의 방법이 될 것이다. 즉 은행의 일일 정기적금 상품을 개발해 보험사의 설계사가 판매를 대행하고, 일일 수금 또한 대행 서비스를 하도록 하고, 매월 보험 계약일에 저축성 보험의 보험료를 은행의 일일 정기적금 계좌에서 이체를 하는 형식의 보험상품을 개발할 경우, 보험 사업방법서상의 문제는 해결되어 보

험 설계사의 불이익 및 보험사의 경우에는 불법을 묵인하는 문제
와 민원을 악용하는 사례(결국 납입기간만큼 보험료 미납 보장
형태)를 방지하고, 은행의 경우 1개월 평균잔고가 발생하고 또한
적극적 마케팅이 가능하므로 그 수요가 발생된다.

5) 기타 향후 개발가능 보험

- □ 체감형 종신 양로보험과 은행의 상품 연계
- □ 체감형 정기보험과 은행의 상품 연계
- □ 은행의 자산운용 기법과 연계한 뮤추얼 펀드 보험
- □ 상속, 증여세 세제혜택 관련 보험
- □ 60세 이후의 특정 질병치료 보장보험 등

제1권 방카슈랑스(이론 · 실무편)

제2권 방카슈랑스(워크북편)

●

방카슈랑스 How to Success

●

지은이 / 최종욱

펴낸이 / 김경태

펴낸곳 / 한국경제신문 한경BP

등록 / 2-315(1967. 5. 15)

제1판 1쇄 인쇄 / 2002년 11월 15일

제1판 1쇄 발행 / 2002년 11월 20일

주소 / 서울특별시 중구 중림동 441

홈페이지 / http://bp.hankyung.com

전자우편 / bp@hankyung.com

기획출판팀 / 3604-553~6

영업마케팅팀 / 3604-561~2, 595

FAX / 3604-599

●

* 파본이나 잘못된 책은 바꿔 드립니다.

ISBN 89-475-2405-0

89-475-2404-2(세트)

값 15,000원